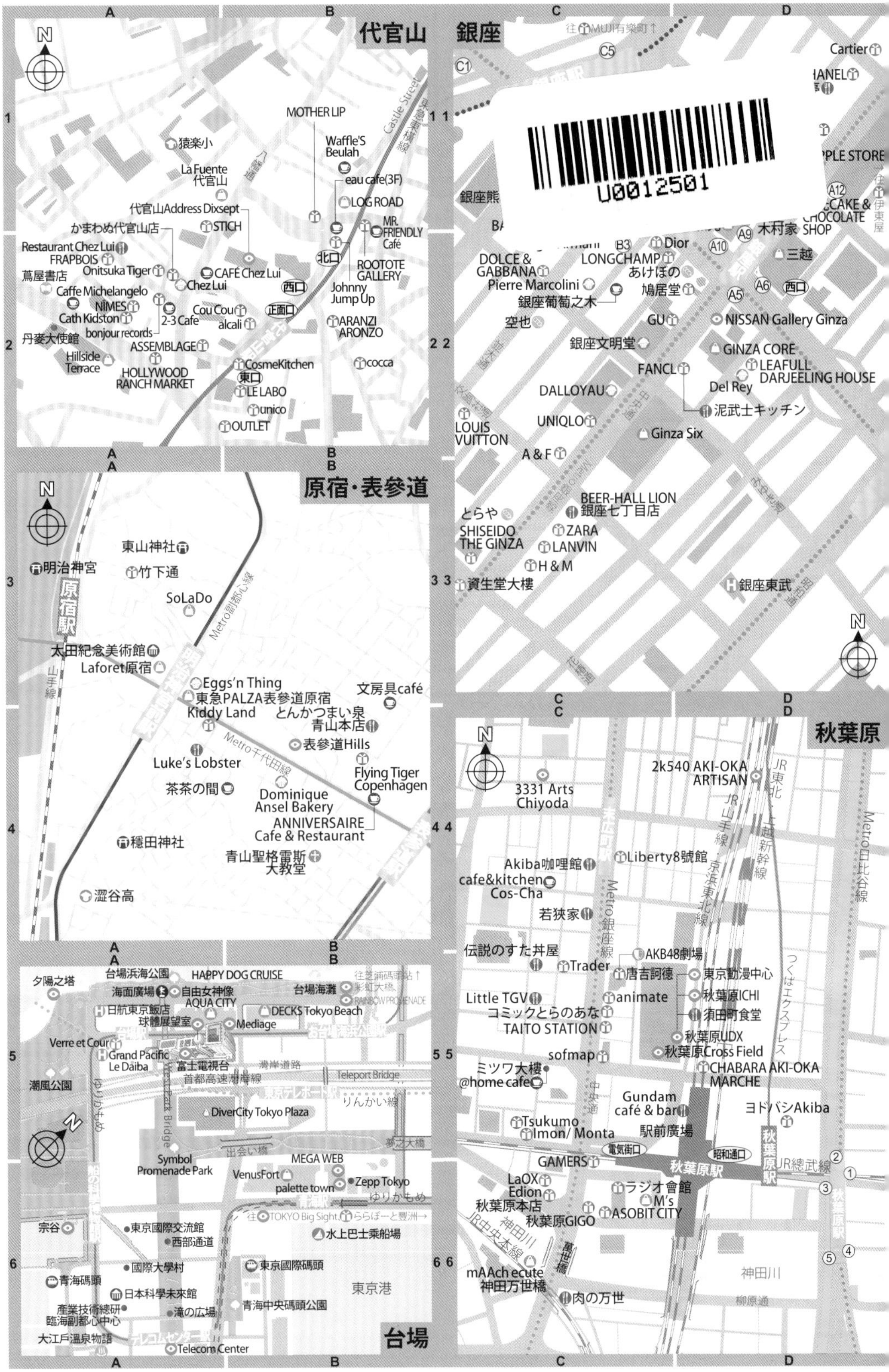

代官山
MOTHER LIP
Waffle'S Beulah
eau cafe(3F)
LOG ROAD
MR. FRIENDLY Café
ROOTOTE GALLERY
Johnny Jump Up
ARANZI ARONZO
cocca
CosmeKitchen
LE LABO
unico
OUTLET
猿楽小
La Fuente 代官山
代官山Address Dixsept
STICH
かまわぬ代官山店
Restaurant Chez Lui
FRAPBOIS
Onitsuka Tiger
CAFÉ Chez Lui
Chez Lui
蔦屋書店
Caffe Michelangelo
NÎMES
Cath Kidston
2-3 Cafe
Cou Cou
alcali
bonjour records
丹麥大使館
ASSEMBLAGE
Hillside Terrace
HOLLYWOOD RANCH MARKET
北口
西口
正面口
東口
Castle Street
銀座
MUJI有樂町
Cartier
CHANEL
APPLE STORE
CAKE & CHOCOLATE SHOP
木村家
銀座熊
Dior
LONGCHAMP
DOLCE & GABBANA
あけぼの
鳩居堂
三越
西口
Pierre Marcolini
銀座葡萄之木
空也
GU
NISSAN Gallery Ginza
銀座文明堂
GINZA CORE
FANCL
LEAFULL DARJEELING HOUSE
Del Rey
DALLOYAU
泥武士キッチン
UNIQLO
LOUIS VUITTON
Ginza Six
A & F
BEER-HALL LION 銀座七丁目店
とらや
SHISEIDO THE GINZA
ZARA
LANVIN
H & M
資生堂大樓
銀座東武
原宿・表參道
東山神社
明治神宮
竹下通
原宿駅
SoLaDo
Metro副都心線
太田紀念美術館
Laforet原宿
山手線
Eggs'n Thing
東急PALZA表參道原宿
Kiddy Land
文房具café
とんかつまい泉 青山本店
表參道Hills
Metro千代田線
Luke's Lobster
Flying Tiger Copenhagen
茶茶の間
Dominique Ansel Bakery
ANNIVERSAIRE Cafe & Restaurant
穩田神社
青山聖格雷斯大教堂
澀谷高
秋葉原
2k540 AKI-OKA ARTISAN
3331 Arts Chiyoda
JR東北
JR山手線・京浜東北線
上越新幹線
Metro日比谷線
Akiba咖哩館
Liberty8號館
cafe&kitchen Cos-Cha
若狹家
Metro銀座線
傳說のすた丼屋
Trader
AKB48劇場
唐吉訶德
東京動漫中心
秋葉原ICHI
須田町食堂
Little TGV
animate
コミックとらのあな
TAITO STATION
秋葉原UDX
秋葉原Cross Field
sofmap
CHABARA AKI-OKA MARCHE
ミツワ大樓
@home cafe
つくばエクスプレス
Gundam café & bar
ヨドバシAkiba
Tsukumo
Imon/ Monta
駅前廣場
電気街口
昭和通口
秋葉原駅
GAMERS
JR總武線
LaOX
Edion
秋葉原本店
ラジオ會館
M's
秋葉原GIGO
ASOBIT CITY
神田川
JR中央本線
萬世橋
mAAch ecute 神田万世橋
肉の万世
柳原通
台場
夕陽之塔
台場浜海公園
HAPPY DOG CRUISE
海面廣場
自由女神像
AQUA CITY
台場海灘
彩虹大橋
RAINBOW PROMENADE
日航東京飯店
球體展望室
Mediage
DECKS Tokyo Beach
Verre et Cour
Grand Pacific Le Daiba
富士電視台
潮風公園
首都高速灣岸線
Teleport Bridge
DiverCity Tokyo Plaza
りんかい線
Symbol Promenade Park
出会い橋
夢の大橋
MEGA WEB
VenusFort
palette town
Zepp Tokyo
ゆりかもめ
TOKYO Big Sight
ららぽーと豐洲
宗谷
東京國際交流館
西部通道
水上巴士乘船場
國際大學村
東京國際碼頭
青海碼頭
日本科學未來館
東京港
產業技術總研 臨海副都心中心
滝の広場
青海中央碼頭公園
大江戶溫泉物語
Telecom Center

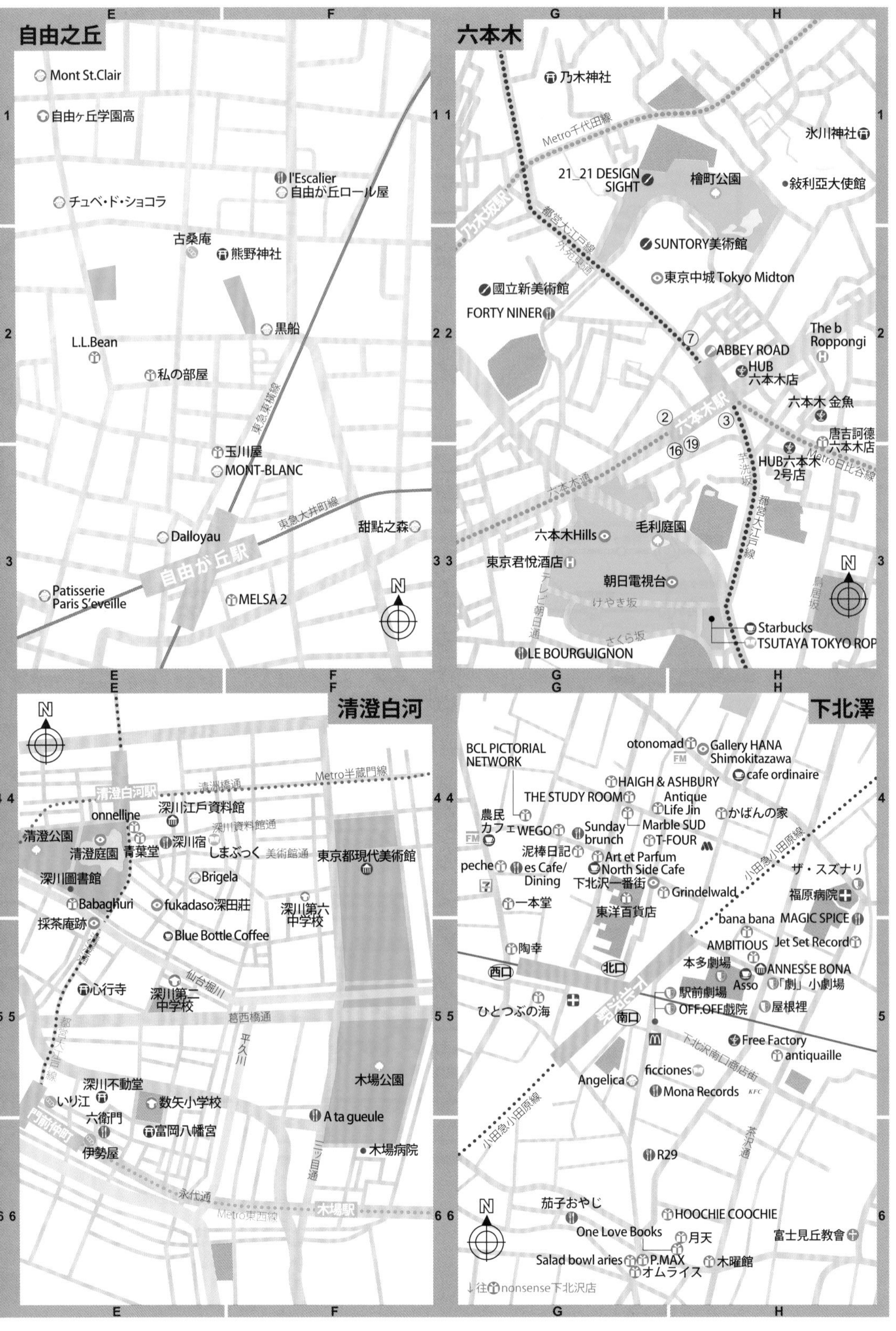
自由之丘
Mont St.Clair
自由ヶ丘学園高
l'Escalier
自由が丘ロール屋
チュベ・ド・ショコラ
古桑庵
熊野神社
黒船
L.L.Bean
私の部屋
東急東横線
玉川屋
MONT-BLANC
東急大井町線
甜點之森
Dalloyau
自由が丘駅
Patisserie Paris S'eveille
MELSA 2
六本木
乃木神社
Metro千代田線
氷川神社
21_21 DESIGN SIGHT
檜町公園
敘利亞大使館
乃木坂駅
都営大江戸線
外苑東通
SUNTORY美術館
東京中城 Tokyo Midton
國立新美術館
FORTY NINER
The b Roppongi
ABBEY ROAD
HUB 六本木店
六本木駅
六本木 金魚
唐吉訶德 六本木店
HUB六本木 2号店
Metro日比谷線
六本木通
芋洗坂
六本木Hills
毛利庭園
東京君悦酒店
朝日電視台
テレビ朝日通
けやき坂
さくら坂
鳥居坂
Starbucks
TSUTAYA TOKYO ROP
LE BOURGUIGNON
清澄白河
清澄白河駅
清洲橋通
Metro半蔵門線
深川江戸資料館
深川資料館通
onnelline
清澄公園
清澄庭園
青葉堂
深川宿
しまぶっく
美術館通
東京都現代美術館
深川圖書館
Brigela
Babaghuri
fukadaso深田荘
深川第六中学校
採茶庵跡
Blue Bottle Coffee
仙台堀川
心行寺
深川第二中学校
葛西橋通
平久川
都営大江戸線
深川不動堂
いり江
数矢小学校
木場公園
六衛門
富岡八幡宮
A ta gueule
伊勢屋
木場病院
門前仲町
永代通
Metro東西線
木場駅
三ツ目通
下北澤
BCL PICTORIAL NETWORK
otonomad
Gallery HANA Shimokitazawa
cafe ordinaire
HAIGH & ASHBURY
THE STUDY ROOM
Antique Life Jin
かばんの家
農民カフェ
WEGO
Sunday brunch
Marble SUD
T-FOUR
泥棒日記
Art et Parfum
peche
es Cafe/ Dining
North Side Cafe
下北沢一番街
Grindelwald
小田急小田原線
ザ・スズナリ
福原病院
一本堂
東洋百貨店
bana bana
MAGIC SPICE
AMBITIOUS
Jet Set Record
陶幸
本多劇場
ANNESSE BONA
西口
北口
Asso
「劇」小劇場
下北沢駅
駅前劇場
ひとつぶの海
南口
OFF.OFF戲院
屋根裡
Free Factory
下北沢南口商店街
antiquaille
ficciones
Angelica
Mona Records
茶沢通
R29
茄子おやじ
HOOCHIE COOCHIE
One Love Books
月天
富士見丘教會
Salad bowl aries
P.MAX
木曜館
オムライス
↓往 nonsense下北沢店

出發！

東京自助旅行 2023~2024

一看就懂旅遊圖解 Step by Step

NO.25

MOOK

一看就懂旅遊圖解 Step by Step NO.25

目錄

認識東京

你知道常說的東京其實是指「東京都內」嗎？這23區不僅是都會精華地帶，還擁有不同風貌，四季更有獨特的景色可以欣賞，而在熱鬧都會以外，旅遊東京還有不少值得嘗試的美食、購物，甚至還可以在旅行中穿插個小體驗，快來從不同面向認識東京吧。

文／墨刻編輯部
攝影／墨刻攝影組

BEFORE GO TO TOKYO

東京在哪裡？

東京是日本最大的都市，坐落在關東地區，關東一帶為日本核心地帶，包括東京都、神奈川、千葉、埼玉、茨城、栃木、群馬1都6縣。廣義的東京指東京都，範圍包含東京都內、多摩地方、伊豆群島、小笠原群島，一般所指、所遊的東京大多指「東京都內」。

日原鍾乳洞
奧多摩駅
JR青梅線
奧多摩溫泉 もえぎの湯
御岳山
御嶽駅
青梅駅
奧多摩湖
生涯青春の湯 つるつる温泉
秋川溪谷
檜原溫泉中心 數馬之湯
秋川溪谷 瀬音の湯
JR五日市線
武藏五日市駅
拜島駅
JR八高線
八王子駅
JR中央線
京王高尾線
高尾山
高尾山口駅
JR橫浜線

奧多摩湖

奧多摩湖距離都內雖遠，景色卻非常優美。

東京分區簡介

東京都內是最精華的地區，可分為23區，面積約626.7平方公里，人口多達950萬人，常聽見的新宿、渋谷、原宿、秋葉原、淺草、晴空塔、東京鐵塔、東京都行政中樞都廳等都在這23區內，時尚、美食、玩樂，所有新鮮話題都從這裡流行開來。

繁華的新宿是東京最熱鬧的地點之一。

到東京觀光大約需要幾天？

如果想體驗東京的不同風貌，至少需要3天2夜。雖然只是玩東京，但東京各區的風情不同，算上乘車、轉車時間，要想體驗各區風情，就要規劃充足的逗留時間，建議每天不要超過三個地區(車站)，以免顧著轉換地點，反而無法盡興。

都會時尚、懷舊下町、藝術氣息，都是東京的多樣風貌。

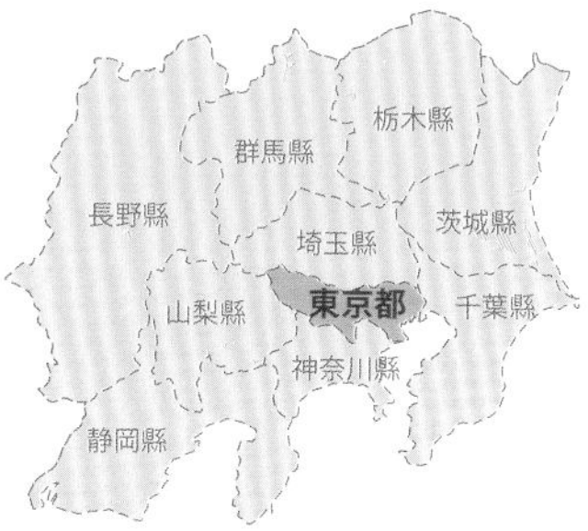
栃木縣
群馬縣
長野縣
埼玉縣
茨城縣
山梨縣
東京都
千葉縣
神奈川縣
靜岡縣

東京廣域

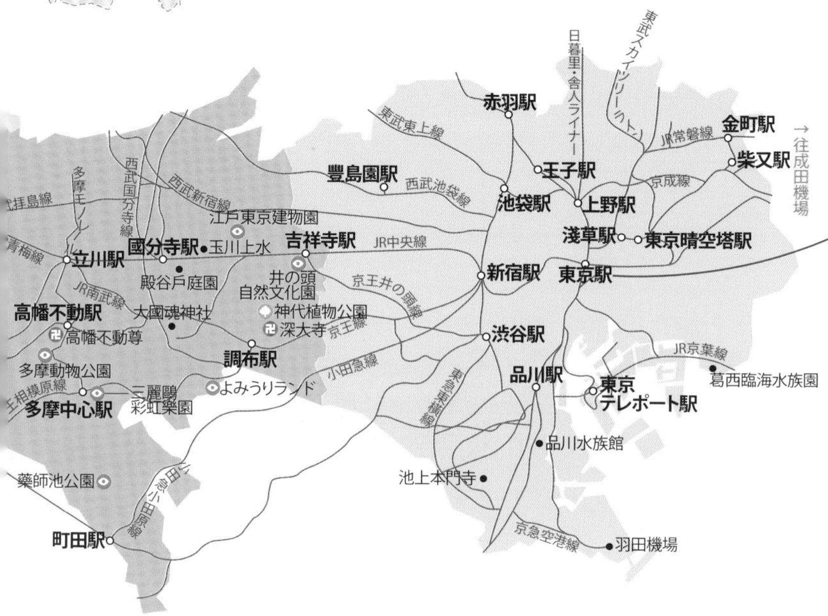
赤羽駅
日暮里・舎人ライナー
東武スカイツリーライン
東武東上線
JR常磐線
金町駅
柴又駅
→往成田機場
豊島園駅
王子駅
西武池袋線
京成線
池袋駅
上野駅
多摩モノレール
西武国分寺線
西武新宿線
西武拝島線
江戸東京建物園
淺草駅
東京晴空塔駅
青梅線
立川駅
國分寺駅
玉川上水
吉祥寺駅
JR中央線
殿谷戸庭園
井の頭自然文化園
京王井の頭線
新宿駅
東京駅
JR南武線
高幡不動駅
大國魂神社
神代植物公園
深大寺
京王線
渋谷駅
高幡不動尊
多摩動物公園
調布駅
小田急線
JR京葉線
品川駅
東京テレポート駅
葛西臨海水族園
東急東横線
京王相模原線
多摩中心駅
三麗鷗彩虹樂園
よみうりランド
品川水族館
薬師池公園
池上本門寺
小田急小田原線
町田駅
京急空港線
羽田機場

東京駅

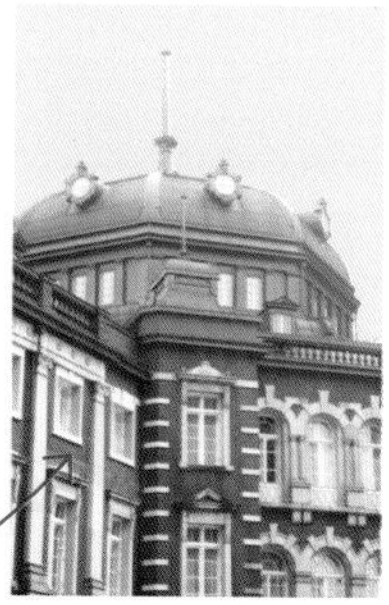

東京外島

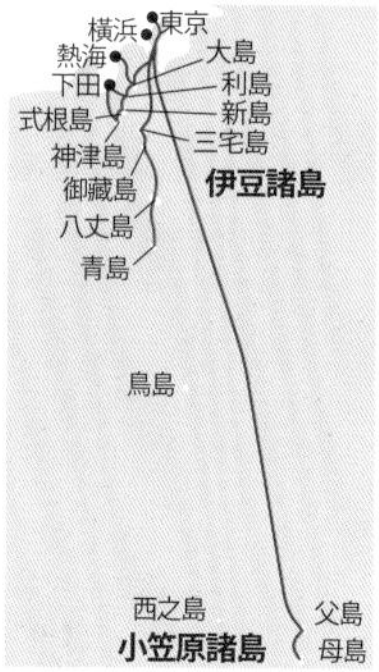
横浜
東京
熱海
大島
下田
利島
式根島
新島
三宅島
神津島
御藏島
伊豆諸島
八丈島
青島
鳥島
西之島
父島
小笠原諸島
母島

氣候怎麼樣？

東京屬太平洋側氣候，氣候較溫暖宜人。春天早晚溫差較大，夏季氣溫高、會有颱風，6月下旬到7月中旬是梅雨季，秋天時天氣乾爽晴朗，冬季降雪較少，不過平均氣溫還是有到10度以下。

SUBARU

都內天氣大多爽朗，很適合旅遊。

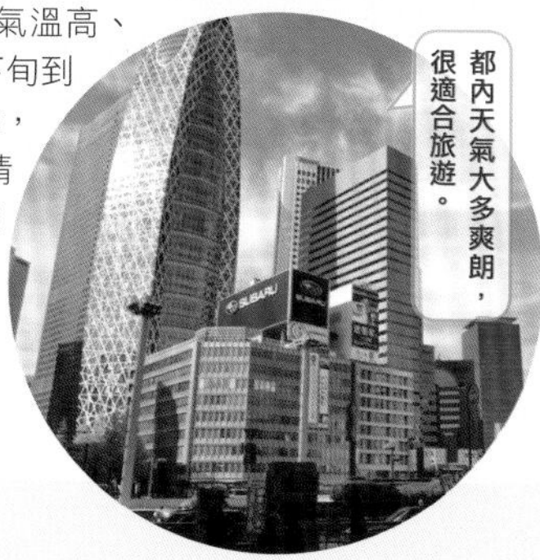

哪個季節最美？

想要看到最美的風景，當然要事先確認最佳旅遊季節。如果想到新宿御苑、上野賞櫻，3月下旬到4月上旬最為適合，7、8月接連舉辦的祭典、煙火大會，則可以感受夏日風情，10月下旬楓葉開始轉紅，若是對楓紅、銀杏有興趣，11月中旬到12月上旬最剛好。

楓葉以外，秋日的銀杏也是一絕。

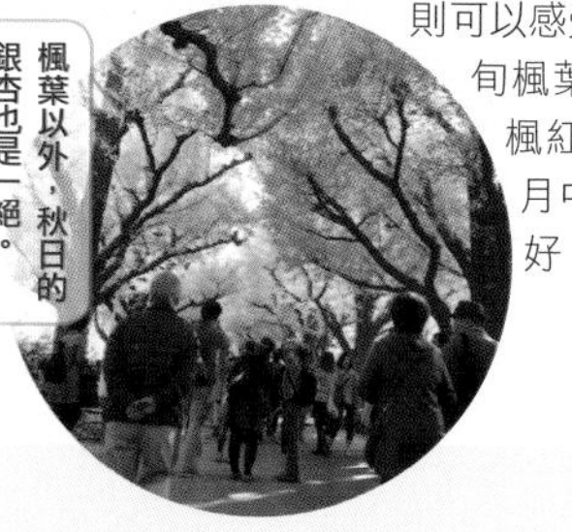

TOKYO TRAVEL GUIDE

東京主要旅遊地介紹

東京有許多值得一訪的地點，以下介紹幾個主要旅遊地，不妨作為參考。當然，除此之外東京還有許多面貌，喜歡藝術、美食、小店、公園、老街情調的人，都可以在這個多元都市裡找到喜愛的地方

淺草

淺草是最具江戶風情的觀光地，德川幕府特別指定為御用祈願所的淺草寺是旅遊重點，對岸的晴空塔更是地標，想了解老東京的生活文化，就一定要來這裡逛逛。

銀座

銀座是傳統與創新的集結，歷史悠久的和服老店和現代感十足的國際級精品名牌旗艦店共存，近年許多平價品牌進駐以外，百貨GINZA SIX也是大家必去的購物點之一。

上野

有別於都會氣氛，上野擁有寬廣公園，博物館、美術館與動物園錯落其中，還有阿美橫丁商店街以及許多平價小攤，可以品嚐道地的庶民滋味。不遠的谷根千則是絕佳散步景點，值得串聯遊玩。

東京車站

東京車站除了是交通樞紐，本身就是歷史建築，站內集結了購物、美食熱點，周邊還有百貨公司，鄰近的日本橋則是江戶發展的起點，能感受到從江戶到明治的歷史步履。

秋葉原

秋葉原是最知名的電器通訊街，偶像及動漫文化也受到矚目，加上結合藝術與地方的購物設施出現後，更讓秋葉原成為多元的流行發祥地。

台場

台場是東京最浪漫的地方，海風輕拂之外，還有占地寬廣、內容五花八門的遊樂中心和購物商場。夜晚彩虹大橋散發出亮眼光采，別有一番風情。

原宿&表參道

無論購物、玩樂或美食，原宿是永遠是東京的新話題，具有流行指標意義的裏原宿更誕生了無數潮牌，同時更與表參道、青山相接，是優雅與個性兼備的一區。

六本木

過去聚集酒吧和娛樂場所，異國風味甚濃的都會區六本木，經過大規模再開發計畫後，不僅成為了高格調與精緻化的代表地，更成為日本設計潮流最新發祥地。

澀谷

澀谷是年輕人的聖地，除了著名的109百貨，公園通的神南地區、澀谷中央街和西班牙坂，都是逛街好去處。這裡也是小眾文化重鎮，不少剛出道的樂團都會在車站附近開唱呢。

新宿

新宿是集逛街購物、餐廳、藝術等娛樂於一身的超級景點，知名的歌舞伎町之外，新宿御苑為都內賞櫻聖地，車站西側的都廳展望台可以免費欣賞夜景，車站南面與東面的百貨群更是三天三夜都逛不完！

代官山

代官山是由駒澤通、舊山手通與八幡通三條大馬路圍成的住宅區，因為有許多外國大使館，使得這裡擁有優雅歐風，精品名店、個性小舖、名廚餐廳聚集，更成為高級品味人士居住的代名詞。

自由之丘

位於郊區的自由之丘沒有市區的繁忙，走進由住宅區和錯落小店組合成的獨特氣氛中，法式鄉村、花草、北歐、摩登和風等風格的雜貨林立，知名的洋菓子屋更是不能錯過的美味。

吉祥寺&三鷹

吉祥寺是充滿個性的小鎮，從公園口往井之頭公園是嬉皮浪人藝術家的路線，北口的口琴橫丁充滿庶民況味，西邊的中道通還有許多可愛雜貨店。緊鄰的三鷹擁有吉卜力美術館，更吸引許多人一訪。

TOKYO FOUR SEASONS

春 賞櫻名所

東京的賞櫻花期約在3月底開始到4月初，為期約10多天，每年因氣候溫度不同以致誤差約前後一週，可在出發前詢問旅行社或是查詢日本的最新開花情報。

井之頭恩賜公園

公園內的櫻花共有500株左右，其中約半數栽種在湖畔，粉櫻盛開時，岸旁的櫻花彷彿雲霧般濃濃地瀰漫於湖面之上，煞是美麗。在這裡還可以租輛鴨子船或小舟在湖面欣賞其壯闊之美，絕美的景色讓人驚嘆不已。

3月下旬~4月上旬 武蔵野市御殿山1-18-31 JR 京王井之頭線吉祥寺駅徒步5分、京王井之頭線井の頭公園駅徒步1分

千鳥之淵

千鳥之淵的櫻景可說是全東京最震撼的，沿著原本屬於皇居的寬大護城河，約260餘株櫻花恣意盛開，除了沿著遊步道散步欣賞櫻景，遊客還可以租借小船，享受護城河中落英繽紛的遊船絕景。在櫻花盛開期間，夜晚約天黑後到晚上十點還會打上燈光，氣氛相當浪漫。

3月下旬~4月上旬 千代田区北之丸公園1 都營地下鐵新宿線、東京Metro東西線或半蔵門線九段下駅出口2徒步5分、半蔵門駅出口5徒步5分

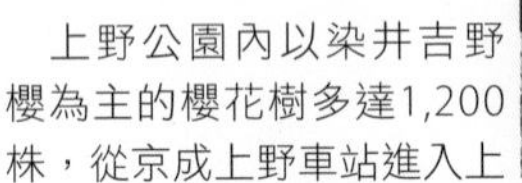

上野公園

上野公園內以染井吉野櫻為主的櫻花樹多達1,200株，從京成上野車站進入上野公園，首先看到的是西鄉隆盛的青銅雕塑，雕像附近有染井吉野櫻、寒櫻等櫻花樹種。而通往噴水池中央廣場的步道，正是以櫻花林道著稱的「さくら通り」。只見人們在滿開櫻花中用餐賞櫻，歡鬧無比。

3月下旬~4月上旬 台東区上野公園5-20 JR上野駅、東京Metro銀座線・日比谷線上野駅徒步約5分，京成本線京成上野駅徒步約3分

新宿御苑

新宿御苑在二戰前只有皇室人員才可在這舉行賞櫻宴會，現在御苑已開放一般民眾入園，賞櫻地點則從新宿門口蔓延至芝生廣場四周，以及千駄ヶ谷門附近。

3月下旬~4月下旬，9:00~ 18:00(入園至17:30) 休 週一(遇假日順延)，12/29~1/3；3/25~4/24、11/1~11/5無休 新宿区内藤町11 東京Metro丸之內線新宿御苑前駅徒步5分、JR總武線千駄ケ谷駅徒步5分、JR・京王・小田急線新宿駅南口徒步10分 $ 大人￥500，高中生、大學生、65歲以上￥250，國中生以下免費

不容錯過，其他絕景賞櫻景點

目黑川沿岸

盛開的櫻花形成拱門，覆在河川上方

東急東橫線、東京Metro中目黒駅下車

外濠公園

從JR中央線的車窗觀賞東京春景

JR飯田橋~四ッ谷駅下車

大田区・櫻坂

人氣歌手福山雅治的名曲由來

東急多摩川線沼部駅下車

夏 熱力祭典

東京，舊稱江戶，今天的東京仍然延續著許多江戶時期傳承下來的技藝與精神，東京的祭典就是記錄著這些江戶人的軌跡，代代相傳。繁華熱鬧的城市在祭典期間讓江戶的活力情緒熱情展現，也讓人看到不一樣的東京。

三社祭

三社祭可說是東京最火爆的祭典。淺草寺內一隅有座淺草神社，裡頭供奉的正是當年打撈到觀音像的兄弟及辨識出神像珍貴之人，因為有三位神祇，淺草神社也被稱為「三社大人」，其祭典就是三社祭。為期三天的祭典不僅有超過100架神轎繞境，還會有爭奪神轎出宮的激烈場面，另外也有被列為無形文化財的「びんざさら舞」（編木舞）演出，祈求豐收繁盛。

5月中旬，每年舉行日期略有不同，首日13:00~15:30，次日10:00~17:00，三日6:00~18:00，2022年因疫情縮減成兩天，可事先在官網確認時間　台東区浅草2-3-1浅草神社　都營地下鐵淺草線、東京Metro銀座線或東武伊勢崎線，在浅草駅下車，徒步約7分可抵達淺草神社　www.asakusajinja.jp/

高圓寺阿波舞大會

已舉辦超過60屆高圓寺阿波舞大會，是相當具有人氣的夏日祭典，每年約吸引120萬人次共襄盛舉，還有約150連(隊伍之意)、近一萬名的舞者在街道上熱力勁舞，熱鬧歡慶的氣氛渲染全場。

8月最後一個週末　杉並区高円寺　JR高円寺駅北側及南側商店街一帶　koenji-awaodori.com

新手看這裡

8月的盂蘭盆舞祭

築地本願寺納涼盂蘭盆舞大會
8月上旬
中央区築地3-15-1築地本願寺
tsukijihongwanji.jp

大江戶祭盂蘭盆舞大會
8月下旬
中央区日本橋浜町2-59-1浜町公園
www.city.chuo.lg.jp/kurasi/komyunitei/ooedomaturi.html

日比谷公園丸之內音頭大盂蘭盆舞大會
8月下旬
千代田区日比谷公園1 日比谷公園噴水廣場
www.hibiyabonodori.com/

隅田川花火大會

悠悠流貫東京都的隅田川，為現代感十足的東京增添了幾分懷舊情懷，而每年夏天在隅田川舉辦的花火大會(日文稱「煙火」為花火)更吸引百萬人前往觀賞。動輒2萬多發的燦爛煙火，將東京的夜空妝點地五光十色，每年還會推出新的煙火花樣，讓長達1小時30分鐘的煙火大會更加有看頭。

7月的最後一個週六　台東区、墨田区　第一會場：東京Metro銀座線浅草駅徒步約15分，第二會場：都營地下鐵淺草線・大江戶線蔵前駅徒步5分　sumidagawa-hanabi.com

深川八幡祭

1627年創立的富岡八幡宮是江戶最大的八幡宮，當時深受將軍家保護因而壯大。其例大祭是江戶三大祭之一，而在三年一次的本祭時，約50台神轎一同出動，場面盛大迫力十足，目前社內還有二座日本最大的黃金神轎。而在主殿右方還有相撲橫綱力士碑，訴說著這裡曾經以勸進相撲(廟社募款時舉行的相撲大賽)興盛一時的歷史。

8月15日前後包含週末的數日間(本祭三年一次，詳細時間可上官網查詢)　江東区富岡1-20-3 富岡八幡宮　東京Metro東西線門前仲町駅徒步3分　www.tomiokahachimangu.or.jp/

秋 楓紅絕色

在關東地區要欣賞紅葉，若喜愛自然美景，可以至周邊各縣，建議可以配上溫泉行程。至於東京都內的庭園紅葉一直遲至11月30日左右才會紅透，不能與其他關東紅葉名所串成一氣，但也給了賞楓客較為寬裕的準備時間。

東京大學

創立於明治10年(1877年)的日本最高學府，位於本鄉的校區，正是東大最早的校區。校園內林蔭靜謐，不少建築都有歷史和不少逸事，每到秋季時分，校園內便會湧入大批民眾，為的就是那開得燦爛耀眼的金黃銀杏，在賞景之餘還可以混進學生食堂嘗嘗學生料理，再到紀念品部購買東大限定紀念品。

11月下旬~12月中旬 文京区本郷7-3-1 東京Metro丸之內線・都營地下鐵大江戶線本郷三丁目駅徒步約8分，Metro南北線東大前駅徒步1分，Metro千代田線湯島駅、根津駅徒步8分

明治神宮外苑

明治神宮外苑最知名的就是秋日的銀杏行道樹(イチョウ並木)，四排銀杏樹的枝枒上一片金黃燦爛，美得令人屏息，盛開期間更有熱鬧的銀杏祭，讓前去賞銀杏者可享用到熱騰騰的日本小吃。另外在春夏之際，還會舉辦啤酒花園與花火大會，一年四季都精彩萬分。

11月下旬~12月上旬 港区北青山1~2丁目(イチョウ並木)、新宿区霞ヶ丘町 JR中央・總武線信濃町駅徒步5分、都營地下鐵大江戶線国立競技場駅徒步5分、東京Metro銀座線外苑前駅徒步8分、各線地下鐵青山一丁目駅徒步10分

六義園

六義園為典型的大名庭園，元祿15年(1702年)深受五代將軍德川綱吉信任的大名(封有領地的藩主)柳澤吉保拜領了這塊林地之後，以和歌的趣味為基調建築六義園，為江戶庭園裡有名的「回遊式築山泉水庭園」。每到秋日時分，園內約450株的掌葉槭染成鮮紅，再加上近600棵的楓葉與銀杏，豔麗色彩讓庭園更顯風采迷人。

11月下旬~12月上旬，9:00~17:00(入園至16:30) 休 年末年始(12/29~1/1) 文京区本駒込6 JR山手線・東京Metro南北線駒込駅徒步7分，都營地下鐵三田線千石駅徒步10分 大人￥300，65歲以上￥150，小學生以下免費

小石川後樂園

小石川後樂園建於江戶初期寬永6年(1629年)，為德川家以泉池為主景所建造的回遊式築山泉水庭園，庭園之名其實是取自大家很熟悉的范仲淹岳陽樓記：「先天下之憂而憂，後天下之樂而樂」。沿著主要的大泉池順遊園內，欣賞池影小山、樹林拱橋，感受景觀隨著角度變化，十分怡人。園內最有名的景色是春天盛開的百歲枝垂櫻，秋天也有紅葉可賞。

11月中旬~12月上旬，9:00~17:00(入園至16:30) 休 12/29~1/1 文京区後楽1 都營地下鐵大江戶線飯田橋駅C3出口徒步2分，JR總武線飯田橋駅東口徒步8分，東京Metro各線飯田橋駅A1出口徒步8分 大人￥300，65歲以上￥150，小學生以下免費

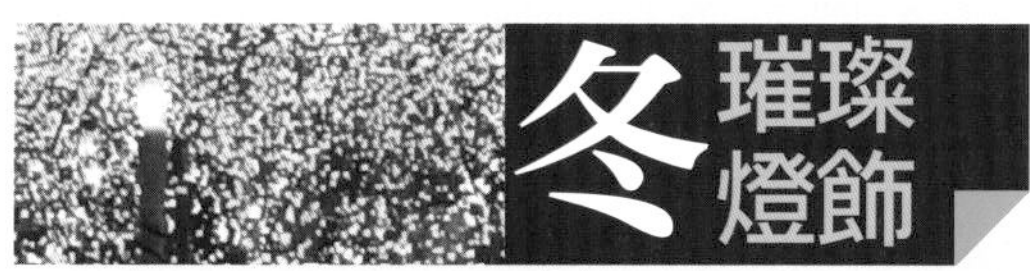

冬 璀璨燈飾

時序漸冬，11月的東京街頭早已迫不及待地妝點起燦爛燈火，一顆顆閃亮的耶燈飾提醒著人們耶誕節即將到來。從11月中旬到1月中旬，東京的各個景區會陸續裝戴上華麗的節日燈光，就讓一朵朵美麗的燈花溫暖冬季街頭、也點亮你的心吧！

惠比壽花園廣場

齊聚購物、餐廳、博物館的惠比壽花園廣場，本身就是深受戀人歡迎的浪漫約會地，在11月至1月中旬間，廣場內點上了燈光，裡頭還展出了高5公尺的世界最大Baccarat水晶燈。

11月上旬~1月中旬 渋谷区恵比寿4-20 JR山手線．東京Metro日比谷線恵比寿駅東口出站後，利用自動步道Sky Walk徒步約5分即達

六本木之丘・東京中城

每年11月到聖誕節期間，六本木就化身為光之國度，六本木之丘在街道兩旁點上了約110萬顆的燈泡，營造出如夢似幻的空間；而東京中城最有名的就是上演於2,000公尺寬草坪上的「Starlight Garden」，宛如置身於璀璨的星河間。

約11月中旬~12月25日17:00~23:00 東京都港区赤坂9-7-1(東京中城)．東京都港区六本木6-10-1(六本木之丘) 東京Metro日比谷線六本木駅、都營地下鐵大江戸線六本木駅與麻布十番駅徒步即達

東京鐵塔

已經舉辦超過20屆的東京鐵塔聖誕燈飾，在前往東京鐵塔的夾道兩側是閃亮的燈飾，一路延伸至前方橘紅色的光塔，美麗的畫面令人沉醉。在東京鐵塔1樓正面玄關前也會佈置聖誕樹與燈飾，節慶氣息濃厚。

約在11月下旬~12月下旬16:00~23:00 港区芝公園4-2-8 都營地下鐵大江戸線赤羽橋駅赤羽橋口徒步5分、三田線御成門駅出口A1徒步6分，東京Metro日比谷線神谷町駅出口1徒步7分

Caretta汐留

昔日曾是海洋的汐留地區，彷彿還留有淡淡潮香，每年耶誕節期間在Caretta汐留前廣場上舉辦的caretta illumination就像當年湧上汐留的美麗潮汐。在優美的音樂中，宛若海浪層層捲來的LED光朵散發著紫色、藍色與銀白色的光暈，就像是幻想中的海世界，海浪中心還有一座祈願鐘塔，讓遊客敲下鐘聲許願。

11月中旬~2月14日，約17:00~23:00點燈。 港区東新橋1-8-2 都營地下鐵大江戸線汐留駅徒步1分、淺草線新橋駅徒步3分，JR新橋駅經地下通路徒步4分，東京Metro銀座線新橋駅徒步5分

TOKYO LOCAL GOURMET

道地美食

東京除了新做法、新風潮的餐點以外，更有許多自江戶時代發展至今的獨特料理，這可都是只有來這裡才吃得到的道地美味哦！

蛋包飯
オムライス

說是蛋包飯，其實是指銀座煉瓦亭的元祖蛋包飯。明治28年(1895年)開業的煉瓦亭是蛋包飯、牛肉燴飯等和風洋食的創始店，也是蛋包飯迷的聖地。元祖蛋包飯是由蛋與米飯混合而成，奶油搭配出的香味更是意外清爽，口味特別。

泥鰍鍋／柳川鍋
どぜうなべ／やながわなべ

「どぜう」就是泥鰍，泥鰍鍋是江戶東京下町特有的飲食文化。將新鮮活泥鰍放進酒桶，再將醉暈的泥鰍放到味噌湯中，用備長炭慢火細煮，加入蔥花、灑點山椒粉，就大功告成了。也發展出將泥鰍切段、加牛蒡絲，和著蛋汁烹煮的柳川鍋。

駒形どぜう
台東区駒形1-7-12

兩國どぜう 桔梗家
墨田区両国1-13-15

相撲火鍋
ちゃんこ鍋

營養滿分的相撲火鍋是力士們的能量來源，據說每個剛入門的力士們都要輪流當伙夫、學做相撲火鍋，許多相撲力士退休後還會開相撲火鍋店呢！相撲鍋的特色就是份量大，海鮮、雞肉、洋蔥、豆腐、蔬菜等豐富煮料，都是健康無負擔的菜餚。

川崎
墨田区両国2-13-1

ちゃんこ巴潟
墨田区両国2-17-6

江戶前壽司
江戸前寿司

壽司是許多人對日本料理最直接的印象，江戶前壽司其實就是握壽司，據說是由壽司師傅與兵衛所創。當時的江戶東京工人聚集，為了能迅速供應料理，與兵衛利用飯糰與新鮮魚貨創造出握壽司。之所以稱為「江戶前」，一是因為當時江戶灣(東京)漁獲豐富，自豪的江戶人將這片海中的水產通稱為「江戶前」，另一說則是指做法，當時會以鹽醃、醋漬等技法延長水產保存時間，這也演變成現在江戶前壽司的特色。

鰻魚飯
うなぎ重

鰻魚飯到處都有，但其實蒲燒鰻、鰻魚重的出現都與東京有關。據說現在的蒲燒作法是幕府時出現，因為當時千葉的醬油商做出符合關東人口味的濃郁醬油，取代原本從關西引進的清淡醬油，讓使用醬油的鰻魚大受歡迎，就連現在盒裝形式的鰻魚飯，也是昭和年間從東京鰻魚飯老店「重箱」開始的。

色川
台東区雷門2-6-11

駒形 前川
台東区駒形2-1-29

深川丼
ふかがわどん

「深川丼」顧名思義，是起源於深川地區（清澄白河一帶）的料理。這其實是江戶時期的漁師、庶民料理，當時盛行在隅田川捕撈蛤蜊，將撈起的蛤蜊加上炸豆腐、蔥等食材下去熬煮，入味後再盛至白飯上，熱騰騰地扒上一口實在過癮。

深川釜匠
江東区白河2-1-13

文字燒
もんじゃ焼き

月島的文字燒店多集中於西仲通，因此又被稱為月島文字燒街(もんじゃストリート)，沿路約有35家店舖。除了店舖聚集，月島還以「月島流」的做法出名。將所有的食材在鐵板上炒過，做成中空的甜甜圈狀後把湯汁倒入甜甜圈內，這樣的做法可是發源自月島的呢。

おしお 和店
中央区月島1-21-5

はざま
中央区月島3-17-8

蕎麥
そば

蕎麥麵過去是江戶職人的速食，為了讓職人們盡早吃完上工，江戶蕎麥麵的麵體較細，強調入喉的口感。所謂「入喉感（のど越し）」是江戶蕎麥麵的靈魂，好的蕎麥麵在入喉的瞬間，會一舉迸發出細膩的蕎麥清香，醬油的潤澤感、麵體彈性與蕎麥香三位一體，交織成餘韻無窮的深厚底蘊。

蕎亭 大黒屋
台東区浅草4-39-2

永坂更科 布屋太兵衛 麻布總本店
港区麻布十番1-8-7

TOKYO SOUVENIR

定番禮品篇

東京有好多美味的和菓子與洋菓子，再加上匯聚全日本甚至是全世界的銘菓、美食，每次造訪東京都會買到停不下來，以下就精選幾樣超熱門的伴手禮選擇，喜歡的話就一併列入你的購物清單中吧！

東京芭奈奈
東京ばな奈 Tokyo Banana

鬆軟的海綿蛋糕中裹著香氣濃郁的香蕉口味鮮奶油內餡，甚至連造型都是圓胖可愛的香蕉形狀。東京芭奈奈的點心多以「香蕉」作為主題，像是香蕉蛋糕、香蕉夾心餅乾等。近年還與迪士尼、哆啦A夢、寶可夢等作品推出聯名商品，香蕉形狀的蛋糕被畫上不同表情的皮卡丘，還有可能拿到特別版！米奇米妮款則是配合臉型的圓形蛋糕，裡面包裹焦糖與牛奶口味的奶油，象徵戀愛的甜蜜滋味，口味眾多，相當受到旅客喜愛。

可在各大轉運站、羽田機場、成田機場買到。 原味¥594/4入，哆啦A夢、皮卡丘款¥648/4入，米奇與米妮款¥680/4入 www.tokyobanana.jp

東京玉子
東京たまご Tokyo Tamago

日文的「玉子」就是「蛋」的意思；迷你可愛的東京蛋有白巧克力做成的蛋殼，咬開後裡頭是一層薄薄的蛋糕、傳統香濃的黑芝麻內餡和中間包裹的甜甜芝麻醬，和洋混合的多重口感中，帶著濃濃日本味，是東京隨處可見的代表伴手禮。

銀座たまや本店、羽田機場、成田機場、東京大丸、東京車站、上野車站等處 東京たまご ごまたまご 8入￥950 ginzatamaya.com/

薯條三兄弟
じゃがポックル Jaga Pokkuru

由北海道馬鈴薯做成的薯條點心，香脆扎實的口感和濃濃的馬鈴薯香氣，令不少人大讚比現炸的還好吃！不過因薯條三兄弟太過熱銷，通常每人只能限購3~5盒。除了薯條，同樣由POTATO FARM生產的酥脆洋芋片「いも子とこぶ太郎」(馬鈴薯子與昆布太郎)，還有期間限定的「じゃがピリカ」(薯塊三姊妹)也十分美味。

成田機場、羽田機場 一盒10包￥1050 www.calbee.co.jp/potatofarm/

ROYCE'巧克力

ROYCE'的商品以巧克力為中心，並且販售各式可可的加工品，其中以水分含量17%的生巧克力最具盛名，入口即化的滑順口感讓人迷戀。另一項人氣商品就是洋芋片巧克力，微甜的巧克力與鹽味洋芋薄片，兩者看似衝突卻達成巧妙的和諧，有著絕妙的口感與風味。

羽田機場、成田機場 生チョコレート(生巧克力)￥864、ポテトチップチョコレート(巧克力洋芋片)￥864 www.royce.com

資生堂PARLOUR起司蛋糕
資生堂パーラー チーズケーキ Cheese Cake

資生堂PARLOUR保留了復古懷舊的西洋口味，從起司蛋糕、巧克力、餅乾到令人懷念的燒菓子，都是資生堂的獨家創意甜點，再加上包裝美感與品味 兼具，成為東京很受歡迎的時尚伴手禮。

羽田機場、銀座本店、東京駅一番街、池袋西武、新宿伊勢丹等處 起司蛋糕￥999/3入 parlour.shiseido.co.jp

東京迪士尼商品
ディズニー Disney

超可愛的迪士尼商品除了在園區內可購買之外，在東京都內還有8處Disney Store可以購買，雖然園內的限定商品這邊買不到，但光是這裡的豐富商品就夠你逛的！

Disney Store(澀谷公園通、東京晴空塔Solamachi、新宿高島屋、台場AQUA CITY、池袋Sunshine City、町田MODI、昭島Moritown) store.disney.co.jp

吉祥物周邊商品

無論是喜歡動漫、日本當地吉祥物、電視節目還是日劇，在東京一定可以找到喜歡的周邊商品，從最火紅的吉祥物熊本熊(KUMAMON)、船梨精，到經典的龍貓、史努比等卡通角色一應俱全，若有喜歡的角色可別錯過。

TOKYO Solamachi 4樓的TV Character、東京駅一番街的Character Street、KIDDY LAND等處

和風雜貨

來到日本一定要帶點和風雜貨回家，除了造型與花色相當傳統的手拭巾、小飾品之外，現在也有許多結合日式傳統與創新設計的嶄新商品，送禮自用兩相宜。

CLASKA Gllery & Shop"DO"、中川政七商店、濱文樣等處

NEWYORK PERFECT CHEESE

由三位世界級甜點大師監製，NEWYORK PERFECT CHEESE自2017年3月於東京車站內開店後就大受歡迎。人氣最高的是經典的NEWYORK PERFECT CHEESE，以起士風味海綿蛋糕捲入風味鮮奶油，裡面再加上一塊起士風味的白巧克力，一口一個美味完美融合。

東京駅南通路 1F、京王新宿MBF、羽田機場 8:00~22:00(東京駅)、10:00~20:30(京王新宿MBF)、6:00~20:00(羽田機場) NEWYORK PERFECT CHEESE ￥831/5入

桂新堂

慶應2年(1866年)創業的桂新堂是以蝦仙貝起家的百年老舖，從販售的菓子、店舖設計到服務人員衣著，都是舊日風情。桂新堂以其自豪的素材與製法，從看似簡單的蝦仙貝中變化出多種可能，或以整隻日本對蝦、甜蝦燒烤製成，或印上可愛圖案，或是結合莓果、巧克力、起司等口味的創新風味，每一項都讓人驚艷。

三越日本橋本館B1F、三越銀座B2F、松屋銀座B1F、西武池袋B1F、西武澀谷A館B1F、澀谷Hikarie ShinQs B2F、伊勢丹新宿本館B1F、小田急新宿本館B1F、松坂屋上野本館1F、東京駅GRANSTA、羽田機場等 海老づくし(全蝦仙貝)￥2,592/6袋 www.keishindo.co.jp

銀座鈴屋

甘納糖，指的其實就是甜納豆。銀座鈴屋創業於1951年，堅持原料的好品質及獨特的調製技術，使得產品皆深受歡迎。最具代表的就是用栗子製成的栗甘納糖了，利用糖引出栗子本身的甘甜，鬆軟口感與豐潤的滋味，讓人難忘。

銀座本店、松屋銀座B1F、日本橋三越本館B1F、大丸東京1F、松坂屋上野1F、京王新宿MBF、西武池袋B1F、東武池袋B1F、羽田機場等 栗甘納糖￥1,728/6入 www.ginza-suzuya.co.jp

銀座菊廼舍

自明治23年(1890年)創業以來，菊廼舍堅持製作正統的江戶和菓子。獨創的炸饅頭皮酥香餡濃郁以外，經典商品是用雅致圓鐵盒所裝，綜合黑豆、米果、煎餅、乾菓子和金平糖等多種傳統小點而成的富貴寄，不但造型和顏色繽紛討喜，口感和味道也各有千秋，是老東京最愛的茶會點心。

銀座本店、東京駅一番街、渋谷東急B2F東横のれん街 富貴寄青丸缶￥1,320、富貴寄赤丸缶￥1,540 www.ginza-kikunoya.co.jp

PIERRE HERMÉ PARIS馬卡龍
PIERRE HERMÉ PARISマカロン

想吃PIERRE HERMÉ PARIS色彩繽紛的馬卡龍和各款華麗且充滿創意的法式點心，不用特地飛到巴黎，在東京都吃得到。被喻為「少女的酥胸」的馬卡龍，絕妙之處就在其酥中帶嫩的口感，雖然小小一個就要價不菲，但吃過的人可都是讚不絕口。

青山本店、伊勢丹新宿B1F、日本橋三越本館B1F、西武池袋B1F、大丸東京1F、澀谷Hikarie ShinQs B2F、松屋銀座B1F等 馬卡龍￥4050/10個 www.pierreherme.co.jp

流行藥妝篇

在東京絕對要做的就是逛藥妝店，在這裡總能發現許多新奇的玩意兒，從彩妝、美容小用具、休足產品，到日本話題商品應有盡有，不過相同產品，每家藥妝店的價格不見得相同，記得要比價喔！

液體絆創膏

身上有傷口時碰水會痛，但只要塗上這個產品就會在傷口上形成保護膜，玩水也不怕。

圓頭牙刷

連難刷的臼齒都能用360度刷頭刷到，許多爸媽瘋狂購買給家中小朋友使用。

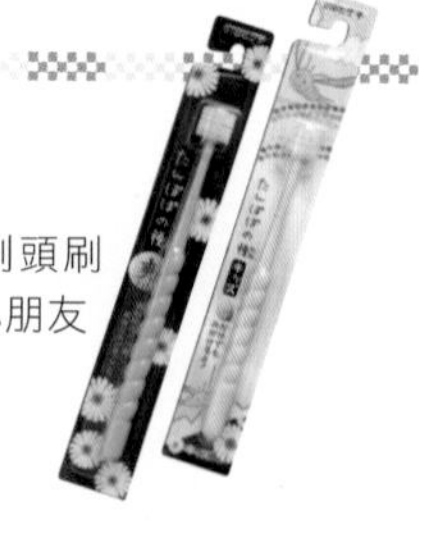

休足產品

旅行途中總會有走太多路，腳痠的時候。睡覺前貼在腳上，冰冰涼涼的，醒來腳就不痠囉！

大島椿護髮油

100%萃取自山茶花的種子製作而成，可改善頭髮毛躁分岔、頭皮癢的問題，讓頭髮恢復光澤、柔順，曾連續四年蟬聯@cosme頭髮護理大賞第一名。

爆汗湯

別看它小小一包，據說泡20分鐘就等於消耗掉運動2小時的卡路里。

新表飛鳴S細粒

由知名的大正製藥生產的整腸健胃保健食品，質地為白色粉末狀，即使是幼兒也可服用，可改善便秘等腸胃問題。

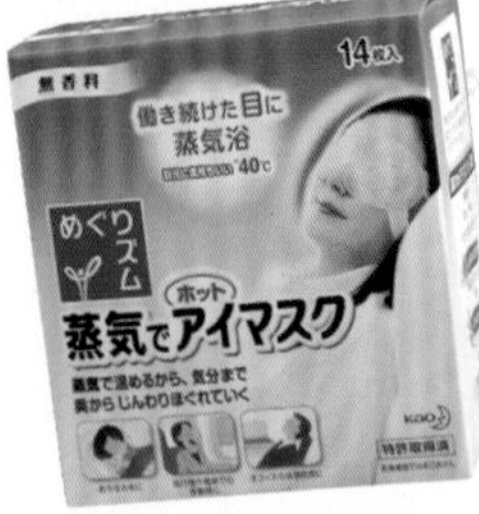

蒸氣眼罩

晚睡早起，當覺眼睛疲勞時，只要敷一片，舒服的熱度就能舒緩眼睛疲勞。

CITEETH White シティース ホワイト

高效能牙齒美白牙膏，此外還細分成多種功能，若對自己牙齒的亮度不滿意的話，可以試試看這款商品。

外用軟膏

身體癢、乾燥、蚊蟲咬，輕輕塗上一點，就能改善不適。

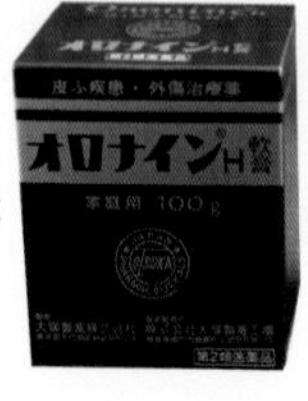

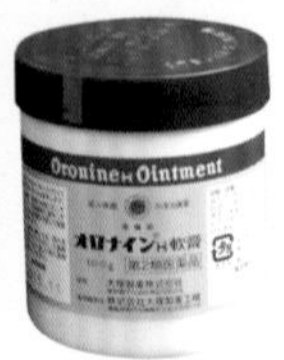

Kanebo酵素洗顏粉

針對消除粉刺設計的洗臉產品，洗完皮膚舒爽不緊繃，再加上一塊塊分開的輕巧方便分別包裝，相當適合在旅途中使用。

藥妝店介紹

松本清

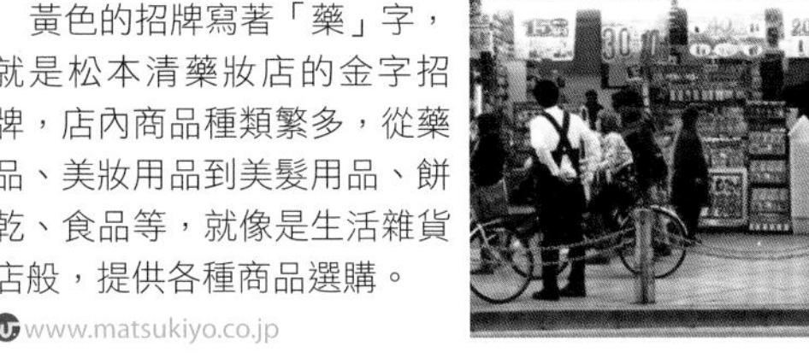

黃色的招牌寫著「藥」字，就是松本清藥妝店的金字招牌，店內商品種類繁多，從藥品、美妝用品到美髮用品、餅乾、食品等，就像是生活雜貨店般，提供各種商品選購。

www.matsukiyo.co.jp

新手看這裡

購物前記得比價

想要用實惠價錢買到好貨，就一定得勤比價。像是上野阿美橫丁裡的松本清與OS drug就在斜對面，OS drug的東西比較便宜，貨卻不齊全。所以可以先到松本清確認價錢，再到OS drug比價，若OS drug沒貨再回松本清購買。但若是沒有時間比價，原則上吉祥寺的口琴橫丁與上野阿美橫丁的價格普遍較低，可到這些地方一次買齊。

OS drug

雜亂無章的小店面裡總是擠了滿滿的人潮，OS drug的強項並不在開架式美妝品，而是日常生活必需品與藥品，在這裡都能找到讓人滿意的價錢。常常會缺貨，找不到想要的商品先問店員比較快。

www.osdrug.com

PickUpランキン

日本商品種類眾多，不知道應該選擇哪一種時，就一定得先來這裡看看。PickUpランキン是商品排行榜名店，只挑選賣得最好的前10名商品進貨，分門別類地展示，無論是化妝品、零食或飲料，隨手一拿都是好貨。

www.ranking-ranqueen.net

Cosme Kitchen

Cosme Kitchen本店位於代官山車站正面口，是以女性為訴求的美妝店，內部裝潢也以粉嫩色系為主，保養品、沐浴用品、芳香精油等一應俱全。店內有一處小工作台，提供指甲彩繪服務，櫃台旁也有新鮮果汁吧。

cosmekitchen.jp

Plaza

Plaza的賣場中有現在最新最火紅的美容商品，千奇百怪可愛造型雜貨，以及價格便宜又新潮的服飾讓美眉們挑個過癮。想要搶先知道日本的話題商品，走趟Plaza就能馬上明瞭。

www.plazastyle.com

AINZ TULPE

AINZ TULPE專賣彩妝保養品與各式美容小用具，不只種類豐富，在店裡也能看到每週都有的商品人氣排行榜，讓愛漂亮又想趕流行的消費者能夠一眼就看到最新最流行的美妝資訊。

ainz-tulpe.jp

IT'S DEMO

IT'S DEMO乾淨明亮的店內專門販售各色生活雜貨，其中也包括品項豐富的美妝美甲商品，不定時還會推出IT'S DEMO才買得到的聯名限定商品，讓人不掏出錢包也難。

store.world.co.jp/s/brand/itsdemo/

TOKYO EXPERIENCE

登上高樓賞夜景

雖不在日本三大夜景之列，東京的向晚時光仍舊十分迷人。尤其是天色漸暗、萬家燈火亮起，加上東京鐵塔點燈綻放的光華，更讓人驚嘆。東京都內許多高樓都可欣賞夜景，景觀也各有特色，挑選一處好好享受美景吧。

360度全景

六本木Hills TOKYO CITY VIEW

位在東京正中心，可以享受360度的夜景，逐一欣賞東京鐵塔、晴空塔、台場、新宿高樓群、東京巨蛋，還有咖啡廳能坐下休息。

大人¥2,200，高中大學生¥1,400，4歲~國中生¥800，65歲以上¥1,900　10:00~22:00(入館至21:00)　港区六本木6-10-1六本木Hills森タワー(MORI TOWER) 52F

六本木Hills TOKYO CITY VIEW

360度全景

SHIBUYA SKY

澀谷新地標「SHIBUYA SCRAMBLE SQUARE」頂樓的展望台「SHIBUYA SKY」，全面採透明玻璃隔間，營造出前所未見的開放感，讓遊客360度飽覽繁華澀谷街容，東京鐵塔、富士山等名景盡收眼底。

大人¥2000，國高中生¥1600，小學生¥1000，3~5歲幼兒¥600　10:00~22:30　渋谷区渋谷2-24-12 SHIBUYA SCRAMBLE SQUARE內

SHIBUYA SKY

免費

東京都廳展望台

免費開放45樓的展望室，搭乘專用電梯，只要55秒就可以抵達頂樓欣賞新宿夜景，天氣好時還可以從南展望室眺望富士山。

免費　9:30~22:00　休 北展望室第2、4個週一、南展望室第1、3個週二(遇假日順延)，年末年始(12/29~12/31、1/2、1/3)、例行檢修日　新宿区西新宿2-8-1　北展望室現因疫情緣故暫時休室，也可能因為疫情與天候的關係臨時休室。

免費

新宿NS大樓

廳街有南北兩處展望空間，北側正對著三角形的新宿住友大樓，瑩白燈光充滿科技感。

免費
9:00~17:00
新宿区西新宿2-4-1
30樓並無展望台

新宿NS大樓

隅田川的悠閒情調

東京繁忙的陸上交通讓人神經緊繃，不如換個方式，利用隅田川的航運串連行程，還可以欣賞水上風光！逛完淺草後，搭水上巴士直達台場，可以從不同角度感受晴空塔的高聳，欣賞岸邊的都會風貌，秋天時還可乘船賞楓，別有趣味。

全年都有

水上巴士
Himiko／Hotaluna／Emeraldas

以動畫巨匠松本零士的鉅作《銀河鐵道999》為靈感設計，流線型的銀色外殼到了晚上還會閃爍著濃紫、螢藍等超高輝度LED。

淺草出發1日約2~6班11:00~16:10約一小時一班，航程約50分
淺草~台場12歲以上￥1,720，6歲~未滿12歲￥860，1歲~未滿6歲免費；依航線而異，詳見官網
淺草一丁目吾妻橋畔

水上巴士

Knowledge Supply

隅田川花火大會

隅田川花火大會固定於每年7月第4個週六舉行(雨天取消或延期)，觀賞人數逼近百萬，淺草一帶是很好的欣賞點，不過發祥地其實是在對岸的両国。早在200多年前的江戶時代，両国就開始放花火了，後來曾因戰爭中斷，昭和36年(1961)又因交通因素停辦，直到昭和53年才在熱心人士奔走下恢復，將這納涼花火大會延續至今。

夏季限定

賞花火遊船

每年7月的隅田川花火大會是東京的盛事，搭乘當日限定的花火觀覽船，就可以在隅田川上悠閒的欣賞煙火，感受近距離的震撼。

花火大會觀賞船
7月最後一個週六下午出航，航程約5小時
於「日の出桟橋」、「吾妻橋」等乘船場上下船，時間、價錢等亦視乘船公司而異

古今融合

屋形船APP

隅田川上極具特色的屋形船業者與遊戲開發公司合作，推出使用AR技術的隅田川乘船體驗，遊客不僅可以將東京都現代的美盡收眼底，利用AR技術，透過手機同步感受江戶時期的隅田川和東京灣。只要在乘船前，在智慧型裝置中下載指定的APP（お江戸の川遊びへおいでなんし～EdoripAR～），就可以跟著航行路線來一趟穿越江戶時代的遊河之旅。

屋形船

歌舞伎的華麗風采

東京的傳統戲劇中最為人所知的就是歌舞伎了，歌舞伎擁有400年歷史，與古典的能劇相較，較貼近庶民生活。想體驗歌舞伎，銀座的歌舞伎座絕不能錯過，這裡不僅全年都有演出，還有相關介紹設施，讓人輕鬆體驗歌舞伎獨特文化。

銀座歌舞伎座

Knowledge Supply

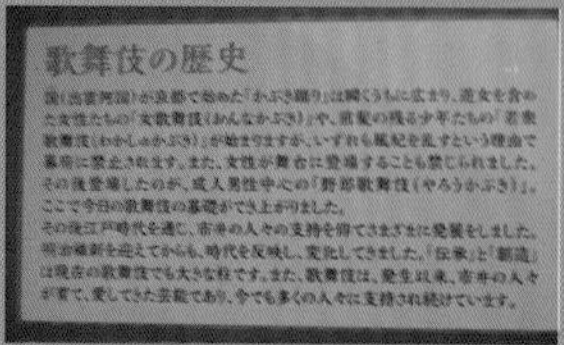

歌舞伎の歴史

歌舞伎起源

歌舞伎起源於出雲大社的巫女阿國。據傳她身穿小袖和服、腰配武士的長短刀，以顛覆女性傳統的形象演出；歌舞伎(kabuki)的語源「傾く」(kabuku)，指的正是這種顛覆。自江戶初期以來歌舞伎逐漸發展出一套表演形式，華麗服裝、誇張化妝，直接而大膽地傳達理想與夢想。

歌舞伎座開幕於1889年，華麗的桃山樣式建築是於1951年再建而成，2013年經隈研吾修建成如今樣貌，是歌舞伎的殿堂。

歌舞伎座

中央区銀座4-12-15　03-3545-6800　按照位子約¥3000~20000不等，「一幕見席」大人¥1000~2000(限現場購票)

銀座歌舞伎座

一幕見席

歌舞伎演出通常分為2~4幕，表演時間頗長，但現在可以只選擇其中一幕觀賞，也就是購買4樓的「一幕見席」，不僅時間較短，票價也非常划算。

現暫時不開放

歌舞伎座Gallery迴廊

不看演出，也可到5樓迴廊觀賞展覽，不僅可以看到實際使用過的道具，還可以觸摸，甚至是跨上馬背、坐進轎子，體驗一番。

10:30~18:00

現在僅開放部分免費參觀區域

木挽町廣場

B2的木挽町廣場設有許多賣店，除了各式和菓點心，販售的商品大多是和風雜貨，也有許多運用歌舞伎元素的小物，手帕、信箋以外，還有畫上臉譜的歌舞伎面膜也很受歡迎。

10:00~18:30，休演時~18:00

東京唯二路面電車

隨著汽車普及和交通型態改變，曾是東京主要交通工具的路面電車走入歷史，但仍有兩條路面電車線被保留下來。不論搭上最受觀光客歡迎的都電荒川線，還是遠離喧囂的東急世田谷線，貼近日常東京生活氣息。

觀光客最愛

都電荒川線

跨行早稻田到三之輪之間，從早稻田的學院風景開始，經過有著江戶川風景的面影橋、古神社和美麗靈園圍繞的鬼子母神社前、歐巴桑的原宿庚申塚、優美的飛鳥山公園、懷舊氣氛的荒川遊園地，沿途安靜而帶著緩慢生活氣氛。

總站數：30 **總長度：**12.2KM

約5:48~23:00，每5~10分一班車。7:00以前和20:00以後班次較少

均一價單程國中生以上￥170，6~11歲￥90；都電一日乘車券國中生以上￥400，6~11歲￥200

都電荒川線

Knowledge Supply

奔走的「玉電」色彩

東急世田谷線殘留著「玉電」的面貌；玉電是昭和時連接澀谷與二子玉川的路線電車，廢線後，三軒茶屋至下高井戶一段被保留，由東急電鐵接手，自1999年起引進東急300系電車，列車由兩輛編成，每台列車顏色都不同，共有10種顏色，來世田谷線尋找心中的那抹顏色，也成了鐵道迷造訪的課題呢！

生活感最濃

東急世田谷線

世田谷線是東急電鐵唯一一條軌道線，連接都心西南部三軒茶屋與下高井戶，沿線許多小店、咖啡廳，尤其是松陰神社前至世田谷駅一帶，因為觀光客較少，讓人有種遠離東京喧囂的靜謐感。

總站數：10 **總長度：**5.0KM

約5:15~00:52，每5~8分一班車。7:00以前和21:00以後班次較少 均一價單程大人￥150，小孩￥80。一日券「世田谷線散策きっぷ」大人￥340，小孩￥170

東急世田谷線

大相撲的熱烈氣氛

相撲是日本獨有的運動，要看相撲，那就是国技館了。每年固定舉辦的6次大相撲中，1月(初場所)、5月(夏場所)、9月(秋場所)都在此登場，這也是國技館最熱鬧的時刻，剛好在此時造訪東京，記得順道拜訪這處神聖殿堂。

大相撲看熱鬧

國技館的大相撲

舉行大相撲時，場外排滿了聲援力士們的旗幟。

©莊幃婷

墨田区横網1-3-28 依比賽而異；相撲博物館12:30~16:00 休依比賽而異；相撲博物館週末、例假日、年末年始、換展期 $票價依位置而異，最便宜的自由席大人￥2,500，4~15歲￥500；相撲博物館免費

国技館

上午是幕下等級以下的力士比賽，下午兩點左右十兩力士登場為晉級而戰，才真正揭開序幕，接著登場的幕內力士更是重頭戲。賽後會有表示感謝的「弓取式」演出，為比賽畫下句點。

©莊幃婷

Knowledge Supply

從前從前的相撲

相撲力士的段數可分為幕內（依序為橫綱、大關、關脇、小結、前頭）、十兩、幕下、三段目、序二段、序之口。這項運動原本是占卜農作物收穫的祭典儀式，後來變成宮廷行事，鎌倉時代演變為武士的訓練環節，江戶時開始出現職業選手，直到江戶中期才定期舉辦比賽，迅速聚集人氣、成為重要的庶民娛樂，定下今日大相撲的基礎。

更多相撲知識可參考：

日本相撲協會

自由席

如果只是想湊個熱鬧，可以選擇購買當日現場販賣的2樓自由席，距離較遠，但一樣能感受現場氣氛。須注意自由席數量有限。

❗2023年五月場所不販售自由席座位

©莊幃婷

邊吃邊看最對味

不論是力士便當還是國技館名物燒き鳥，邊看比賽邊品嘗美食可是大相撲才有的醍醐味！

©莊幃婷

穿上和服遊淺草

淺草是東京的必訪地點，自江戶時代興盛至今的淺草寺是最大亮點，仲見世通、人形燒、花屋敷遊樂園，隨處都是江戶下町風情，也因此吸引各地遊客造訪，想要玩得不一樣的話，不妨換上和服、來場變身體驗，融入下町的鮮活風景。

變身體驗小提醒

穿上和服到淺草寺參拜，不僅有趣，更是特別的旅遊經驗。

提醒① 確認方案內容

基本散策方案除了和服，通常包含腰帶、木屐、和式提包等小物，也會由專人幫忙著裝，不過和服襪子(足袋)、髮型(ヘアセット)就有可能須加價。

提醒② 人力車

人力車也是淺草的體驗之一，和服租借店幾乎都有組合套裝方案，想搭車的話建議參考一下，車夫還會幫忙拍照紀念呢。

提醒③ 穿浴衣參加煙火大會

鄰近淺草的隅田川煙火大會是東京的夏日盛事，和服出租店都會配合推出花火方案，不論是延長歸還和服的時間或是隔天再歸還（部分須加收一泊料金¥1000~2000），都讓遊客可以穿著浴衣欣賞煙火，體驗道地的日式煙火大會。

推薦店家 淺草愛和服

淺草愛和服在淺草擁有3家分店，店家的租借方案除了和服、木屐、腰帶等基本內容以外，還會免費幫忙做髮型造型，就連髮飾也是免費租借，而且櫃台人員會中、英、日語，在遊客之間頗受好評。

1号店、2号店：台東區花川戶1-11-4 NWビル1F+2F(現正休業中)、3号店：台東區花川戶1-11-1　9:00~18:00　女性和服Plan ¥4300/人；男性和服Plan ¥4000/人；情侶Plan ¥7300/2人　3月中旬~4月上旬可能會加收櫻花季費用

淺草愛和服

推薦店家 小袖 淺草店

小袖的基本方案一樣可自行選擇和服，也包含腰帶、木屐及專人穿著服務，髮型及和式襪子則是加價選項。小袖還在隅田川花火大會推出特價，連葛飾納涼、神宮外苑等花火大會都免加收一泊料金，十分划算。

台東區花川戶1-5-3若松屋ビル2・3F
10:00~18:00(和服歸還至17:30)
浅草着物散策観光プラン ¥4,700起

小袖 淺草店

新宿御苑四季之美

新宿御苑是明治時代的皇室庭園，受當時西風東漸的影響，融合了法國、英國與日本的風格，美麗而優雅。平日許多上班族都會在這裡享用午餐，春天則成為都內的賞櫻勝地，其實新宿御苑四季皆有風采，離鬧區又近，就等旅人細細探訪。

新宿御苑

新宿区内藤町11　10/1~3/14 9:00~16:30(入園至16:00)，3/15~6/30、8/21~9/30至18:00(入園至17:30)，7/1~8/20至19:00(入園至18:30)　休 週一(遇假日順延)、年末年始(12/29~1/3)，3/25~4/24、11/1~11/15無休　大人¥500，高中生以上學生、65歲以上¥250，國中生以下免費　不可攜帶酒類、玩具或運動用具等物品進入公園

Knowledge Supply

聖地新宿御苑

新海誠導演的動畫作品《鈴芽之旅》是日本影史最賣座的動畫電影之一，而他2013年的作品《言葉之庭》同樣引起不少討論。動畫中細細描繪新宿御苑的夏日風景，陽光下閃耀的綠葉、雨天漣漪的池水，御苑之美透過動畫展露無遺，主角相遇的涼亭、雨天中的舊御涼亭都成為粉絲朝聖的重點。不過公園內禁止飲酒，可不能像動畫中的主角一樣在涼亭裡喝酒。

季節色彩

賞櫻勝地

新宿御苑四季風情各異，春日裡園內65種、1000株櫻花樹盛開時最教人驚嘆。

季節色彩

夏日風情

夏天的新宿御苑也別有一番風情，剛生出的嫩綠枝枒與正當鮮活的翠綠，隨風掀起一陣深深淺淺的綠浪，是盛夏獨有的情致。

園內看點

日本庭園

新宿御苑融合西洋與和式風格，其中日本庭園更是新海誠的動畫電影《言葉之庭》中的主要場景。

園內看點

舊御涼亭

紅瓦、飛簷，日本庭園一角的舊御涼亭十分特別。這棟昭和2年(1927年)完工的亭台是為紀念昭和天皇結婚而建，不僅是日本少見的閩南式建築，也被指定為東京都歷史建築。

園內看點

舊洋館御休所

除了舊御涼亭以外，建於明治29年(1896年)，作為皇室休憩所之用的舊洋館御休所更被列為重要文化財，另外還有舊新宿門衛所、舊大木戶門衛所等。

東京新風貌

因為疫情的關係，東京近年來有了許多變化，在惋惜一些家喻戶曉的景點消失的同時，不妨也看看這些出現在東京的全新體驗，用一種嶄新的心情，來迎接東京的新潮流。

SHIBUYA SCRAMBLE SQUARE

2019年開幕的「SHIBUYA SCRAMBLE SQUARE」地上共47樓與車站直結，是澀谷目前最高樓，同時也是結合展望台、辦公室、產業交流、購物等大型複合型商業設施，致力於扮演「向世界傳播澀谷誕生的新文化」一角，集結的212家店鋪中，有45家是第一次在澀谷展店，並主打「世界最旬」，也就是在這裡看到的，都會是從澀谷集結來最新最鮮的人事物。

渋谷區渋谷2-24-12　百貨10:00~21:00，餐廳11:00~23:00　www.shibuya-scramble-square.com

SUMIDA RIVER WALK

不搭電車靠雙腳也能輕鬆往返淺草和晴空塔東京兩大知名景點！在隅田公園旁全新落成橫跨隅田川兩岸的步道「SUMIDA RIVER WALK」。於2020年6月興建完工的步道橋就位在東武鐵道旁，不但能近距離感受電車行駛，還能一路欣賞河岸風光，春天更是賞櫻的絕佳景點。在享受美景同時，也別忘了多留意步道周邊！因為晴空塔的吉祥物「晴空塔妹妹」，可能就在你腳邊喔。

台東區花川戶1-1(隅田川橋梁)　7:00~22:00

MIYASHITA PARK

位於澀谷的宮下公園是一座不斷創新進化的公園——最早因所在地的宮下町毗鄰舊皇族「梨本宮家」的宅邸地，因而命名為宮下公園；1966年整備為東京第一座屋頂公園，設置了運動設施，成為在地居民的生活記憶之一；再後來的改建，導入了無界牆的動線以及可有效利用土地的「立體都市公園制度」。2022年再度進化，誕生了與公園共構的全新複合式設施「MIYASHITA PARK」。

渋谷區渋谷1-26-5

reload

下北線路街上最受矚目的商業空間「reload」，啟發自下北澤的曲折街巷，以回遊、滯留為概念打造路地裏一般的空間。在這裡可以感受到彷彿在下北澤街頭散步一樣的探索樂趣，挖掘啟發靈感的設計。

目前進駐了22間生活風格小店，涵蓋咖啡體驗館、文藝展覽、藝術書店，以及花藝店或古董家具鋪等等，給予生活多采多姿的靈感，也展現下北澤日常的風格內涵。

世田谷區北沢3-19-20

關西 滋賀
關東 茨城
關東 東京
關東 埼玉
車站名稱
Ikebukuro
Mejiro
Takadanobaba
Shinokubo
Shimo-Ochiai
Ochiai
JR Chūō Line (Rapid)
Okubo
Shinjukunishiguchi
Higashi ikebukuro
Kishibojimmae
Zoshigaya
Higashishinjuku
Seibu-Shinjuku
Shinjuku
Shinjuku-sanchome
Sendagaya
From

行前準備

旅行總是有好多事要準備，既要蒐集旅遊資訊，又要抓準時機買機票、安排住宿，但是要怎麼樣才能搶到便宜機票，又到底該住在哪一區才好呢？別擔心，不論基礎情報、換匯，或是稍微進階的實用APP、住宿地問題，行前準備的大小問題通通在這裡解決吧。

文／墨刻編輯部
攝影／墨刻攝影組

蒐集情報

想去哪裡，決定了嗎？開始收集相關資訊，決定這次的目的地吧！蒐集旅遊情報的方式主要可以分為：旅遊書、網路、APP，以下將逐一介紹。

旅遊書

MOOK出版有各種不同規格的旅遊指南，可以作為旅遊準備的參考。

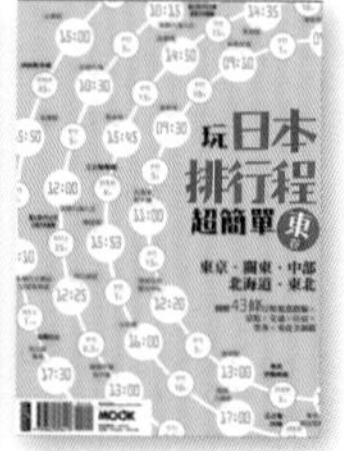

wagamama系列

《東京攻略完全制霸》以數量驚人的商店和景點介紹為系列主旨，適合想一網打盡景點或店家的旅人。

地圖冊系列

以地圖為中心，介紹步行可達範圍裡的精選景點，輕薄設計讓讀者可以隨帶隨走，不怕迷路。

自遊人系列

為旅人們提供當地知識，不限於觀光，還有旅遊時所需的資訊、提醒、豆知識，分享更多層面的經驗。

排行程系列

以地區劃分，規劃到日本自助旅行的一日、二日行程與交通方式，適合自助行新手，不知道該如何規劃行程的人。

實用資訊網站

除了常見的景點網站以外，還有天氣、開花預測、煙火等專門網站，也都十分實用。

天氣資訊

tenki：由日本氣象協會營運的網站，可以看到各種天氣資訊，並可找到10日內的天氣預報，另外也有櫻花、紅葉等季節情報。

tenki.jp

國土交通省氣象局：日本氣象廳的資訊，擁有詳盡天氣資料，可以查找一週的天氣預報。

www.jma.go.jp/jp/week/

國土交通省氣象局

櫻花預測

櫻花季是日本的春季盛事，開花時間主要可從以下幾個網站確認。

日本氣象株式會社：n-kishou.com/corp

Weather map：sakura.weathermap.jp

日本氣象協會：tenki.jp/sakura

Weathernews：jp.weathernews.com/news

日本氣象株式會社

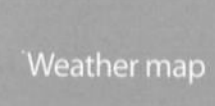

日本氣象協會

網路

網路時代，上網找資料當然是最方便省錢的方式，不過網海無涯，總讓人有些迷茫。以下將資料來源分為觀光網站、網路論壇、部落格3種介紹，可依需要查詢。

網路論壇

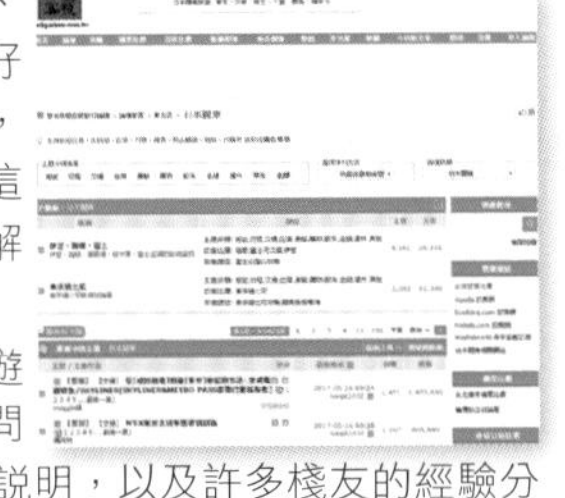

網路論壇如背包客棧、PTT日本旅遊版等，最大好處就是網友們的經驗分享，如果遇上問題，也可以在這裡發問並得到各路好手的解答。

背包客棧：依地點和旅遊中會遇到的住宿、機票等問題，有鉅細靡遺的分類和說明，以及許多棧友的經驗分享。來這裡爬爬文，對解答旅遊大小疑難雜症相當有幫助。

www.backpackers.com.tw/

部落格

許多嫻熟日本各地的網友，不但分享精采遊記和豐富的第一手訊息，還整理了各式各樣的旅遊情報，能清楚解答在日本各地可能遇到的旅行疑問。

觀光資訊網站

GO TOKYO：東京官方的觀光網站，內容專屬東京，百貨開幕、話題美食、體驗活動等最新話題都可一次蒐羅，當然也有實用資訊，值得一覽。

GO TOKYO 

www.gotokyo.org/tc/

日本國家旅遊局：日本國家旅遊局的官方中文網站，對於日本整體景點有清楚的介紹。可依感興趣的主題，尋找地點。另外也會有最新的旅遊訊息。

日本國家旅遊局 

www.welcome2japan.hk

官方觀光網站均有繁體中文網頁，但日文版的通常比中文版更為詳細。

MOOK景點家：整合MOOK採訪資料的景點網站，擁有大量景點資訊，內容持續擴充以外，也會因應時節、主題推出專題報導。

MOOK景點家 

www.tripass.net

日本旅遊與生活指南：針對訪日外國人製作的網站，會依季節、熱門話題更新文章，也有不少文化資訊，可以了解日本文化。

日本旅遊與生活指南

tw.japan-guide.com/

紅葉情報

紅葉也是去日本遊玩的誘因，以下網站可查找各地紅葉情報。

日本氣象協會：tenki.jp/kouyou/

日本觀光振興協會：www.nihon-kankou.or.jp/kouyou/

日本氣象協會 

日本觀光振興協會 

花火情報

全國花火大會：hanabi.walkerplus.com/

全國花火大會 

實用APP

現代人蒐集旅遊資訊，當然不能少了APP這一項，以下是到日本旅遊時實用的APP，建議大家事先安裝好，才可以隨時應變。

MOOK隨身玩世界

MOOK出版推出的旅遊APP，可自行選擇國家、地區查找豐富資訊，還能夠確認所在位置，十分便利。

gurunabi

可以依網友評價來判斷餐廳、咖啡廳等是否值得前往，也能直接預約餐廳。不知道吃什麼的時候，也可以用來搜尋所在地美食，是在日本吃喝玩樂時的必備神器。

tenki.jp

日本氣象協會推出的APP，天氣變化、櫻花、紅葉、下雪情報都在其中，是確認天氣不可或缺的超實用程式。

NAVITIME for Japan Travel

針對外國旅客推出的旅遊APP，不僅有WIFI、寄物等服務資訊，也有文化介紹，最方便的要屬轉乘搜索功能，可以直接從地圖點選車站，雖然是英文介面，操作卻十分簡單，頗為實用。

❗此APP檔案較大且需要簡單設定，出發前記得先安裝好。

新手看這裡

行程安排小提醒

熱門旅遊地平常就已經夠多人了，若是遇上日本連假，不僅人潮更多，飯店也會漲價，尤其要避開日本黃金週(5月初)及新年假期(12月底~1月初)，才不會四處人擠人。另外，心中已有必訪景點、店家清單時，別忘了確定開放時間。

準備證件

日本早已開放持台灣護照者90日以內的短期免簽優惠，因此到日本遊玩時不需特別辦理簽證，直接持有效護照前往即可。簽證雖不成問題，但還是有護照、駕照、YH青年旅館卡、國際學生證等常用證件要準備，快來看看注意事項吧。

護照

不論出入國境、住宿旅館，護照都是旅客唯一的國籍與身分證明。

對象

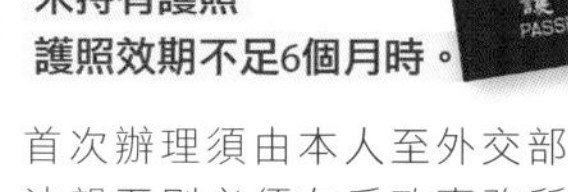

未持有護照
護照效期不足6個月時。

哪裡辦

首次辦理須由本人至外交部各辦事處，無法親至則必須在戶政事務所作好「人別確認」，再委由親友或旅行社辦理。

外交部領事事務局(台北)
台北市濟南路一段2-2 中央聯合辦公大樓3~5F
02-2343-2888(總機)，02-2343-2807~8(護照查詢)
F 02-2343-2968
8:30~17:00，週三至20:00 休 週六日、例假日

外交部中部辦事處
台中市黎明路二段503號1F 「行政院中部聯合服務中心」廉明樓
04-2251-0799 F 04-2251-0700
8:30~17:00，週三至20:00 休 週六日、例假日

外交部南部辦事處
高雄市政南街6號3~4F(行政院南部聯合服務中心)
07-715-6600 F 07-715-1001
8:30~17:00，週三至20:00 休 週六日、例假日

外交部雲嘉南辦事處
嘉義市吳鳳北路184號2F-1
05-225-1567 F 05-225-5199，02-225-5299
8:30~17:00，週三至20:00
休 週六日、例假日

外交部東部辦事處
花蓮市中山路371號6F
03-833-1041 F 03-833-0970
8:30~17:00，週三至20:00
休 週六日、例假日

如何辦

相關規定在外交部領事事務局的網站有詳盡說明：www.boca.gov.tw。以下僅簡要介紹。

準備：

① 身分證正本、正反面影本各一份。（14歲以下需準備戶口名簿正本及影本各一份）
② 最近6個月內拍攝之光面白底彩色照片（直4.5公分、橫3.5公分，不含邊框)2張，需為白底彩色、半身、正面、露耳、嘴巴閉合不露齒、眼鏡（勿配戴有色鏡片及粗框眼鏡）不遮住眼睛或反光、頭頂至下顎介於3.2~3.6公分之間、避免使用配戴有色隱形眼鏡或彩色瞳孔放大片、幼兒需單獨照相，如於網路填表時上傳數位照片則無須再附。詳細規定請參考：https://www.boca.gov.tw/cp-16-4123-c2932-1.html
③ 簡式護照資料表
④ 19~36歲尚未履行兵役之役男，須在出境前3~30日間於內政部役政署網站提出申請:https://www.ris.gov.tw/departure/app/Departure/main

要多久

一般為10個工作天，遺失護照則須11個工作天。如果是急件，可以加價提前辦理，最快為隔天取件。

多少錢

1300元，未滿14歲為900元。

效期

一般民眾為10年，未滿14歲者為5年。

日文譯本駕照

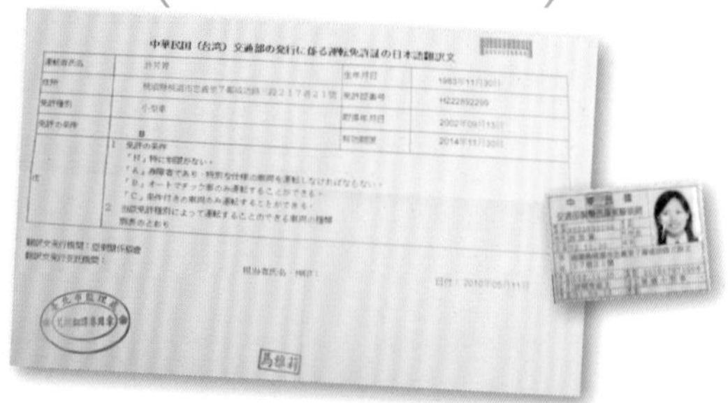
中華民国（台湾）交通部の発行に係る運転免許証の日本語翻訳文

2007年9月開始，日本政府正式承認台灣駕照，只要持有本國駕照的日文譯本就可以在日本合法開車，輕鬆上路。

希望在日本開車旅行時。

全台各地的監理站或監理所

各地監理單位和詳細規定可查詢。中華民國交通部公路總局-臺日駕照互惠:https://www.thb.gov.tw/cp.aspx?n=251

準備：①身分證正本②駕照正本，至監理站櫃檯即可辦理。

10分鐘。

100元。

入境日本後一年內。

記得攜帶駕照正本

想在日本隨心所欲的移動，越來越多人選擇自駕，尤其擁有台灣駕照的話，只需要申請駕照的日文譯本即可，非常方便。但是千萬不要以為只要帶駕照譯本出國就好，在日本當地租借汽車時，租車公司除了檢查駕照譯本，也會要求出示駕照正本及護照，要是沒帶駕照正本可就無法租車了。

YH國際青年旅舍卡

由青年之家協會發行的YH國際青年旅舍卡是入住全世界四千八百多家青年旅館的必備證件，除此之外，在門票、交通、戶外活動等地方，也常提供卡片持有者意想不到的折扣，在青年之家協會也提供各國青年旅館的相關資訊。

因為各種不同理由想要住青年旅館或希望享有旅遊折扣的人。

社團法人中華民國國際青年旅舍協會

台北市大同區承德路一段44號6樓

02-2322-1881

10:00~16:30 休 週六日、例假日

ctyha@yh.org.tw www.yh.org.tw

準備：①證件（身份證、健保卡或駕照）正本②護照正本或影本（確認英文姓名用）③申請書（可在線上填寫：www.yh.org.tw/page/member/register.aspx）

實體卡片可直接至青年旅舍協會現場辦理，或匯款後以郵寄或線上申辦，另可線上申請電子會員卡。

現場辦理約5~10分鐘，郵寄、線上申辦約4~7天。

600元。郵寄或線上申辦郵資另加；另有「呼朋引伴辦卡專案」4人以上同行(限認識的友人一起結伴來申辦，無接受現場合辦)，550元/人，或攜帶舊卡換新卡550元/人

1年。

ISIC國際學生證

ISIC國際學生證是由「國際學生旅遊聯盟」認可發行的國際通用學生證，可以方便學生在出國時作為身分證明，大多用於購買學生機票時，折扣最多。

本身是學生，且在國外需要用到學生身分的時候。

康文文教基金會 台北辦事處

台北市忠孝東路四段142號5F 505室
02-8773-1333
9:00~17:30
週六日、例假日
travel@isic.com.tw
http://www.isic.com.tw/home/ch/index.html
台中和高雄另有辦事處，請洽網站

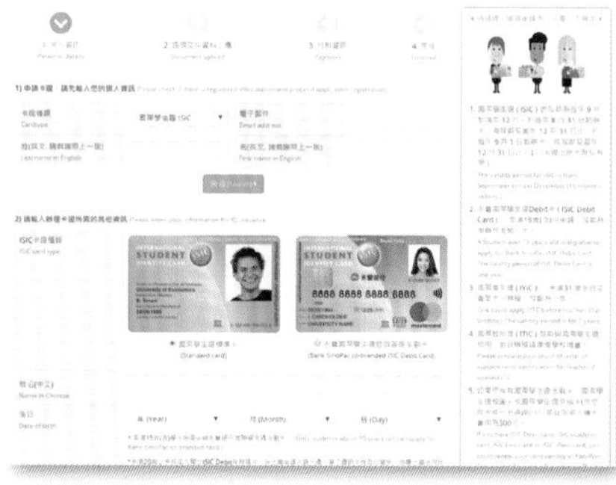

社團法人中華民國國際青年旅舍協會

資訊請參考P.34

ISIC 國際學生證申請書

社團法人中華民國國際青年旅舍協會 Taiwan Youth Hostel Association

台北市中正區忠孝東路二段 39 巷 2 弄 7 號 1 樓 Tel:02-2322-1881 Fax:02-3322-5852

申請日期 Date： 年 Y 月 M 日 D
姓名 Name：
護照英文名 Passport Name：
性別 Sex：☐ 男 Male ☐ 女 Female
生日 Birthday：西元 年 Y 月 M 日 D
就讀學校名稱(英文縮寫) School：
聯絡電話 Tel：
手機 Cell：
E-mail：
聯絡地址 Add：

匯款銀行（ATM）： 匯款日期： 匯款金額： 匯款帳號後五碼：

※申辦方式及需準備資料：

1.本協會現場辦理 (現場等候約 15 分鐘即可取卡)

請準備學校證明文件影本、身份證件正本、本人護照、一吋相片一張、現金 NT400 元。詳細要求敬請參考本會官網 www.yh.org.tw

若為他人代辦時，務必備妥申請人資料及委託人證件。

2.郵寄辦理 (工作天數為收件後 4-7 天，將以掛號信件寄出)

填妥申請書，先行至 ATM 轉帳卡證費 $400 元加上郵資手續費 (辦理 1~2 張 $50 元；3~4 張 $100 元，5 張以上$150)，再將申請書、學生證明文件影本、申請人之護照影本、一吋相片乙張 郵寄至本會。

※特殊急件請來電洽詢。

匯款帳戶：
戶名：社團法人中華民國國際青年之家協會
帳號：470 102 044 408 台北富邦銀行松江分行 銀行代碼：012

如有任何問題，歡迎您於上班時間來電協會或來信 ctyha@yh.org.tw 詢問，謝謝。

準備：①全職學生證明文件：學校開立的在學證明、含註冊章或貼紙有效期限內的學生證影本（雙面）或國內外入學通知影本②身分證明文件正本（如身分證、護照、駕照、健保卡）③一吋脫帽大頭照1張④申請書

可至康文文教基金會現場或線上申辦，或至國際青年旅舍協會現場或郵寄辦理。

現場辦理約5~10分鐘，郵寄約7天（不含例假日）。

400元。郵寄辦理郵資另加

一年

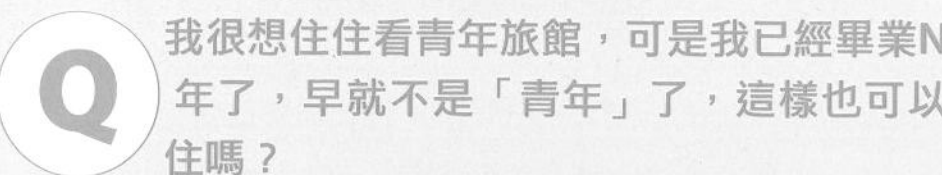

Q 我很想住住看青年旅館，可是我已經畢業N年了，早就不是「青年」了，這樣也可以住嗎？

A **是的。正如YH網站上說：「只要有一顆年輕的心，旅行不分年齡和國籍！」入住YH和辦證，都沒有年齡限制唷！**

購買機票

網路的發達，讓旅行者在購買機票上有了更多的選擇，不用什麼都透過旅行社，也可以自己上網購票比價，找到符合計畫又便宜的旅遊方法。

購買機票step by step

Step 1

確認出發日期

買機票前，首先必須確定旅行的日期，如果回程的時間還不定，也可以選擇不決定回程日期，也就是回程票先開open。

Step 2

找票比價

找機票可以透過旅行社、訂票網站和航空公司。沒時間的話，可以委託值得信賴的旅行社，幫你留意各種需要注意的事宜，透過網路直接訂票也很方便。

旅行社

旅行社提供機票訂購以及其他旅遊諮詢服務，可以替沒有時間尋找資料或自行訂票的旅客省下不少工夫。另外，在紅葉或是櫻花等旺季，由於機票和飯店很早就會被「卡位」，自己訂不到的話也可以試著透過旅行社訂位。

訂機票常用網站

這裡列出的是直接提供線上查詢和訂票服務的常用網站，各航空公司的航班和價格，都可以在線上直接查詢並且訂購。

易遊網 www.eztravel.com.tw
易飛網 https://www.ezfly.com/

航空公司

除了透過旅行社，航空公司也提供直接購買機票的服務，可利用各航空公司的網頁，輸入旅行日期後查詢票價並進行比價。

中華航空 www.china-airlines.com/tw/zh
長榮航空 www.evaair.com
國泰航空 www.cathaypacific.com/cx/zh_TW.html
台灣虎航 www.tigerairtw.com
日本航空 www.tw.jal.co.jp
全日空航空 www.ana.co.jp
樂桃航空 www.flypeach.com/tw
酷航 www.flyscoot.com/zhtw
捷星航空 www.jetstar.com

機票比價服務

線上也有彙整的各家機票比價服務，可參考：

背包客棧 www.backpackers.com.tw/forum/airfare.php
Skyscanner www.skyscanner.com.tw/

Step 3

訂位

訂機票時，需要準備：①護照上的英文姓名 ②護照有效期限。如果姓名與護照不符會無法登機，請再次確認。

訂位指的是預定機位，開票則指確定機位並付款。透過旅行社或航空公司臨櫃，可以分開訂位和開票；透過網路訂票的話，訂位和開票大部分是一起的：也就是說，在線上填完信用卡和所有基本資料時，就已經一次完成付款動作。

一般機票的價錢還會再加上機場稅、燃油稅等附加金額，在訂位或線上買票時也會知道最後機票的總額。

若使用信用卡在網路上購買機票，搭乘時記得要攜帶同一張信用卡至機場櫃台報到，地勤人員有可能會與你核對並要求出示該次消費所用的信用卡，務必注意。

Step 4

開票

在開票日期之前必須完成開票（也就是付款），至此正式確定機票；換言之，如有任何更改都需支付額外費用。

Step 5

準備出發

該做的都做了，放鬆心情，準備出發吧！

新手看這裡

Q 怎麼買到便宜機票？湊團票是什麼意思？

A 經由旅行社有可能拿到最便宜的機票，就是所謂的「湊團票」，即計畫旅遊票。當10~15人一起搭乘相同班機往返，可以以團體方式向旅行社購買機票，取得較優惠的價格；在網路上查詢或購票時，旅行社也直接會提供這樣的購買選項。計畫旅遊票最大的優點是便宜，相對缺點則包括開票後不能更改、不能延回、不能累積里程、並且到出發前7天，如果人數沒有湊齊還是無法成行。

往東京航班資訊

前往東京，當然是以成田及羽田兩座機場為主要門戶，以下介紹飛往這兩地的直航班機。

成田機場NRT，千葉縣

☎0476-34-8000 🌐www.narita-airport.jp

航空＼出發	桃園國際機場TPE	高雄小港機場KHH
中華航空CI100、CI104、CI9902	每天3班	每天1班(CI102)
長榮航空BR198、BR196	每天2班	每天1班(BR108)
全日空NH5806、NH5808	每天2班	
日本航空JL802、JL5046、JL5176	每天3班	每天1班(JL812)
樂桃航空MM620	每天1班	
酷航TR898	每天1班	
台灣虎航IT200、IT202	每天2班	每周一、三、五；六各1班(IT280)
捷星GK12	每天1班	

羽田機場HND，東京都

☎03-6428-0888 🌐www.tokyo-airport-bldg.co.jp

航空＼出發	台北松山機場TSA
中華航空CI220、CI222	每天4班，與日本航空聯航
長榮航空BR192、BR190	每天3班，與全日空聯航
全日空NH852、NH854	每天3班，與長榮航空聯航
日本航空JL096、JL098	每天4班，與中華航空聯航
樂桃航空MM859	每天1班(桃園機場起飛)
台灣虎航IT217	每天1班(桃園機場起飛)

松山是哪個松山

台灣人看到「松山」時，直覺會認為是台北的松山機場(TSA)，其實日本四國愛媛縣還有一座松山機場(MYJ)，常常有旅人搶機票時搞混兩地、買錯機票，千萬要注意這個小陷阱。另外，目前沒有廉航開台北松山飛日本的航班，若是在廉航購票頁面看到「松山」，別懷疑，那一定不是台北。

廉價航空

廉航(LCC, Low Cost Carrier)票價便宜，使機票不再是沉重負擔，近年也成為許多人的首選。不過廉價航空規定與傳統航空不同，事前一定要弄清楚。

了解廉航

所有服務都要收費：託運行李、飛機餐、選位都要加價購，隨身行李也有嚴格限重，就連修改機票也要付費。

誤點、臨時取消航班：遇上航班取消、更改時間的話，消費者有權免費更換時段一次，誤點則無法求償。

起飛、抵達時間：廉航班機大多是所謂的「紅眼班機」，也就是清晨或深夜出發，安排時行程別忘了列入考量。

購票訣竅

提前訂票：提前3個月、半年訂票，票價較便宜

把握促銷：廉航促銷時甚至可以買到台北→東京單程(含稅，不含行李)台幣2,000以下的機票，價格與台灣國內線機票差不多，記得把握機會。

分段買票更便宜：搭乘廉航的話，先買單程機票也無妨。樂桃、星悅兩家日系廉航也運行日本國內線航段，不少人會分開訂票，想玩北海道的話，選擇台北→關西→北海道的路徑，往往比直飛便宜，而且又能順遊一地。

台灣飛日本的廉價航空

酷航
航段：桃園~東京成田/新千歲
www.flyscoot.com/zhtw

台灣虎航
航段：桃園~東京成田/東京羽田/茨城/新潟（2020/3/30起）/關西/那霸/福岡/佐賀/小松/名古屋/岡山/花卷/仙台/旭川/函館、高雄~東京成田/關西/那霸/福岡/名古屋
www.tigerairtw.com/

樂桃航空
航段：桃園~東京羽田/東京成田/關西/那霸/仙台/新千歲/福岡、高雄~關西/東京成田/那霸
www.flypeach.com/tw/

捷星亞洲
航段：桃園~東京成田/關西/新千歲
www.jetstar.com

新手看這裡

購票前仔細核對資料

更改廉航機票不但麻煩又花錢，部分航空甚至規定非會員不能退票，故購票前記得確認日期、航班、價格、護照姓名、性別等資訊。另外也要決定是否加購行李，事先加購都還算划算，要是在機場超重的話，可是得付出高額費用。

VJW入境手續step by step

註冊所需材料

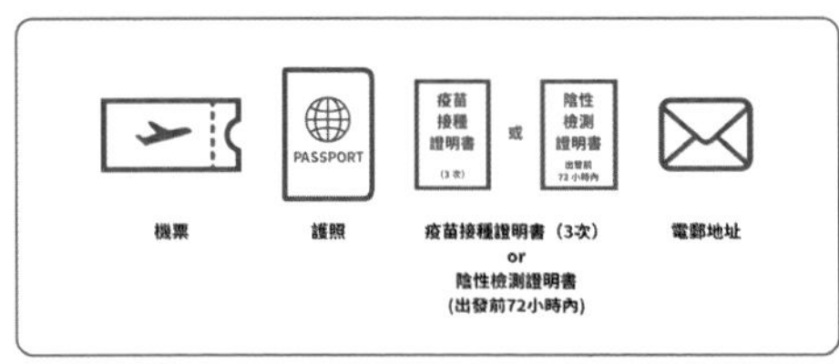

為了加速疫情期間的機場入境手續，日本政府推出了VJW(Visit Japan Web)的線上服務，包括檢疫、入境審查、海關申報、免稅購買等手續的線上辦理，簡化在當地機場的入境流程，也節省了大排長龍的時間，最晚需在預計抵達日本的6小時前透過網站或APP完成登錄。

Step 1

以電子郵件地址建立帳號並登入

Step 2

登錄本人資料

登錄護照資料時可選擇使用相機讀取，只要根據指示將護照對準白色指示框，再點選拍攝護照即可。接著確認讀取的資料是否有誤，並輸入姓名、出生年月日等基本資料與在日本的聯絡處(選填)，如果護照剩餘有效期限少於6個月的話將會跳出提醒視窗。

Step 3

登錄入境、回國預定

點選「登錄新的入境、回國預定」，根據搭乘的航班選擇入境與回國時程。若在前一步驟未輸入在日本的聯絡處(如下榻飯店)則需要補輸入地址與電話號碼。

Step 4

檢疫手續(快速通關)

點選「日本入境、回國手續畫面」的「檢疫手續(快速通關)」，進入「檢疫手續事前登錄」畫面，點選「疫苗接種證明書」，登錄施打疫苗的時間、種類，並上傳證明，送出後畫面上方圖示呈現紅色，表示「審查中」，審查通過後則會變成藍色，須注意透過電子郵件傳送的審查結果。若是無法提供「疫苗接種證明書」，則需上傳「出國前72小時以內的檢測結果證明書」，同樣需要填寫檢測類型、方式、結果等資料。入境時出示「審查完成的藍色畫面」即可。

Step 5

入境審查手續

點選「日本入境、回國手續畫面」的「外國人入境記錄」。確認基本資料，並依指示填寫入境資訊，如入境目的、搭乘班機、停留時間與提問事項。

Step 6

海關申報手續

點選「日本入境、回國手續畫面」的「攜帶品、後送物品申報」。再次確認基本資料，回答申報資料問題並輸入攜帶品資料(如酒類、香菸等)。

以上兩步驟登錄完成後便會有專屬的QR碼，入境時直接出示畫面即可。

❶此為截至2023.4.10的入境說明，可在官網下載中文操作說明書，確認最新的入境資訊。

住宿訂房

出國遊玩，住宿選擇多樣以外，住哪裡、怎麼訂都是問題，以下就先介紹日本住宿常見種類，再來看看各區住宿的優缺點。

住宿類型

飯店

擁有優越的地理位置或環境，服務體貼、室內空間寬闊，以及完善的飯店設施，適合想在旅行時享受不同住宿氛圍、好好善待自己的旅客。

溫泉旅館

孕育自日本的溫泉文化，特色露天溫泉浴場、傳統與舒適兼備的和風空間，或是可在房內享用的懷石料理，住宿同時也能體驗日式文化的精華。

連鎖商務旅館

多為單人房和雙人房，乾淨的房間、衛浴、網路、簡單早餐，符合商務客和一般旅客需求。東橫inn、SUPER HOTEL和Dormy inn都是熱門選擇。

新手看這裡

飯店房型有哪幾種

飯店房型除了single單人房以外，還有分成兩張床的twin雙床房、配有大張雙人床的double雙人房，而triple三人房則可能是一大床、一小床或三張小床的組合，適合三五好友、家長帶小孩入住。部分飯店還有只供女性入住的ladies'floor，通常整層樓都會限定女性入住。

青年旅館

學生和背包客最愛，划算、簡單的住宿。也有套房或雙人房，但主要是宿舍式床位，衛浴公用，大多設有公用廚房、付費洗衣設備，還有交誼廳讓旅客聊天交換訊息。

民宿

民宿的主人、建築特色和當地料理，都是吸引人的特點。民宿房間通常不多，設備也較簡單，日式西式、單獨或共用衛浴都有，選擇時需注意。另外，因為是私宅，不少民宿都設有夜間門禁。

公寓式飯店

長住型飯店有著與旅館不同的氣氛，坪數寬廣，廚房、客廳、臥室等空間齊備，旅客可以度過悠閒時光，在此找到真正的生活感、休息與放鬆。

膠囊旅館

膠囊旅館雖然只是個小空間，卻也有床、插頭、WIFI，豪華一點的還有液晶電視、保險箱，衛浴共用。不過床位大多以拉簾遮蔽，要是擔心隱私與隔音效果的話，不建議入住。

住宿指南

Q 不會日文的話，要怎麼預訂飯店呢？

A 日本訂房網站的網頁點選繁體中文選項後，就可以直接依指示在線上搜尋或訂房，也可善加利用中文訂房網站JAPANiCAN。另外，不少飯店也有中文的訂房系統，可以直接線上訂房。

Q 如果臨時不去的話需要取消預約嗎？會不會被扣錢？

A 任何訂房網站都有清楚標明禁止訂房後no show，若行程有改變，請務必告知旅館，取消訂房，不要成為失格的旅人。扣款規定則依各家旅館規定而異。

Q 日本需要在枕頭下放小費嗎？大概多少？

A 服務費都已包含在住宿費用裡，因此並不需要額外支付小費。

Q 小朋友的話幾歲以下可以免費呢？

A 一般規定為入學年齡（6歲）以下的兒童免費，但還是以各旅館規定為準。

不刷信用卡也可訂房

日文網站訂房大多會有「現地決済」或「現地払い」選項，這指的是「現場付費」，也就是不需任何訂金，等你到飯店check in再結帳即可，可以省下信用卡手續費。不過如果不去住的話，記得一定要取消，別造成飯店困擾。

Q 我跟日本又不熟，怎麼知道哪家飯店比較好？

A 樂天travel和Jalan都有來自網友的評選和推薦的排名，可以作為選擇時的參考。

另外，上背包客棧或部落格搜尋有住宿經驗的台灣網友們推薦的住宿，也是個好方法。

Q 一般飯店有供餐嗎？

A 商務旅館以上多有供應早餐，飯店和溫泉旅館還有需加價的晚餐選擇，尤其住宿溫泉旅館時，由於料理和環境同為旅館精髓，不少住客會選擇享用飯店內的溫泉料理。

Q 預約之後需要付訂金嗎？

A 一般而言並不需要。但請尊重與對方的約定，不要毫無預警的no show。

訂房網站

JALAN

日本最大、最受歡迎的訂房網之一，飯店資料豐富，還有如「歡迎小孩入住的旅宿」、「一人旅」等文章可參考。訂房可以累積點數，下次訂房可享回饋。

Note：JALAN雖然有中文版，內容卻比日文版少了許多，而且中文版無法累計點數，也不能更改預約內容，需特別注意。

樂天

樂天與JALAN十分相似，都有點數回饋，樂天的回饋點數還可應用在樂天購物網站，不時還有優惠券，打算用樂天訂房的話記得多注意。

Note：加入訂房網會員的話大多可享專屬優惠，Jalan及樂天均有消費金折抵回饋、可3個月前訂房的福利。

一休

相較樂天與JALAN，一休主打高級旅宿，適合對住宿品質有所堅持的旅人。網站將住宿分為商務、觀光，或獨棟出租的高檔旅館，分類細、檢索更方便。

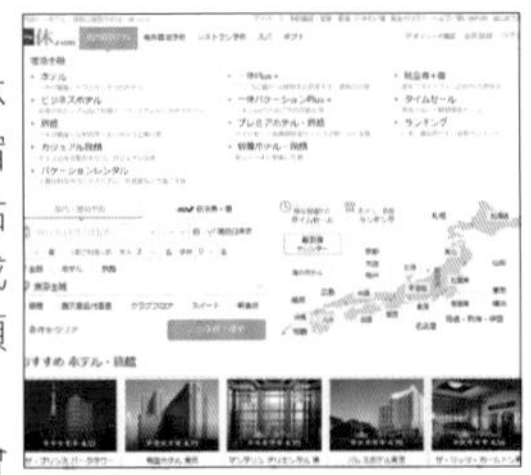

Note：除了點數回饋，還會有「一休限定」及「限時折扣」(タイムセール)等優惠方案，幸運的話，可以用意想不到的價格入住舒適旅館。

JAPANiCAN

繁體中文訂房網JAPANiCAN的搜索功能十分好用，除了地區、日期、人數，還能選擇「距離市中心距離」、「客房、住宿的設施與服務」等條件，幫助篩選出最佳旅宿。

Note：JAPANiCAN訂房後想變更內容必須取消原訂單、重新下訂，建議事先確認好才不會太麻煩。

AGODA

AGODA是全球的訂房網，自然有繁體中文版本，相較日文訂房網便利不少，同時也有不少優惠、折扣，甚至還可以賺里程。

新手看這裡

兩個人住比一個人划算

日本除通舖房以外，都是以「房」（室）為單位計費，因為這種計費方式，雙人房和單人房的價錢通常相差不大，有時甚至只差了￥1,000~2,000，因此2人一起住絕對更划算。

比價網站

除了各家訂房網站，還有整合不同房價的比價網站，可以一次看到不同房價，十分方便。

訂房時會遇上的單字們 訂房日文速成班

住宿類型

飯店（hotel）
ホテル
ho-te-ru

商務旅館（business hotel）
ビジネスホテル
bi-ji-ne-su-ho-te-ru

日式旅館
旅館
ryo-kan

民宿（pension、民宿、lodge）
ペンション・民宿・ロッジ
pen-syon・min-syuku・lo-ji
註：這3個字都是民宿，但ペンション較洋式，ロッジ是小木屋，民宿則多半為日式。

房間種類

標準單人房（single room）
シングルルーム
sin-guru-rumu
註：一張標準單人床

小雙人房（semi-double room）
セミダブルルーム
semi-daburu-rumu
註：一張加大單人床（或說一張縮小雙人床），寬約120~140公分。可1人或2人住。

雙人房（twin room）
ツインルーム
tsu-in-rumu
註：兩張單人床

標準雙人房（double room）
ダブルルーム
da-bu-ru-rumu
註：一張標準雙人床

三人房（triple room ）
トリプルルーム
to-ri-pu-ru-rumu
註：一般是3張標準單人床

西式房間
洋室（ようしつ）
yo-shitsu

日式房間
和室（わしつ）
wa-shitsu
註：用日式墊被的榻榻米房間，無床。

喫煙室
きつえんしつ
kitsu-en-shitsu

禁煙室
きんえんしつ
kin-en-shitsu

其他常見字

住宿plan
宿泊プラン
syuku-haku-pu-ran

取消（cancel）
キャンセル
kyan-seru

check in
チェックイン
che-ku-in

check out
チェックアウト
che-ku-au-to

在櫃台可能的會話

我要Check in／Check out。
チェックイン／チェックアウトをお願いします。
Cheku-in／cheku-auto wo-onegaishimasu.

我叫～， 有預約住宿。
予約してあります～です。
Yo-yaku shite ari-masu ～desu.

我沒有預約，想請問今晚有空房嗎？
予約してないのですが、今晩空室がありませんか。
Yo-yaku shite nai no desu ga, kon-ban ku-shitsu ga ari-masen ka.

一人／兩人／四人。
ひとり／ふたり／よんにん
hitori／futari／yon-nin.

可以使用信用卡付帳嗎？
クレジットカードで支払ってもいいでせんか。
Kure-jito-kado de shi-hara temo i-desu-ka.

行李可以寄放在櫃台嗎？
荷物をフロントに預かってもらえませんか。
Ni-mo-tsu wo fu-ron-to ni a-tsu-ka-te mo-rae-ma-sen-ka.

入住後有可能會遇到的小問題

我想換房間
部屋を変えたいです。
Heya wo kae-tai desu.

這個壞了
これは壊れています。
Kore wa ko-wa-re-te imasu.

沒有熱水
お湯が出ません。
o-yu ga de-masen.

房內可以使用網路嗎
部屋の中でインタネットにつなげますか。
Heya no naka de in-ta-ne-to ni tsu-na-ge-ma-su-ka.

鑰匙不曉得在哪裡弄丟了
鍵をどこかに忘れてしまいました。
Kagi wo dokoka ni wa-su-re-te shi-mai-mashita.

我想多住一晚。
もう一泊を伸ばしたいですが、
Mo i-paku wo no-ba-shi-tai-desu-ga.

（房間）有附～嗎。
～が付きますか。
～ga tsu-ki masu ka.

浴室（bath）
バス
basu
註：有浴缸的浴室

淋浴間（shower）
シャワー
sya-wa

早餐
朝食（ちょうしょく）
chyo-syoku

晚餐
夕食（ゆうしょく）
yu-syoku

其他常見字

櫃台
フロント
fu-ron-to

客滿
満室（まんしつ）
man shitsu

有空房
空室あり
ku-shitsu-ari

毛巾
タオル
ta-o-ru

東京住宿 指南

又想去東京迪士尼、又想在各大百貨掃貨，究竟要住哪裡才好總是讓人困擾，無法決定的話，不妨先看看以下整理，大致有個方向後再來挑飯店吧。

住宿準則

01先確定行程

東京住宿選擇豐富，建議先把行程安排好，這樣才知道到底住哪一區比較方便。

02住在山手線

JR山手線環狀運行，鬧區、景點、美食都在沿線，只要行程在市區，就算還不確定詳細內容，選擇山手線起碼不會有太大問題。

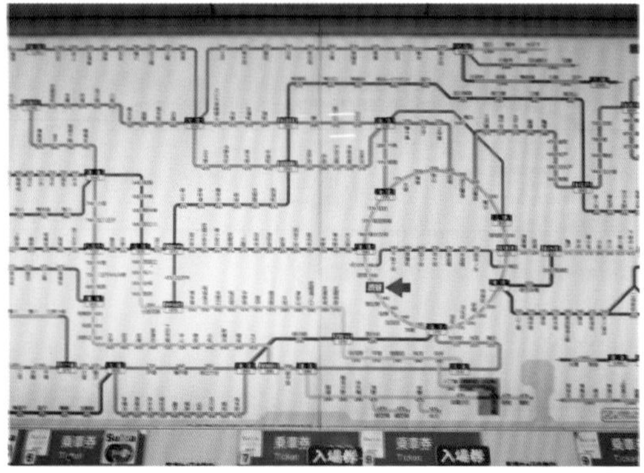

03小站也很不錯

新宿、池袋等大站周邊的飯店總是很搶手，其實有時遠離鬧區也不錯，淺草、上野、日本橋甚至品川，都是交通方便周邊卻單純許多的地點。

04想想機場交通

往返機場總是有些麻煩，抵達當日轉車還無妨，但回程時想必會增加不少戰利品，旅程最後幾天不如就換一間方便前往機場的旅館吧。

Note：往成田機場可選北邊一帶，如上野、池袋、淺草

Note：從羽田機場回程建議住在偏南的品川、五反田

05考慮近郊行程

東京往近郊很方便，許多人也會到近郊一日遊，選擇住宿時不妨也列入考量。

A東京迪士尼樂園：新宿有直達巴士，要搭JR京葉線的話東京是最便利的地點，稍偏一點還有八丁堀及新木場兩地

B鎌倉、江之島：從東京或品川轉車較便利

C日光：需從東武淺草駅搭乘東武日光線出發，不妨就住在淺草

D箱根：要從新宿坐小田急浪漫特快車，新宿附近最佳

E河口湖、富士：前往富士、河口湖的高速巴士或特急列車多從新宿出發，故新宿最佳

F輕井澤、長野：因為必須利用新幹線，當然是新幹線通過的東京、品川、上野最佳

熱門住宿地介紹

東京：

匯集各交通系統的主要門戶，飯店房價頗高，站內商業設施很好逛，周邊也多是百貨，夜晚除居酒屋外沒什麼地方可逛。

新宿：

旅客愛逛的藥妝及電器都營業到深夜，不怕沒地方逛，轉乘方便但車站結構複雜，較不適合初次造訪者，房價也頗高。歌舞伎町一帶是風化場所，近年治安雖有改善，還是須多加注意。

澀谷：

澀谷熱鬧程度與新宿不相上下，房價屬中高價位。鐵道系統匯集以外，周邊各大百貨、藥妝零售聚集，想大肆購物的話很適合住這裡。

池袋：

池袋開發較早，百貨雖不如新宿新潮，飯店卻便宜許多。建議選擇東、西口，生活機能較佳，北口一帶為風化區，治安有些疑慮，記得多留點心。

上野：

上野可利用京成電鐵直達成田機場，離淺草及晴空塔也很近，缺點是南側的阿美橫町商家較早休息，夜晚沒有太多地方可逛，但仍是不錯的住宿地。

新手看這裡

Q 東京都內的治安好像很好，就算深夜出門也沒問題？

A **東京治安良好，但像歌舞伎町白天只是商業飲食街，夜晚男女公關店開張，街邊甚至會有攬客的公關，差別巨大，不少人都會避免單獨前往。其實不論哪一區都有治安較差的地帶，擔心的話建議住在觀光客集中的地區，深夜出門保持警惕就好，不用過於緊張。**

淺草、藏前：

屬於東京下町，物價及房價都比較便宜，還有不少特色民宿。通往鬧區需要轉車，但地鐵、JR線路都有，也算方便。

品川：

品川是東京南區的交通中心，轉乘便利，可利用京急電鐵直通羽田機場，往台場、築地也很方便。周邊商辦大樓居多，購物以站內百貨、超市為主。

台場、東京灣：

到羽田機場很方便，但地理位置較偏，主要是港邊景色吸引人，預算充足的話可以考慮待個一兩天，享受港邊夜景。

赤坂：

東京的繁華區，房價較高但比新宿便宜，沒有JR但常用的銀座線及丸之內線都有通過，周邊消費較高，車站附近有電器、藥妝店，對觀光客還算友善。

巢鴨：

緊鄰池袋市中心，到池袋車站只要10多分鐘的車程，車站不遠就有商店街，周邊還有超市、便利商店，站內也有共構商場，是頗為便利的小站。

錢的問題

錢永遠是旅遊時的大問題，從怎麼換到換多少，每一個小問題都讓人困擾，以下將介紹日幣面額及換匯相關問題。

¥10,000

¥5,000

¥1,000

¥500　¥50

¥1,00　¥10　¥1　¥5

日本貨幣

日圓，日文為「円」，羅馬拼音「en」，貨幣符號「¥」，以下介紹10種面額的紙鈔及硬幣。

紙鈔

¥10,000

日本最大面額。正面為福澤諭吉，背面為京都平等院的鳳凰。

紙鈔

¥5,000

以日本明治初期重要的女性小說家樋口一葉為正面，背面為江戶時代著名畫家尾形光琳所繪的燕子花圖，體現了日本文學及藝術之美。

紙鈔

¥2,000

正面繪上沖繩縣首里城守禮門，以源氏物語繪卷第38帖「鈴蟲」的紫式部、光源氏、冷泉院為背面，由於是2000年發行的紀念幣，市面上少有流通。

紙鈔

¥1,000

面額最小的紙鈔，正面為日本戰前細菌學家野口英世，背面則為富士山及櫻花。

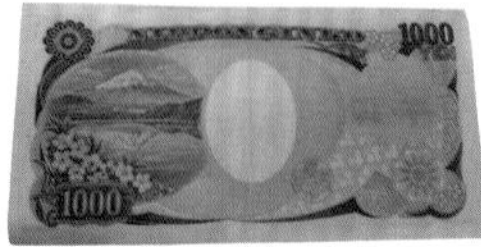

硬幣

¥500

直徑最大最好認，正面為梧桐圖樣，背面的500字樣也十分明顯。

硬幣

¥100

銀色，比¥500稍小些，正面為櫻花。

硬幣

¥10

¥10和¥5的直徑都比¥50大；¥10正面為平等院內的鳳凰堂，復古的古銅色，相當好認。

硬幣

¥5

直徑比¥50大的金色¥5，正面圖案為稻穗，中間小洞處為齒輪形狀，設計別緻。

硬幣

¥50

只要中央有個小洞，不是¥50就是¥5。銀色的¥50，正面為菊花。

硬幣

¥1

日本貨幣中最小的面額，也是直徑最小的硬幣。小小的銀色¥1，正面為小樹苗，讓人聯想到發芽茁壯之意。

換匯

如何查詢匯率？

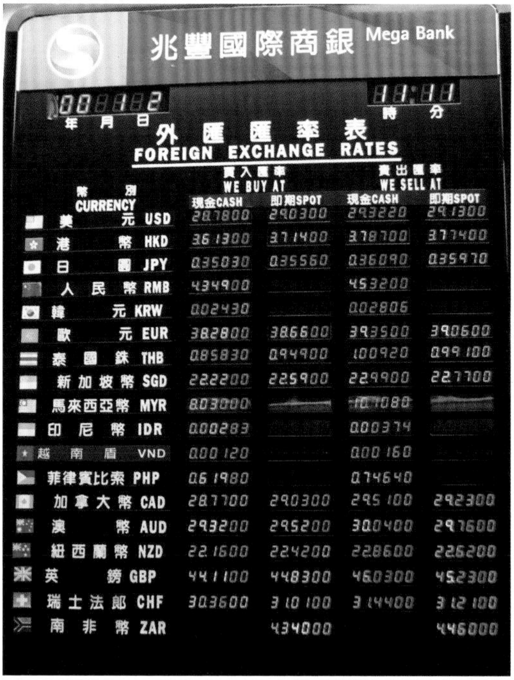

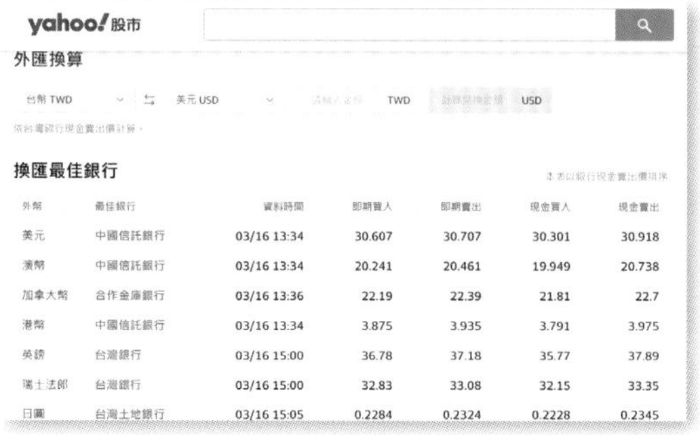

yahoo!股市

外匯換算

台幣 TWD　美元 USD　TWD　USD

換匯最佳銀行

外幣	最佳銀行	資料時間	即期買入	即期賣出	現金買入	現金賣出
美元	中國信託銀行	03/16 13:34	30.607	30.707	30.301	30.918
澳幣	中國信託銀行	03/16 13:34	20.241	20.461	19.949	20.738
加拿大幣	合作金庫銀行	03/16 13:36	22.19	22.39	21.81	22.7
港幣	中國信託銀行	03/16 13:34	3.875	3.935	3.791	3.975
英鎊	台灣銀行	03/16 15:00	36.78	37.18	35.77	37.89
瑞士法郎	台灣銀行	03/16 15:00	32.83	33.08	32.15	33.35
日圓	台灣土地銀行	03/16 15:05	0.2284	0.2324	0.2228	0.2345

銀行內及網站皆有即時牌告匯率資訊，「YAHOO！奇摩股市」更能幫你換算，並整理出哪家匯率較划算。匯率分為「現金賣出」與「現金買入」，台幣換外幣看「賣出」，即銀行賣出外幣給客戶的價格；外幣換回台幣則看「買入」，即銀行買入客戶外幣的價格。記得！台幣除以「賣出匯率」等於日幣價格，「賣出匯率」越低越划算喔！

出門前哪裡換錢？

銀行

各銀行或法定現金匯兌處都可匯兌，無手續費，部分銀行非存戶會加收手續費，需趕在3點半銀行關門前處理。

外幣提款機：台銀、兆豐、玉山等銀行設有外幣提款機，可以持金融卡提取外幣。外幣提款機的好處是24小時服務，且匯率較優惠，缺點是每種幣別都只有一種面額的鈔票，另外也有最高提領額限制。（各家銀行的外幣提款機地點請至官網確認。）

網路

台銀、兆豐皆有線上結匯服務，通過簡單網路申購，就可以不受營業時間限制，直接至分行或機場領取外幣喔！

臺灣銀行─線上結匯

手續費：購買外幣現金無手續費。

金額限制：每人每日訂單金額不得超過新台幣50萬。

申購次數：於付款效期（2小時）內之累計有效交易，同一幣別1筆，不同幣別最多6筆為限。

付款：申購後2小時內利用網路銀行、網路ATM或實體ATM完成付款。

領取：可選擇攜帶身分證或護照至分行或機場取票，下單當日營業時間15:20前完成付款，次日起10個營業日內可領取。（依營業時間而定）

fctc.bot.com.tw/botfe/index.jsp

兆豐國際商業銀行─線上結匯

手續費：購買外幣現金無手續費，但持本行信用卡付款及外幣帳戶提領需手續費（信用卡：下單金額等值新台幣1%+新台幣150元；外幣帳戶：(現金賣匯-即期賣匯)/現金賣匯，最低新台幣100元）。

金額限制：每人每日訂單金額不得超過新台幣50萬。

申購次數：每次下單以1次為限，先完成繳款，再繼續下單。

付款：申購後2小時內利用網路銀行、網路ATM、實體ATM及本行信用卡完成付款。

領取：可選擇攜帶身分證、居留證或護照至分行或機場取票，完成付款2小時後選擇14天內任一日期完成領取。（依營業時間而定）

ebank.megabank.com.tw/global2/fscontent.jsp

機場

機場內皆設有銀行，外幣兌換、匯款、存款等各種銀行業務皆可辦理，另有ATM及外幣匯兌處，但於機場兌換外幣需100元手續費，因此先於國內銀行換錢較划算。

在日本領錢？

如果真的山窮水盡的話，其實可以在日本當地換取日幣，或是以信用卡預借現金，銀行帳戶裡有錢的話，現在甚至還可以直接從台灣戶頭提領日幣呢。

當地換匯

日本國際機場、銀行、飯店等都可以用台幣換日幣，但手續費較高。

外幣兌換機：如果出發前來不及換日幣，或是覺得換得不夠多，可以直接利用機場的外幣兌換機換錢，雖然匯率可能沒那麼好，但可以在機場就解決困擾，省下尋找ATM的麻煩。

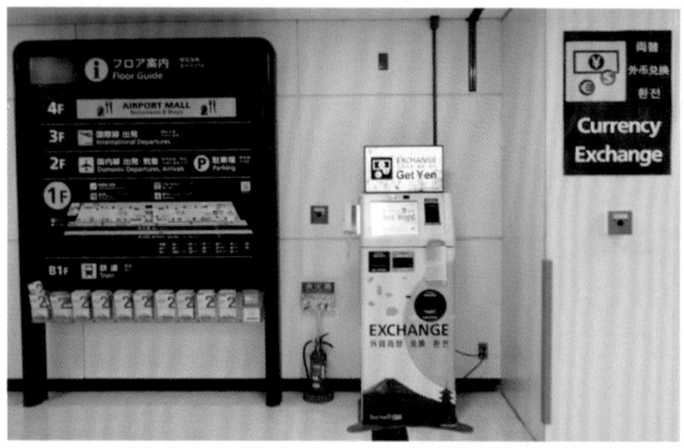

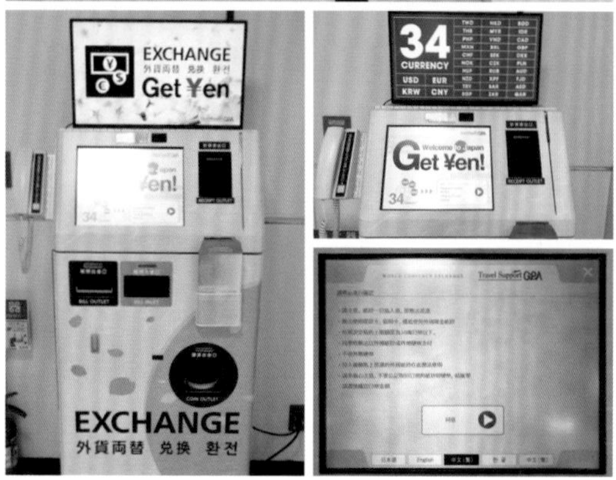

提款注意事項

卡片與ATM上都會有相應的系統圖示，先確認兩者系統是否通用；提款時通常選擇儲戶帳戶(Saving Account)即可，但若是Visa或Master金融卡，有時需選擇信用帳戶(Credit Account)才行。最重要的是，出發前記得向發卡公司確認相關服務、需輸入哪種密碼，以免有卡領不到錢。

提領現金

也可以利用金融卡或信用卡於日本提領現金。

信用卡預借現金：信用卡領現金的規定較為寬鬆，Visa/Plus、Mastercard/ Cirrus、Maestro、American Express和JCB卡皆可在郵局、7-11、機場、各大百貨等地使用，不過注意這算是向銀行預借現金，有金額限制、手續費，利息偏高。

金融卡ATM提款

01以磁條密碼提款

事先向銀行申請「跨國提款磁條密碼（4碼，與一般晶片金融卡密碼不同）」，並通知銀行你將在海外提款（許多銀行為防詐欺會封鎖突然在海外使用的金融卡），就能在郵局、7-11和附英語選單介面的國際ATM直接提領日幣；需手續費。

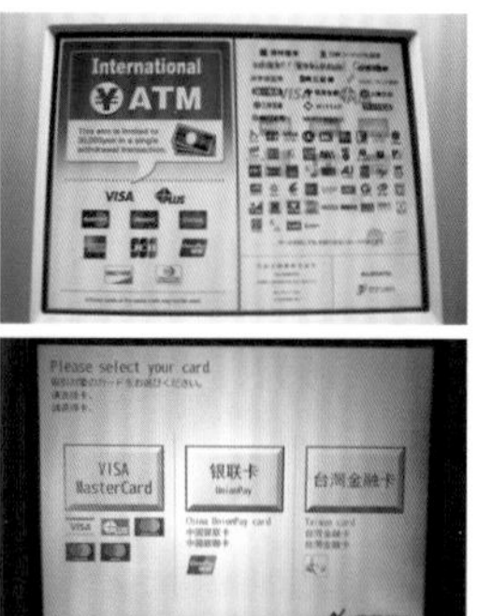

02金融卡原密碼提款

2010年底起，臺灣銀行、土地銀行、合作金庫等12家銀行的金融卡可以在東京和北海道，使用有金融卡標誌(財金公司)的ATM以原密碼領錢。2017年更擴大服務，至東京、京都、大阪、北海道地區的Circle K、Sunkus及部分全家超商，設有超過700台ATM可供使用，優點是手續費較低。使用前記得開通「跨國提款暨消費扣款功能」，詳情可參考網站。

財金公司

天氣・保險・通訊

確認天氣

出門時天氣如何，會影響到行李最後的確認和準備。需不需要帶雨具？下雪了沒有？查查看以下的網站吧！

YAHOO！奇摩氣象

中文的奇摩氣象可查詢日本主要城市一週天氣預報。

tw.weather.yahoo.com

日本氣象廳

中、英、日文介面，相當於台灣的氣象局，因此資料也較完善。

www.jma.go.jp

YAHOO！JAPAN天氣情報

日文介面，天氣圖生動可愛，可查詢天氣預報的地點更詳盡。

weather.yahoo.co.jp

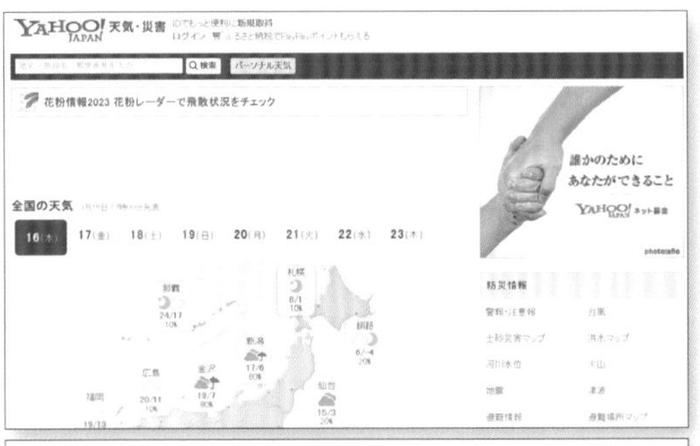

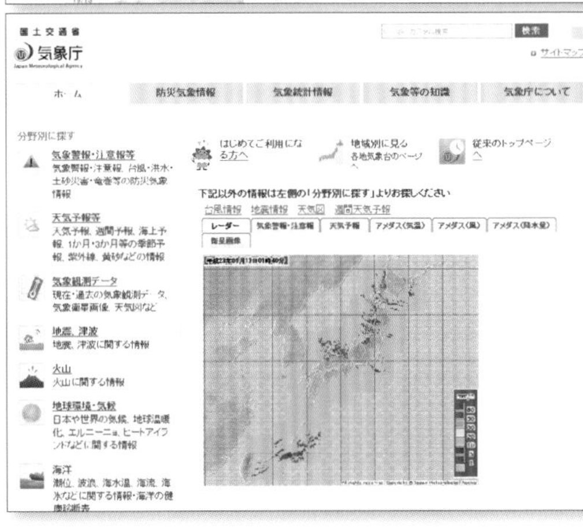

旅遊保險

海外的旅遊平安險主要分為意外險、意外醫療險和疾病醫療險三個部分。意外險指海外發生交通事故等意外的保險，可以看自己想投保多少錢（如保一百萬）。意外醫療險指在海外因意外而受傷時的醫療補助，一般按比例賠償。疾病醫療險則指在國外生病住院時的醫療補助，和意外醫療險一樣按比例賠償。

旅遊平安險的價格，依照投保金額、旅遊地點和天數決定，約數百至三千元不等。如果本來就有固定的保險公司，出發前只要一通電話就能加保，還會有打折，也可以透過網路保險。另外，用信用卡刷卡購買機票時也會附贈旅遊平安險，依各家公司規定不同，部分還含括班機延誤、行李延誤或行李遺失等旅遊不便險的部分，不妨在消費前先行查詢。

最後，如果來不及買保險也沒有用刷卡購票，在機場也設有保險公司的櫃檯，雖然價錢稍微貴了一點，但在出海關前不妨花個幾分鐘，買一份旅遊的安心保障。

網路通訊

在旅程中，使用Google Map、交通APP、美食APP、社群網路，或臨時查詢店家資訊時都需要網路連線，這時旅人們就會發現，少了網路，智慧型手機的功能馬上減弱一半。以下介紹四種上網的方法：WIFI分享機、上網SIM卡、公眾WIFI與國際漫遊，旅人可以依自己的需求做選擇。

Wifi分享機

在台灣租借Wifi分享機應該可算是在日本最方便的上網方式。由於一台分享機可同時讓3~5台行動裝置上網，因此一群朋友共同分享十分划算。日本4G上網速度快，在城市中一般通訊都不會太差，但要注意上網總流量會有限制。現在許多店家提供在機場取還的服務，對準備出國的旅客來說十分便利。

Klook

www.klook.com/zh-TW/wifi-sim-card/

WI-HO行動上網分享器

www.telecomsquare.tw

上網SIM卡

除了租借Wifi分享機以外，也可以選擇上網SIM卡。較不方便的地方在於，要使用上網SIM卡必須把手機內原本的SIM卡取出，換上專用SIM卡，雖然這樣一來便無法使用台灣的號碼，但因為有通訊軟體，還是可以與親友保持聯繫。因為只有換SIM卡，所以無須攜帶額外裝置，在超商與機場取貨便利，有些SIM卡甚至不用歸還，使用完後直接丟棄即可。

有鑑於將SIM卡換掉可能會因此漏接原本門號的訊息，有業者推出了eSIM卡，只要掃描寄到信箱的QR code就能輕鬆安裝，直接省去現場領取的步驟，但購買前須特別注意自己的手機機型是否適用。

免費公眾WIFI

業者	熱點	使用方式	網址
Starbucks Wi2	全日本的星巴克	免費申請帳號密碼，不限時數使用	starbucks.wi2.co.jp/
LAWSON Wi-Fi	全日本的LAWSON便利商店可使用	啟動瀏覽器後輸入電子信箱	www.lawson.co.jp/service/others/wifi/
FREESPOT	約1萬2處	免費。有的飯店提供的FREESPOT為住宿旅客專用	www.freespot.com/
TOKYO FREE Wi-Fi	東京都提供的車站、景點、公園等公共設施免費wifi，還可直接連接大眾運輸工具或各區域wifi	以SNS帳號或電子郵件免費申請，不限時間及次數，可於兩週內任意使用	www.wifi-tokyo.jp/ja/

國際漫遊

業者	費率
中華電信 emome	日租吃到飽1日(連續24小時)298元，1GB輕量型7天 (連續168小時)168元：2GB輕量型7天 (連續168小時)268元，5GB定量型8天 (連續192小時)488元
台灣大哥大	日租吃到飽1日(連續24小時)399元，4日以上每日199元；1GB輕量型15天199元，2GB輕量型15天349元，效期結束前可加購500MB 99元；另有漫遊上網同遊共享包及漫遊上網三合一方案
遠傳電信	日租吃到飽1日(連續24小時)299元

以上費率為2023年3月時之資訊，詳細費率請洽電信業者

更多免費WIFI

除了前述的免費公眾WIFI，還有許多專門的免費APP或服務，不妨作為參考，雖然通常會租用WIFI分享機器，但難免會分開個別行動，這時候這些服務就可以派上用場。

Japan Connected-free Wi-Fi

此APP提供中、英、日、韓四種版本，只要出國前先下載好並註冊，抵達日本後就能利用它搜尋所在地附近的Wifi熱點；而且只要註冊一組帳號密碼，就能快速連上Wifi，且不限使用一家，機場、鐵路、便利商店、星巴客等免費Wifi服務都能連上。

TRAVEL JAPAN Wi-Fi APP

此APP不需登入，就會自動連結到服務的WIFI熱點，全日本有超過20萬個免費熱點，機場、咖啡、唐吉訶德、松本清等店家都可連上網，APP內還會有折價券、優惠訊息等，頗為實用。

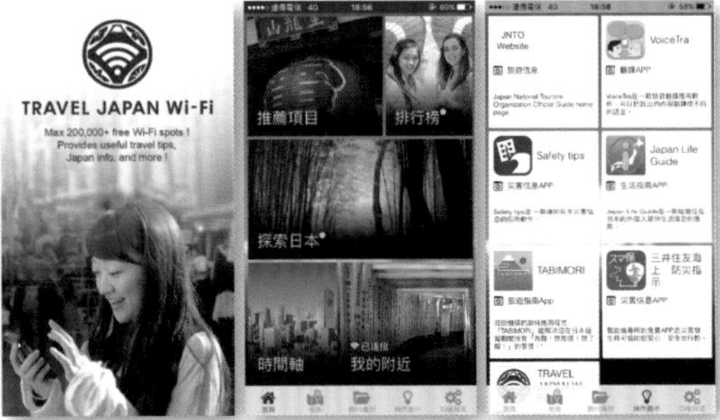

FREE Wi-Fi PASSPORT

在日本全國約有40萬個熱點，在速食店、咖啡廳、各大車站、飯店等皆可使用。抵達日本後，手動將電信公司切換到SoftBank，撥打*8181 (中文語音)即可獲得一組密碼。打開wifi找到「.FREE_Wi-Fi_PASSPORT」，輸入帳號即冠上國碼的手機號碼與剛才得到的密碼，即可開始免費使用14天，14天期限過了後，再重覆上述動作即可再次使用。

©肥貓花米

機場介紹

出發的這一天終於到來，第一步該怎麼走？搭乘大眾交通工具、計程車或開車抵達機場後，找到check-in櫃檯、通關、登機……東京，就在3小時的距離之內了！

文／墨刻編輯部
攝影／墨刻攝影組

前往機場

台灣的國際機場以桃園國際機場為主，還有台北松山機場、高雄小港機場，通常建議在3~3.5小時以前抵達機場，扣除辦理各種手續的時間和臨時狀況，還可以利用一下機場的各種設施，寬心等待飛機起飛。

桃園國際機場

機場捷運

桃園機場捷運於2016年底正式開通，旅客可從台北車站搭乘捷運直達桃機，直達車首班為6:00出發，普通車末班車23:36。另外也有沿途停靠林口、新莊一帶的普通車可利用。

客運巴士

由台北前往

國光、大有、長榮等各家客運公司的價差並不大，且由於班次密集，可以直接於現場購票搭乘。詳細巴士資訊請至各官網確認。車程約50~70分。

由桃園前往

由桃園出發的統聯客運，主要提供旅客由桃園火車站前往桃園機場的接駁服務，尖峰時車班密集，車程約35分，對於搭乘台鐵前來搭機者相當方便。

由台中前往

國光、統聯都有巴士可利用，主要從台中車站出發，也可以在朝馬站上車。車程約2小時10~30分。

由高雄前往

高雄沒有直達巴士可以抵達桃園機場，可以至台中轉乘客運，或是直接搭乘高鐵至桃園站轉乘機場捷運。

計程車

北區大型計程車隊都有提供叫車到府的機場接送，也可利用機場接送專業服務網的服務。一般需在出發前3小時到3天前預約，部分車隊並提供事前預約的優惠價格。4人座轎車由台北市區到桃園國際機場約在1100~1300元之間，休旅車及郊區接送須再加價。

開車

開車前往桃園機場後，將車停在停車場內直到回國取車也是可行的交通方式。可利用第一、第二航廈附設停車場，機場停車場均24小時開放，進場未滿30分內出場之車輛免費；逾30分後開始計時收費。

高雄國際航空站

高雄捷運

搭乘高雄捷運紅線至國際機場站下車後，由6號出口可通往國際航廈。捷運運行時間為5:56~24:02。

客運

高雄、屏東、國光客運有班次連接恆春、枋寮、墾丁等地，運行時段依各公司而異。

計程車

高雄市內為按表計費。另外，機場的排班計程車會加收行李箱費10元。

開車

24小時開放的停車場，前30分免費，後30分收費30元，1小時以上每30分收費15元，當日最高240元。隔日費率從零時開始計算，照停車時數計費。

台北松山機場

捷運

搭乘捷運文湖線，至松山機場站下車即抵。首班車為6:02發車，末班車為24:39發車。

市區公車

搭乘台北市區公車33、214、225、254、262、275、617、630、801、803、902、906、909、敦化幹線、民權幹線、棕1、紅29、紅31、紅50等班次均可抵達。

客運巴士

國光、台聯、桃園、亞通、三重、統聯等客運巴士，均有班次連接松山機場與桃園國際機場、林口、桃園市區、南崁、中壢和基隆等地。運行時間段約5:00~22:00。

計程車

由台北前往均為按表計費。

開車

松山機場附設3處小客車24小時停車場和1處大型車停車場，隔夜價格沒有另外規定，全照停車時數計費。小客車30分以內免收費，30分以上8:00~21:00每一小時40元，其他時段每小時10元。

報到手續

無事抵達機場之後，就要找到航空公司櫃台，開始辦理check-in手續了。為了讓報到順利，收拾行李時別忘了注意託運行李及隨身行李的相關規範，才不會觸犯規定。

尋找航廈和櫃檯

不論哪種交通工具，抵達機場後就可以憑著清楚的標示抵達正確的航廈，下一步就是尋找出境大廳裡自己的check-in櫃檯。

抵達出境大廳後，可以透過報到櫃台的電子指示看板和各櫃檯上的編號與航空公司標示，找到正確的check-in櫃檯。

新手看這裡

線上劃位與報到

各家航空公司在時間上的規定不同，但出發之前都可以先透過網路先行挑選自己想要的座位和機上餐點。另外，在出發前24小時也可以先在線上預辦報到，減少在機場時排隊等待的時間。(依各家航空公司規定)

check-in手續

check-in手續和託運行李是一起完成的。check-in的動作，讓航空公司最後確認你的機位狀況，領取正式登機證後才可入關及登機，辛苦搬到這裡的笨重行李則可以交給櫃檯，留下隨身行李即可。

這裡需要查驗：

護照：作為身分證明之用。

電子機票：如果電子機票有列印出來可以讓地勤人員節省查找時間。

託運行李：在櫃檯旁經過行李稱重、掛行李條、由地勤人員綁上貼條後，還需稍待行李通過X光檢查，才完成託運手續。

這裡你會拿到：

正式登機證：一聯二式的正式登機證，上面清楚註明登機時間、登機門、座位等資訊。

不同航空公司的登機證長得不盡相同，不過都會包含以下資訊：

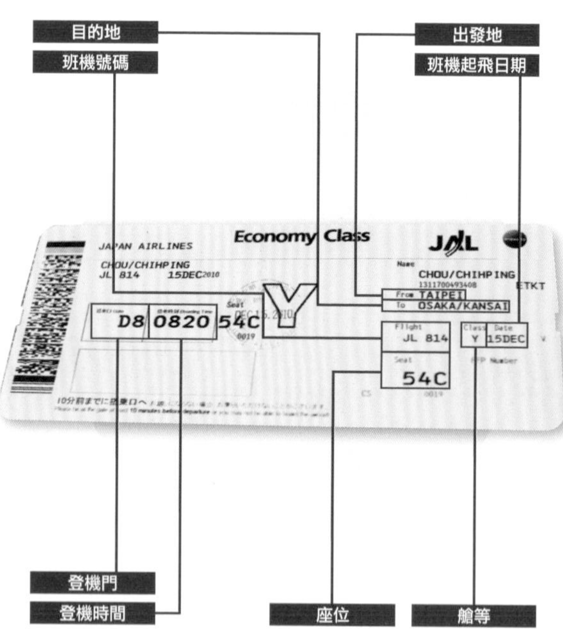

行李託運單：一般其實不會用到，但當行李遺失時，這張單據憑證，可以方便航站人員進一步協助處理，並查找你行李的下落，同時也可作為行李持有者的證明。

託運行李

上文已介紹託運行李的步驟，這裡就相關規定作更清楚的說明。

行李限重規定？

飛往歐亞澳地區的經濟艙旅客，單人託運一件行李限重23公斤(各航空依艙等不同規定也有所不同)，手提行李大小限長56公分、寬36公分、高23公分。

一定要寫行李條嗎？

航空公司櫃檯都有行李條可用，內容為姓名、電話、住址等基本資料，如果本來就有掛相關資訊在行李上可以不用寫。沒有的話，要知道萬一託運時不幸遺失，沒有標明的行李最容易下落不明。

什麼東西只能託運，不能帶上飛機？

- 包括指甲刀在內的各種刀具
- 超過100ml的香水、髮膠等噴霧或液態物品
- 酒類
- 運動用品

什麼東西不能帶？

打火機不論託運或隨身都不能帶，其他像是動植物、易燃物品（包括70%以上的酒類）等也不行。

> **Knowledge Supply**
>
> **常見的行李問題**
>
> 出入境行李規範多，以下可說是最容易搞混、疏忽的幾項，快檢查看看。
>
> 01 行動電源：行動電源或鋰電池都必須隨身攜帶，不可託運。
>
> 02 腳架：民航局規定管徑1公分內、收合後未超過60公分的腳架可帶上機。
>
> 03 菸酒：菸酒入境規定明確，酒類限1公升，香菸為捲菸200支或雪茄25支或菸絲1磅，通常免稅店一條菸就已達免稅標準。
>
> 04 農畜水產品：水果、生鮮海產或肉品絕對不能攜入，真空包裝的帝王蟹、肉類也一律禁止，只有經過醃製的魚介類(如明太子)，或罐頭泡麵內的肉類可以攜入，另外米、茶葉等產品不得超過1公斤。

檢查護照和隨身行李

在機場可以看到出境指標，在這裡出示①護照 ②機票後，就可以通過出境大門，開始進行出境手續。

首先檢查隨身行李。隨身行李分件置放、隨身攜帶的物品（如錢包、零錢、手機等）、筆電和金屬品（如皮帶）也都須放置於置物籃內，通過X光檢查儀的檢驗。旅客本人則必須通過金屬感應門。

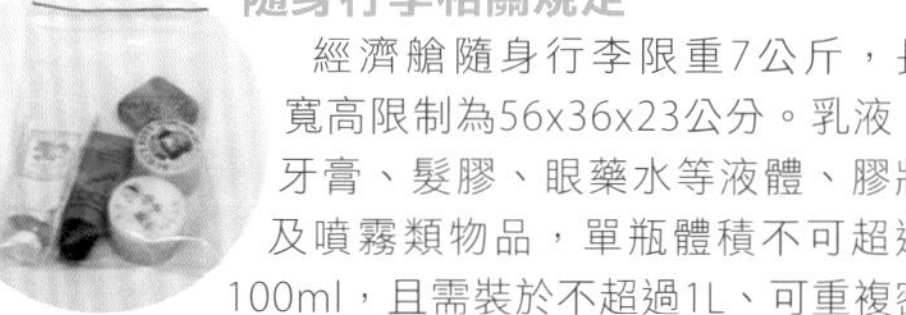

隨身行李相關規定

經濟艙隨身行李限重7公斤，長寬高限制為56x36x23公分。乳液、牙膏、髮膠、眼藥水等液體、膠狀及噴霧類物品，單瓶體積不可超過100ml，且需裝於不超過1L、可重複密封的透明塑膠袋內，安檢時須單獨放置於籃內通過檢查。另外水、飲料都無法通關，口渴可以進關後再買，機場裡也有飲水機。

抵達日本！入境機場 Step by Step

Step 1

飛機停妥

飛機降落後會慢慢滑行到指定位置，在飛機完全靜止前請在座位上稍待，等停妥後才能起身、取行李、開手機。

Step 2

入境審查

通過證照檢查後，可以取得日本的上陸證明。除了檢查護照和遞交入境表格（請參考P.59），按壓指紋和拍照（請參考P.59）也是固定程序。現在因為疫情須出示完成三劑疫苗接種之證明，或是起飛時間72小時內採檢的Covid-19陰性檢測證明。為了節省通關時間，可事先在Visit Japan Web上進行申報。(請參考P.39)

Step 3

領取行李

依照航班，認清楚行李的位置後，就可以到行李旋轉台的地方找自己的行李囉！

Step 4

行李檢查

領到託運行李後，還必須通過最後一道行李檢查（請參考P.60）。

Step 5

入境日本

通過行李檢查，走出大門，就正式抵達日本啦！

入境審查

隨指標抵達證照檢查處後，請在標示為「外國人入境」的窗口前依序排隊，並準備：①護照 ②填寫好的入境表格 ③機票存根，在輪到你時交給窗口的入境審查官。檢查完資料後，審查官貼上入境許可，並請你在指紋登記系統留下紀錄，完成入國手續。

如何填寫入國紀錄

日本的入國紀錄表格於2016年4月開始更新，目前通用的皆為新式表格，新版省略了出國紀錄，內容也較簡單，記得利用乘機空檔填寫，加快入境程序的時間。

❶ 姓(填寫護照上的英文姓氏)
❷ 名(填寫護照上的英文名字)
❸ 出生日期(依序為日期、月份、西元年)
❹ 現居國家名
❺ 現居都市名
❻ 入境目的(勾選第一個選項「觀光」，若非觀光需持有簽證)
❼ 搭乘班機編號
❽ 預定停留期間
❾ 在日本的聯絡處(填入飯店名稱、電話號碼即可)
❿ 在日本有無被強制遣返和拒絕入境的經歷(勾選右方格：沒有)
⓫ 有無被判決有罪的紀錄(不限於日本) (勾選右方格：沒有)
⓬ 持有違禁藥物、槍砲、刀劍類、火藥類(勾選右方格：沒有) ⓭簽名

備註：新式入國紀錄背面問題即為❿~⓬

外国人入国記録 DISEMBARKATION CARD FOR FOREIGNER 外國人入境記錄

氏名 Name 姓名	Family Name 姓(英文) ❶		Given Names 名(英文) ❷	
生年月日 Date of Birth 出生日期	Day 日 日期 Month 月 月份 Year 年 年度 ❸	現住所 Home Address 現住址	国名 Country name 國家名 ❹	都市名 City name 城市名 ❺
渡航目的 Purpose of visit 入境目的 ❻	観光 Tourism 旅遊 / 商用 Business 商務 / 親族訪問 Visiting relatives 探親 / その他 Others 其他目的 ( )		航空機便名・船名 Last flight No./Vessel 抵達航班號 ❼ / 日本滞在予定期間 Intended length of stay in Japan 預定停留期間 ❽	
日本の連絡先 Intended address in Japan 在日本的聯絡處	❾		TEL 電話號碼	

❿ 1. 日本での退去強制歴・上陸拒否歴の有無 Any history of receiving a deportation order or refusal of entry into Japan 在日本有無被強制遣返和拒絕入境的經歷 □ はい Yes 有 ☑ いいえ No 無

⓫ 2. 有罪判決の有無（日本での判決に限らない） Any history of being convicted of a crime (not only in Japan) 有無被判決有罪的記錄（不僅限於在日本的判決） □ はい Yes 有 ☑ いいえ No 無

⓬ 3. 規制薬物・銃砲・刀剣類・火薬類の所持 Possession of controlled substances, guns, bladed weapons, or gunpowder 持有違禁藥物、槍砲、刀劍類、火藥類 □ はい Yes 有 ☑ いいえ No 無

以上の記載内容は事実と相違ありません。I hereby declare that the statement given above is true and accurate. 以上填寫內容屬實，絕無虛假。

署名 Signature 簽名 ⓭

新手看這裡

出入境表格務必詳細填寫

日本開放短期免簽之後，對於出入境的檢查也相對嚴格。尤其是停留地的電話、地址，所有空格記得都要填到，問題也要如實回答，才能省下不必要的麻煩唷。

指紋登記step by step

為了預防恐怖事件發生，所有入境日本的外國旅客都必須經過按指紋與臉部照相過程才可入境。

Step 1 抵達後請準備好已經填寫完成的入境表格，於外國人的櫃檯依指示排隊。

Step 2 向櫃檯入境審查官提交護照、填寫好之入境表格。

Step 3 在海關人員的引導指示下讀取指紋。請將兩隻手的食指放上指紋機，稍微用力按壓後等候電腦讀取指紋資訊。

請參照 www.moj.go.jp/NYUKAN

Step 4 準備臉部拍照，請將臉部正對著指紋機上的攝影鏡頭。

Step 5 接受入境審查官的詢問。

Step 6 入境審查官審核認可之後，會在護照上貼上日本上陸許可。

Step 7 等候入境審查官歸還護照，完成入境手續。

行李檢查

在行李旋轉台上找到行李後，還必須通過最後一關行李檢查，才能正式進入日本。如果有需要特別申報的物品的話，必須走紅色通道，如果沒有的話可由綠色通道通關。在這裡請準備：

①行李申報單
②護照

以上物件備齊交給海關人員查驗。

(A面)

税関様式C第5360号

携帯品・別送品　申告書

下記及び裏面の事項について記入し、税関職員へ提出してください。

❶搭乗機(船舶)名・出発地	BR2198　(出発地 ❷ Taipei　)
入国日	❸ 2 0 1 4 年 1 0 月 2 1 日
	フリガナ
氏名	❹ Wang Da Ming
	〒　　－
住所 ❺(滞在先)	KEIO PLAZA HOTEL TOKYO
	tel 03 (3344) 1111
職業	❻ Student
❼生年月日	1 9 8 0 年 0 1 月 0 1 日
❽旅券番号	1 2 3 4 5 6 7 8 9
❾同伴家族	20歳以上　名　6歳以上20歳未満　名　6歳未満　名

※ 以下の質問について、該当する□に"✓"でチェックしてください。

1. 下記に掲げるものを持っていますか？	はい	いいえ
❿① 日本への持込が禁止又は制限されている物(B面を参照)	□	☑
⓫② 免税範囲(B面を参照)を超える購入品・お土産品・贈答品など	□	☑
⓬③ 商業貨物・商品サンプル	□	☑
⓭④ 他人から預かった荷物	□	☑

＊上記のいずれかで「はい」を選択した方は、B面に入国時に携帯して持込むものを記入願います。

⓮2. 100万円相当額を超える現金又は有価証券などを持っていますか？	はい	いいえ
	□	☑

＊「はい」を選択した方は、別途「支払手段等の携帯輸入届出書」の提出が必要です。

⓯3. 別送品　入国の際に携帯せず、郵送などの方法により別に送った荷物(引越荷物を含む。)がありますか？

□ はい　(　　個)　☑ いいえ

＊「はい」を選択した方は、入国時に携帯して持込むものをB面に記載したこの申告書を2部、税関に提出して、税関の確認を受けてください。
税関で確認を受けた申告書は、別送品を通関する際に免税範囲の確認に必要となりますので大切に保管してください。

《注意事項》
海外で購入されたもの、預かってきたものなど、本邦に持込む携帯品については、税関に申告し、必要な検査を受ける必要があります。税関検査にご協力ください。
また、申告漏れ、偽りの申告などの不正な行為がありますと、処罰されることがありますので注意してください。
ご協力ありがとうございました。

(B面)

A面より、記入してください。《申告は正確に!》
(ご不明な点がございましたら税関職員へお尋ねください。)

※ 入国時に携帯して持ち込むものについて、下記の表に記入してください。

(注) 個人的使用に供する購入品等に限り、1品目毎の海外市価の合計額が1万円以下のものは記入不要です。
また、別送した荷物の詳細についても記入不要です。

酒類			本	＊税関記入欄
たばこ	紙巻		本	
	葉巻		本	
	その他		ｸﾞﾗﾑ	
香水			ｵﾝｽ	
その他の品名	数量	価格		
＊税関記入欄			円	

⓰日本への持込が禁止されているもの
① 麻薬、向精神薬、大麻、あへん、覚せい剤、MDMAなど
② けん銃等の銃砲、これらの銃砲弾やけん銃部品
③ ﾀﾞｲﾅﾏｲﾄなどの爆発物や火薬、化学兵器の原材料
④ 紙幣、貨幣、有価証券、ｸﾚｼﾞｯﾄｶｰﾄﾞなどの偽造品
⑤ わいせつ雑誌、わいせつDVD、児童ポルノなど
⑥ 偽ブランド品、海賊版などの知的財産侵害物品

⓱日本への持込が制限されているもの
① 猟銃、空気銃及び日本刀などの刀剣類
② ワシントン条約により輸入が制限されている動植物及びその製品(ﾜﾆ・ﾍﾋﾞ・ﾘｸｶﾞﾒ・象牙・じゃ香・ｻﾎﾞﾃﾝなど)
③ 事前に検疫確認が必要な生きた動植物、肉製品(ｿｰｾｰｼﾞ・ｼﾞｬｰｷｰ類を含む。)、野菜、果物、米など
＊事前に動植物検疫カウンターでの確認が必要です。

⓲免税範囲
・酒類3本(760ml／本)
・外国製紙巻たばこ200本
＊20歳未満の方は酒類とたばこの免税範囲はありません。
・香水2ｵﾝｽ (1ｵﾝｽは約28ml)
・海外市価の合計額が20万円の範囲に納まる品物
(入国者の個人的使用に供するものに限る。)
＊6歳未満のお子様は、おもちゃなど子供本人が使用するもの以外は免税になりません。
＊海外市価とは、外国における通常の小売価格(購入価格)です。

如何填寫行李申報單

❶ 搭乘航班編號　❷ 出發地點　❸ 入境日期
❹ 姓名(註：填寫護照上英文姓名)
❺ 日本的聯絡處(請填寫入住之飯店名稱、電話)
❻ 職業　❼ 出生年月日(註：填寫西元年號)
❽ 護照號碼　❾ 同行家屬
❿ 是否攜帶以下申請單B面之禁止入境物品？(填寫右方格：沒有)
⓫ 是否攜帶超過B面免稅範圍的商品、土產或禮品？(填寫右方格：沒有)
⓬ 是否攜帶商業貨物、樣品？(填寫右方格：沒有)
⓭ 是否攜帶別人寄放物品？(填寫右方格：沒有)
⓮ 是否攜帶超過折合100萬日幣的現金或有價證券？(填寫右方格：沒有)
⓯ 除隨身行李之外是否有郵寄送達日本的物品？(填寫右方格：沒有)

註：以上10-15項如果填寫「是」則必須在B面的清單正確填寫物品名稱與數量。

⓰ 日本禁止入境物品
(1)麻藥、類精神藥、大麻、鴉片、興奮劑、搖頭丸等各級法定毒品。
(2)手槍等槍枝與槍枝的彈藥及零件。
(3)炸藥等爆炸物品、火藥、化學武器的原料。
(4)紙幣、貨幣、有價證券及信用卡等的偽造物品。
(5)色情書報雜誌、光碟及兒童色情物品。
(6)仿冒名牌商品、盜版等損害智慧財產權的物品。

⓱ 日本限制入境物品
(1)獵槍、空氣槍及日本刀等刀劍類。
(2)根據華盛頓公約限制進口的動植物及其製品(鱷魚、蛇、龜、象牙、麝香及仙人掌等)
(3)需事前檢疫的動植物、肉產品(包括香腸、牛肉乾、豬肉乾等)、蔬菜、水果及稻米。

⓲ 入境日本免稅範圍
‧酒類3瓶(1瓶760ml)
‧外國香菸400支
‧香水2盎司(1盎司約28ml)
‧境外市價總額不超過20萬日幣的物品(只限入境者的自用品)

成田國際機場

成田國際機場分為第一、第二和第三航廈，按航空公司區分，台灣出發的航班並不一定飛往哪一航廈。儘管成田機場離東京市區有一段距離，但仍是台灣前往東京地區最主要的玄關口。以下將先就成田機場本身進行說明，關於機場通往東京市區的交通，請參考P.72。

成田國際機場 第一航廈

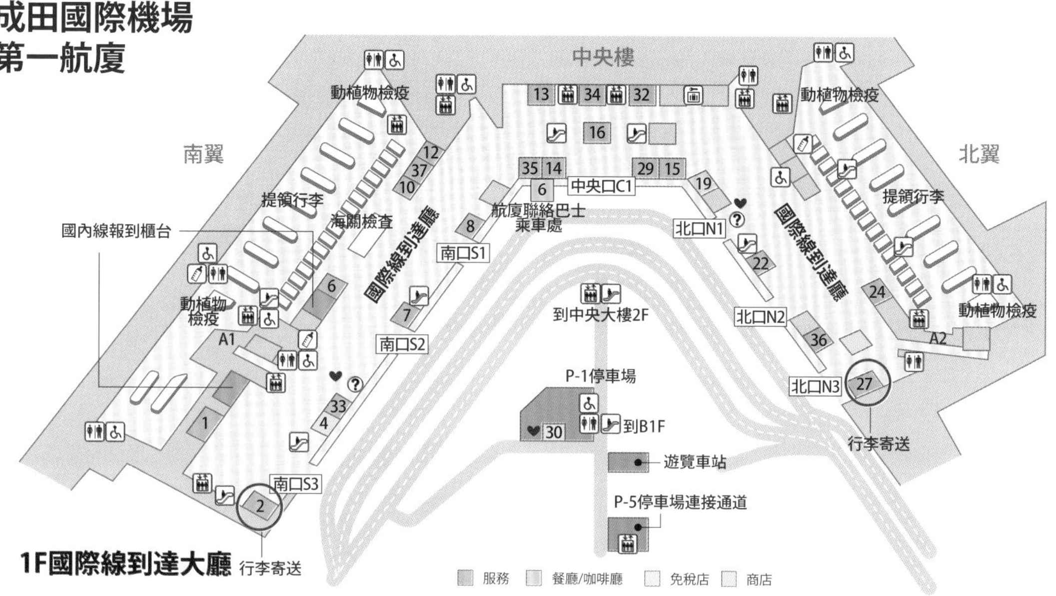

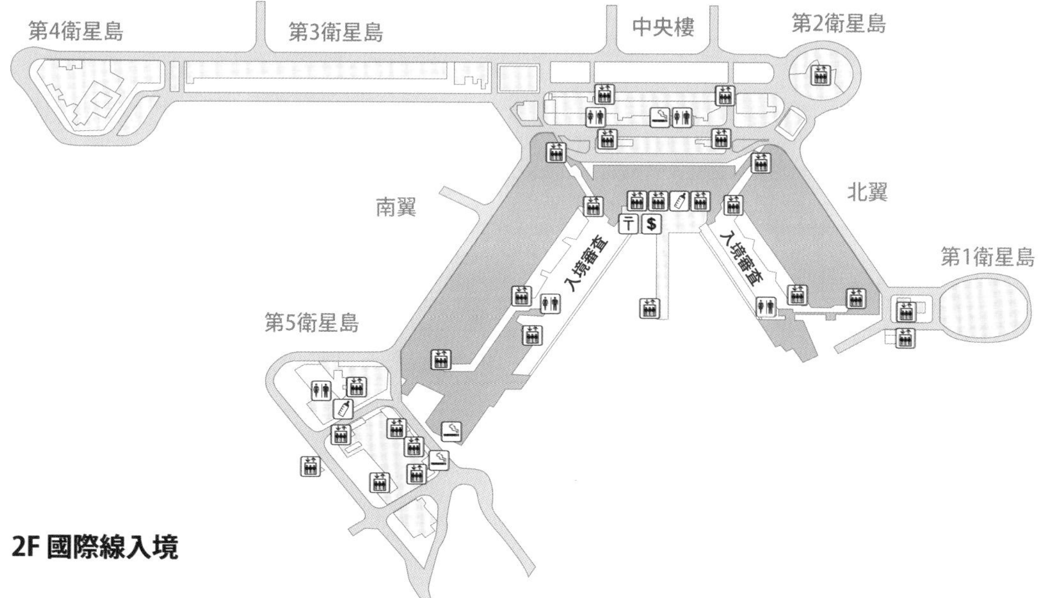

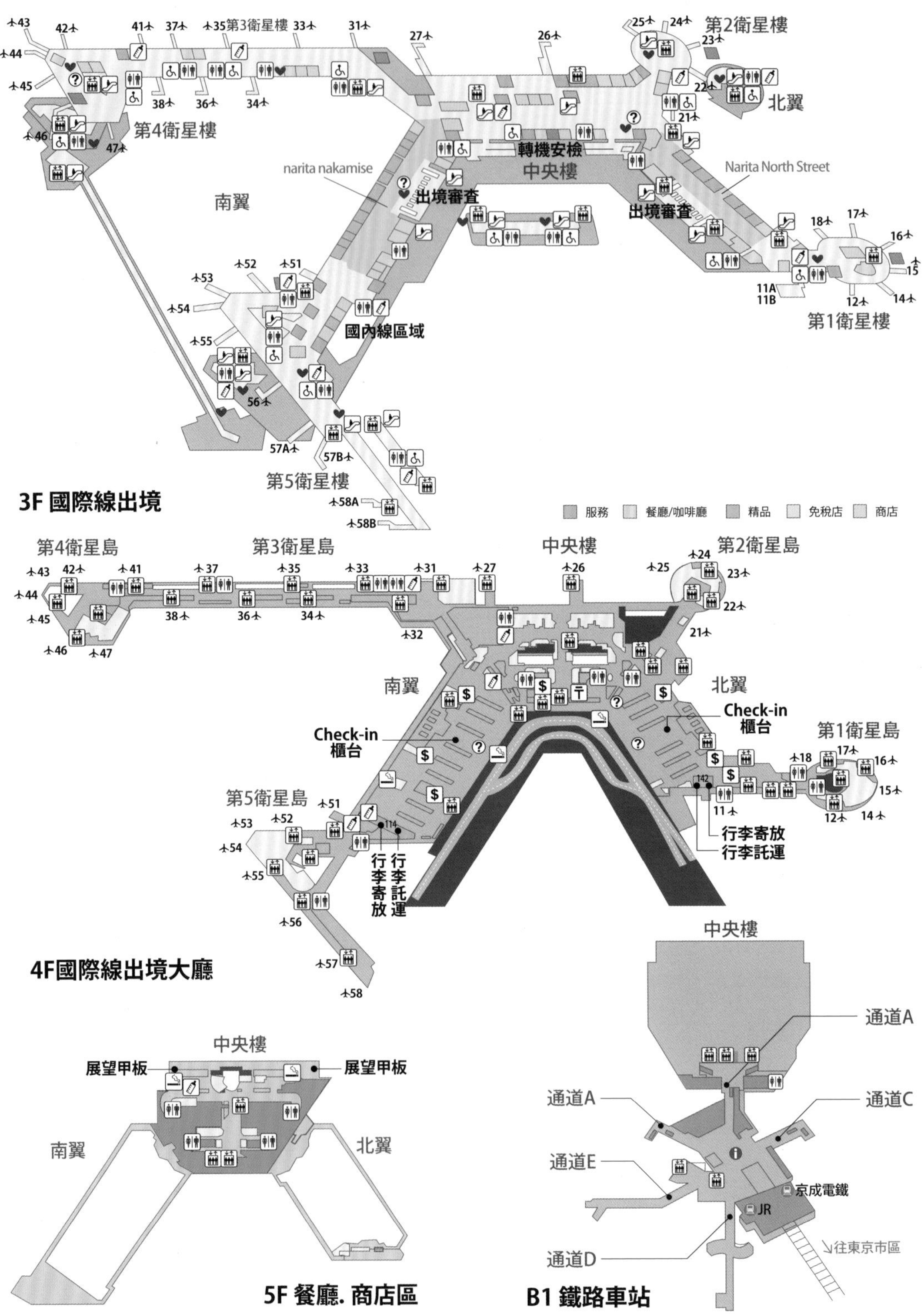
3F 國際線出境
第4衛星樓
第3衛星樓
第2衛星樓
北翼
中央樓
轉機安檢
narita nakamise
Narita North Street
南翼
出境審查
出境審查
第1衛星樓
國內線區域
第5衛星樓
服務
餐廳/咖啡廳
精品
免稅店
商店
4F國際線出境大廳
第4衛星島
第3衛星島
中央樓
第2衛星島
南翼
北翼
Check-in
櫃台
Check-in
櫃台
第1衛星島
第5衛星島
行李寄放
行李託運
行李寄放
行李託運
5F 餐廳. 商店區
中央樓
展望甲板
展望甲板
南翼
北翼
B1 鐵路車站
中央樓
通道A
通道A
通道C
通道E
京成電鐵
JR
通道D
往東京市區

成田國際機場
第二航廈

1F國際線到達大廳

北等候區
提領行李
動植物檢疫
海關檢查
國際線到達大廳B
國際線到達大廳A
→ 國內線區域
行李寄送
往第3航廈
北口3
北口2
北口1
中央口
南口1
南口2
南口3
國內航班出口
航廈聯絡巴士，往3航
航廈聯絡巴士，往1航

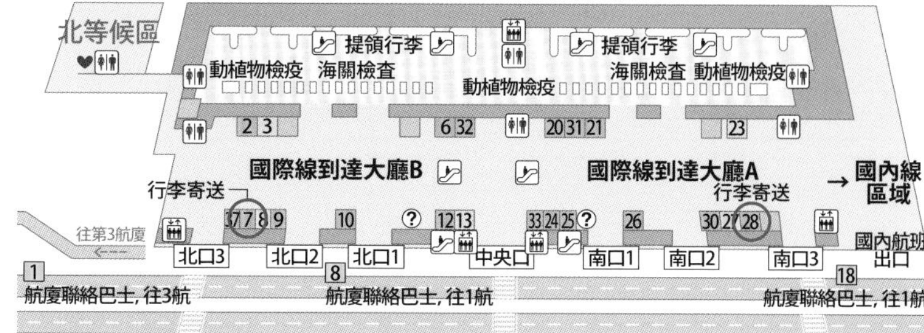

2F 第二航廈主樓

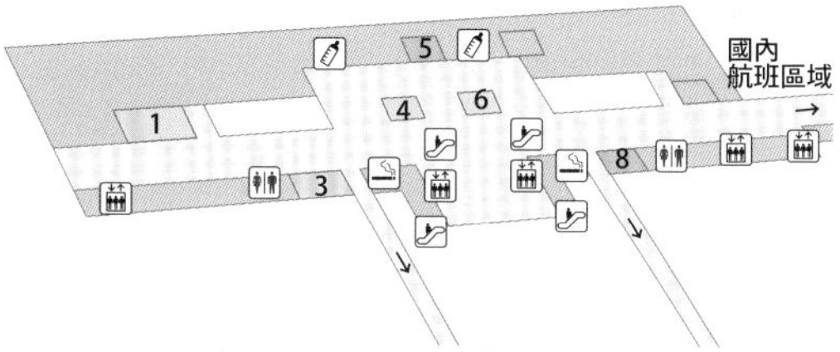

國內航班區域 →

3F國際線出發大廳

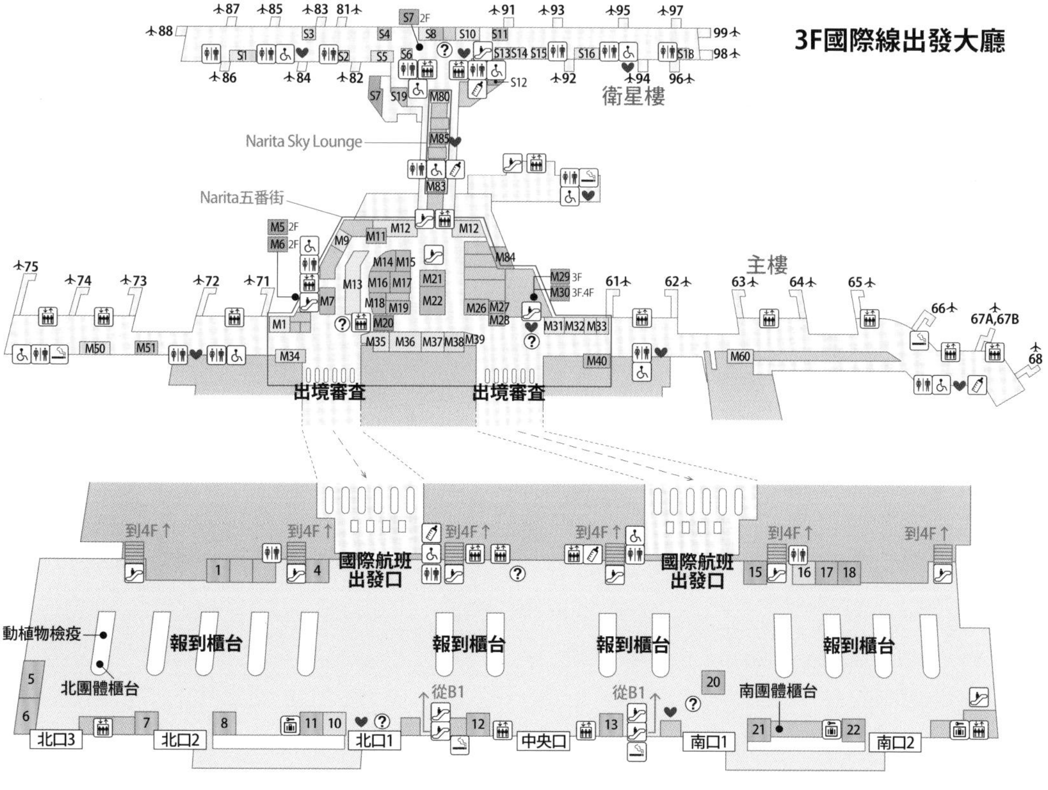

衛星樓
Narita Sky Lounge
Narita五番街
主樓
出境審查
到4F ↑
國際航班出發口
動植物檢疫
北團體櫃台
報到櫃台
從B1
南團體櫃台
北口3
北口2
北口1
中央口
南口1
南口2

服務　餐廳/咖啡廳　精品　免稅店　商店

成田國際機場 第三航廈

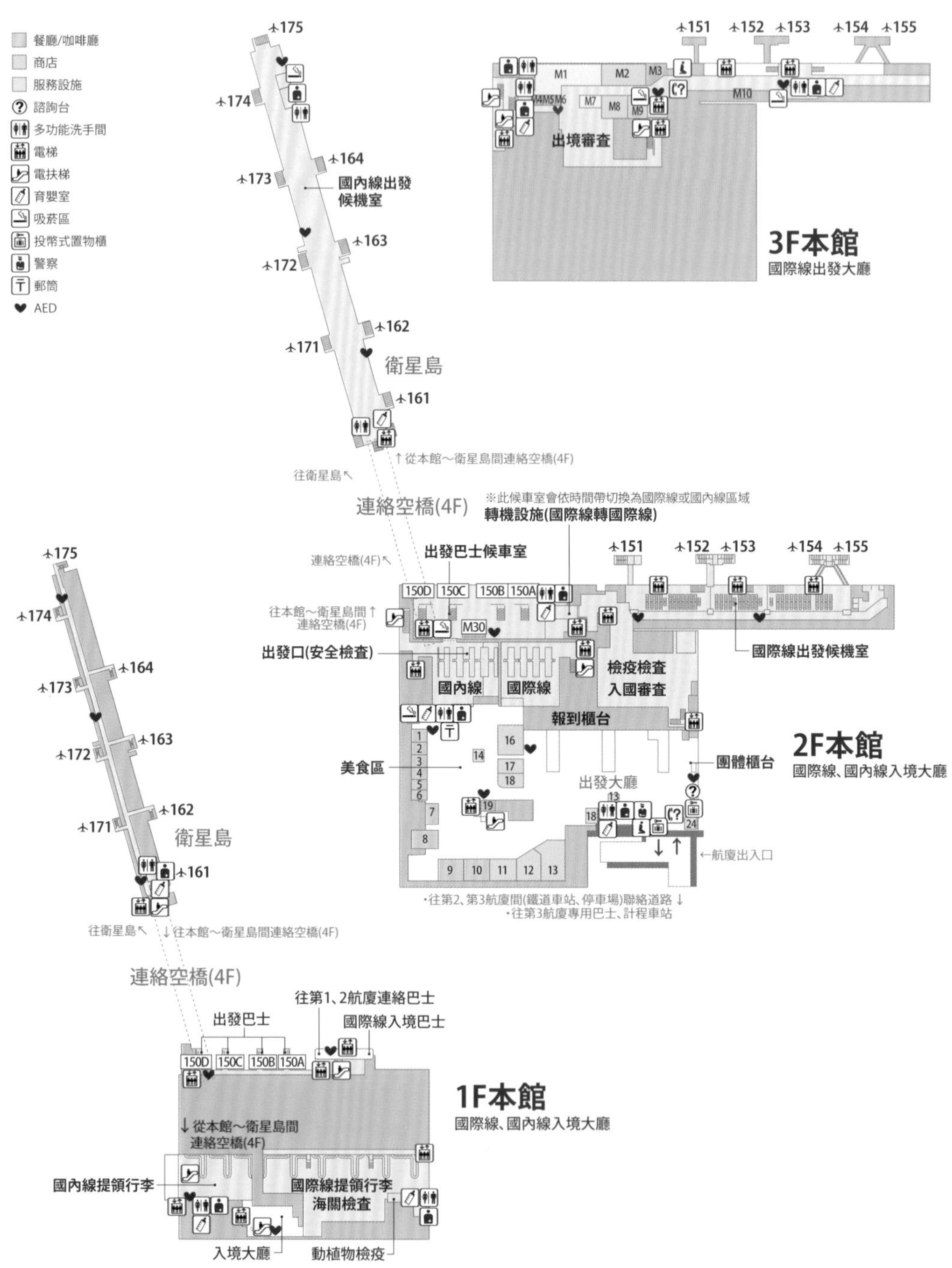

餐廳/咖啡廳
商店
服務設施
諮詢台
多功能洗手間
電梯
電扶梯
育嬰室
吸菸區
投幣式置物櫃
警察
郵筒
AED
175
174
164
173
國內線出發候機室
163
172
162
171
衛星島
161
從本館～衛星島間連絡空橋(4F)
往衛星島
連絡空橋(4F)
151
152
153
154
155
M1
M2
M3
M4
M5
M6
M7
M8
M9
M10
出境審查
3F本館
國際線出發大廳
※此候車室會依時間帶切換為國際線或國內線區域
轉機設施(國際線轉國際線)
出發巴士候車室
150D
150C
150B
150A
M30
往本館～衛星島間連絡空橋(4F)
出發口(安全檢查)
國內線
國際線
檢疫檢查
入國審查
國際線出發候機室
報到櫃台
美食區
團體櫃台
2F本館
國際線、國內線入境大廳
出發大廳
←航廈出入口
・往第2、第3航廈間(鐵道車站、停車場)聯絡道路↓
・往第3航廈專用巴士、計程車站
往本館～衛星島間連絡空橋(4F)
出發巴士
往第1、2航廈連絡巴士
國際線入境巴士
1F本館
國際線、國內線入境大廳
從本館～衛星島間連絡空橋(4F)
國內線提領行李
國際線提領行李
海關檢查
入境大廳
動植物檢疫

第一航廈

航空公司：

全日空航空、長榮航空、聯合航空、酷航等

機場服務

名稱	服務	位置	時間
		遊客中心	
觀光諮詢處	觀光資訊與諮詢	中央1F	8:00~20:00
綜合詢問處	疑難解答，嬰兒車及輪椅租借。	B1F、1F、4F	
		行李存放	
投幣式寄物櫃	¥400~600/日，最長可連續放8天	B1F中央、1F中央、4F南・北側・中央	
JALエービーシー (JAL ABC)	依行李大小¥400起/日	1F南・北側、4F南側	1F入境：7:00~最後航班 4F出境：7:00~20:00
		行李寄送	
GPA成田空港宅急便	依行李大小(長+寬+高≦60cm/2kg~200cm/30kg)寄送約¥1,590~3,500	1F南・北側、4F南・北側	1F入境：6:30~最後航班 4F出境：7:00~最後航班
ABC空港宅配 JAL空港宅配	依行李大小(長+寬+高≦140cm/25kg~160cm/30kg) 寄送關東地區¥2,190~2,410	1F南・北側、4F南・北側	1F入境：6:00~最後航班 4F出境：7:00~最後航班
		外幣兌換	
銀行	外幣兌換、匯款、存款等各種銀行業務	非管制區：1F南側・中央、4F南・北側；管制區：3F南・北側	非管制區：1F 6:30~23:00、4F 約7:00~20:00；管制區：約8:00~19:00(依公司而異)
郵局	郵務、儲匯	4F	8:30~20:00
ATM	提領現金	非管制區：1F中央・南側、4F南・北側；管制區：3F南・北側	非管制區：約7:00~21:00(依公司而異)；管制區：6:00~23:00
		信用卡貴賓室	
JCB、美國運通卡(僅限日本國內發行)、樂天卡	IASS Executive Lounge 1	5F中央	7:00~21:00
		其他服務	
吸菸室		1~5F	24小時
機場巴士	前往各地的巴士乘車處	1F出口外	
機場巡迴巴士	航廈間免費聯絡交通	1F中央口，6號站牌	往返第一、二、三航廈間(經三航廈至二航廈)：5:10~22:53，每5~6分一班

第二航廈

航空公司：

國泰航空、中華航空、日本航空、台灣虎航、星宇航空等

機場服務

名稱	服務	位置	時間
遊客中心			
觀光諮詢處	觀光資訊與諮詢	本館1F	8:00~20:00
綜合詢問處	疑難解答，嬰兒車及輪椅租借。	本館B1F、1F、3F	
行李存放			
投幣式寄物櫃	￥400~600/日，最長可連續放8天	本館B1、3F	
JALエービーシー (JAL ABC)	依行李大小￥400起/日	本館1F、3F	1F入境：6:00~最後航班 3F出境：7:00~最後航班
行李寄送			
GPA成田空港宅急便	依行李大小(長+寬+高≦60cm/2kg~200cm/30kg)寄送約￥1,590~3,500	本館1F、3F	1F入境：6:30~最後航班 3F出境：7:00~最後航班
ABC空港宅配 JAL空港宅配	依行李大小(長+寬+高≦140cm/25kg~160cm/30kg)寄送關東地區￥2,190~2,410	本館1F、3F	1F入境：6:00~最後航班 4F出境：7:00~最後航班
外幣兌換			
銀行	外幣兌換、匯款、存款等各種銀行業務	非管制區：本館B1~3F；管制區：本館3F	非管制區：本館B1F 7:20~20:30、1F 6:30~23:00、3F 7:00~22:00；管制區：約8:30~21:00(依公司而異)
郵局	郵務、儲匯	本館3F	8:30~20:00
ATM	提領現金	非管制區：本館B1~3F；管制區：本館3F	非管制區：B1F 24小時、1~3F約7:00~21:00(依公司而異)；管制區：6:00~23:00
信用卡貴賓室			
JCB、美國運通卡(僅限日本國內發行)、樂天卡	IASS Executive Lounge 2	本館4F	7:00~21:00
其他服務			
吸菸室		本館1~4F	24小時
機場巴士	前往各地的巴士乘車處	1F中央	
機場巡迴巴士	航廈間免費聯絡交通	往返第二、三航廈間：1F北口3，1號站牌；往返第一、二、三航廈間：1F北口1，8號站牌、南口3，18號站牌	往返第二、三航廈間：5:30~23:06，每5分一班；往返第一、二、三航廈間(經一航廈至三航廈)：5:00~22:45，每5~6分一班

第三航廈

航空公司：

捷星

機場服務

名稱	服務	位置	時間
		遊客中心	
綜合詢問處	疑難解答，嬰兒車及輪椅租借。	本館1F、2F	
		行李存放	
投幣置物櫃	￥400~600/日，最長可連續放8天；特大置物櫃￥1000/每12小時(通道旁)	本館2F	
GPA	依行李大小￥400起/日	本館1F	6:30~22:00
		行李寄送	
GPA成田空港宅急便	依行李大小(長+寬+高≦60cm/2kg~200cm/30kg)寄送約￥1,590~3,500	本館1F	1F入境：6:30~最後航班
		外幣兌換	
銀行	外幣兌換	非管制區：本館1F、2F；管制區：本館3F	非管制區：1F 0:00~24:00、2F 6:00~22:00；管制區6:00~21:00
ATM	提領現金	非管制區：1、2F；管制區：3F	非管制區：24小時(依公司及使用的卡片而異)，星期日0:00~21:00，星期一8:00~24:00 管制區：依使用的卡片而異
		其他服務	
機場巡迴巴士	航廈間免費聯絡交通	1F北口1，2、3號站牌	往返第二、三航廈間：5:08~23:14，每5分一班；往返第一、二、三航廈間(經二航廈至一航廈)：5:24~22:40，每5~6一班

航廈內的貼心服務

除了上面各項服務，成田機場內也有其他貼心設施。

淋浴間及小睡室：為了轉機或候機的旅客，機場內設有淋浴間與小睡室，可以讓旅客洗去疲勞，或是躺下好好休息一下。

$ 淋浴室30分鐘內￥1,050，之後每15分加收￥530。單人小睡室1小時￥1,560，之後每小時加收￥780

一航中央大樓2F(出境前)、中央3F(出境後)，二航衛星島3F(出境後)

8:00~18:00，時間依地點而異

巴士車票販售處：抵達成田機場後最重要的就是前往市區開啟旅程，如果沒有事先買票，也可以在各大巴士的售票櫃台購買前往東京各地的車票，如最常被使用的利木津巴士與京成巴士等。

一航、二航、三航1F

寄行李到東京市區

日本近年大力推動觀光，當然也出現許多相應的服務。不論成田機場或羽田機場，都可以找到寄送行李的宅急便櫃台，如果想輕鬆啟程，可以考慮直接請宅急便送行李到下榻飯店，反之，要是買了太多東西，也可以到飯店櫃台詢問，通常都會有合作的物流公司，提前2~3天寄到機場，到機場後再取貨就可以了。

! 機場寄行李到東京都內，通常只要於上午11:00前寄送都可在當日內送達，若是要寄往近郊、本州其他地方，最晚隔天就可寄達，費用因距離而異。

www.global-yamato.com/scn/hands-free-travel/

羽田國際機場

羽田國際機場由國內線（第一航廈、第二航廈）和國際線(第三航廈)組成，台北松山機場與羽田國際機場於2010年10月正式直飛。羽田機場與東京的距離較成田機場來的近，只需不到1小時就能到達東京市區。以下將先就羽田機場本身進行說明，關於機場通往東京市區的交通，請參考P.82。

國際線航廈

航空公司：

中華航空、全日空航空、長榮航空、聯合航空

機場服務

名稱	服務	位置	時間
遊客中心			
觀光諮詢處	觀光資訊與諮詢	2F	5:30~25:00
綜合詢問處	疑難解答，嬰兒車及輪椅租借。	1~3F	
行李存放			
投幣式置物櫃	寄物，￥400~600/日	2F、3F	
JALエービーシー (JAL ABC)	依行李大小￥400起/日	2F、3F	24小時(現臨時休業中)
行李寄送			
ABC空港宅配 JAL空港宅配	依行李大小(長+寬+高≦140cm/25kg~160cm/30kg)寄送關東地區￥2,190~2,410	2F、3F	24小時
外幣兌換			
銀行	外幣兌換、匯款、存款等各種銀行業務	1~3F	みずほ銀行(瑞穗銀行)：1F(現臨時休業中)9:00~15:00(週末例假日休息)、2F、3F 24小時(2F、3F、管制區)
ATM	提領現金	1~3F	約7:00~21:00，也有24小時服務的ATM
其他服務			
診所	緊急醫療、健康檢查、航空旅遊醫學諮詢、藥品諮詢	1F	9:00~12:00、13:00~23:00
藥店		3F、出境管制區3F	
吸菸室		1~5F	24小時
機場巴士	前往各地的巴士乘車處	1F	
機場巡迴巴士	國際線與國內線航廈間免費聯絡交通	1F 0號站牌	4:55~24:37(第三航廈發車末班車24:15)，每4分鐘一班車

羽田國際機場

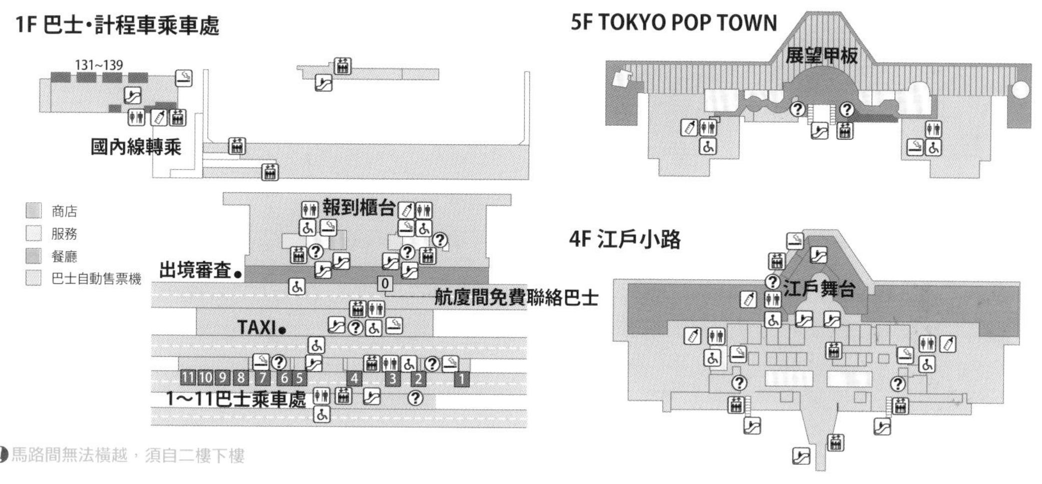
1F 巴士•計程車乘車處
131~139
國內線轉乘
報到櫃台
出境審查
航廈間免費聯絡巴士
TAXI
1~11巴士乘車處
商店
服務
餐廳
巴士自動售票機
5F TOKYO POP TOWN
展望甲板
4F 江戶小路
江戶舞台

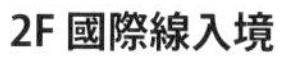
馬路間無法橫越，須自二樓下樓

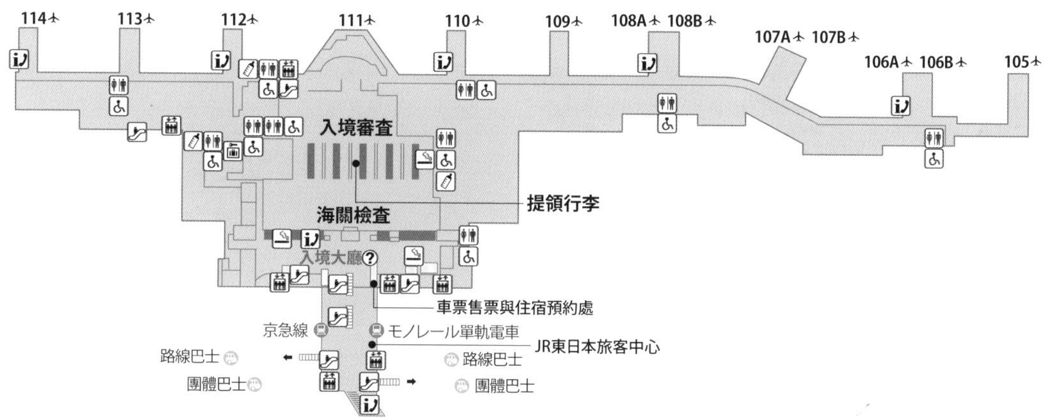
2F 國際線入境
114 113 112 111 110 109 108A 108B 107A 107B 106A 106B 105
入境審查
提領行李
海關檢查
入境大廳
車票售票與住宿預約處
京急線
モノレール單軌電車
JR東日本旅客中心
路線巴士
團體巴士

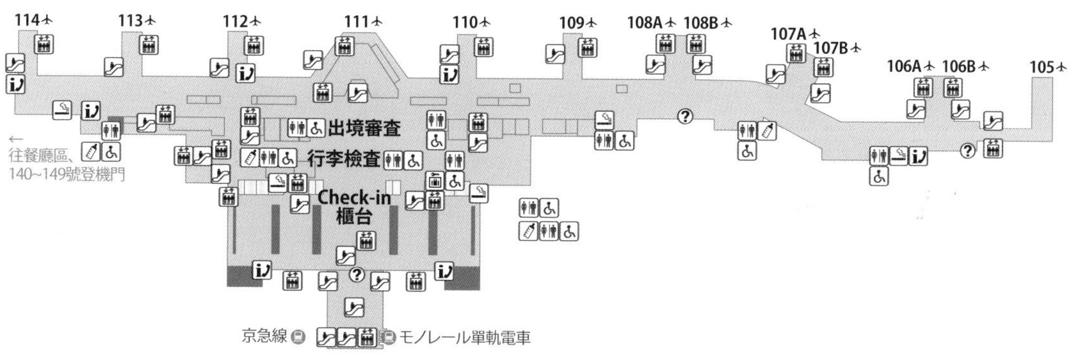
3F 國際線出境
114 113 112 111 110 109 108A 108B 107A 107B 106A 106B 105
往餐廳區、140~149號登機門
出境審查
行李檢查
Check-in櫃台
京急線
モノレール單軌電車

出口
2
新宿·千代田線 方面
for Shinjuku Chiyoda-Line
行 先
Destination
発車時刻
Dep.Time
両数
Cars
新 宿 12:55 8両
新 宿 12:57 8両
我孫子 13:00 10両

交通篇

在東京自助，當然是大眾交通工具最方便。包括JR、東京Metro、都營地下鐵、東武西武等私鐵和公車，都是方便且可能的交通選項。以下不僅介紹東京的鐵道、公車，還有實用的交通票券，以及山手線上的六大轉運站資訊，帶你掌握東京交通全面資訊。

文／墨刻編輯部
攝影／墨刻攝影組

機場前往東京市區

從成田、羽田機場，都有不同的交通方式可以進入東京市區，先看看下圖，尋找最方便的交通方式吧。

順利出關（請參考P.58）後，真正緊張的時刻終於到來。從機場怎麼到飯店？應該買什麼票會比較划算？在陌生的地方該怎麼找路？以下是由成田機場或羽田機場出發的交通工具全剖析。

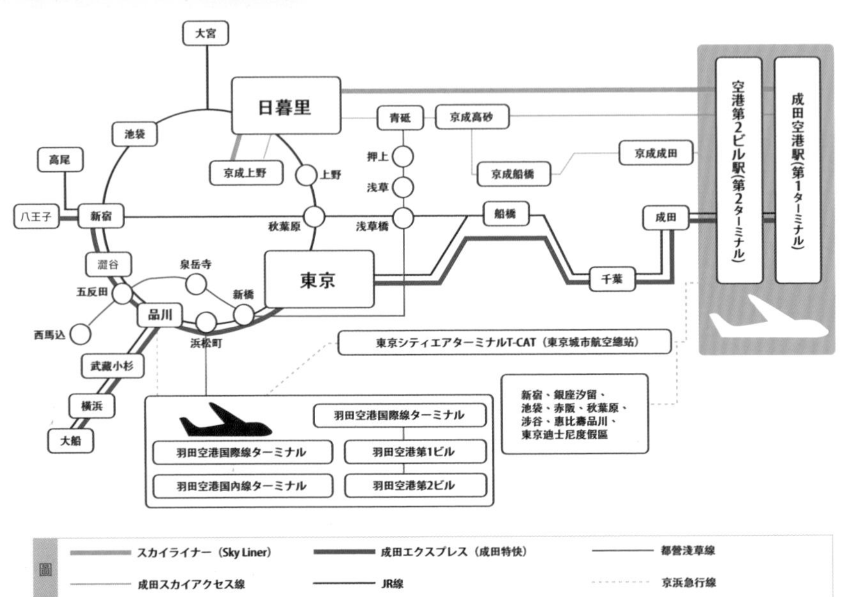

機場進市區 Step by Step

Step 1

找到購票櫃台

不論巴士或電車，現場購票的話當然要先找到售票櫃台，如果已事先訂票，記得把兌換券印出來、確認兌換櫃台，才能順利換取車票。

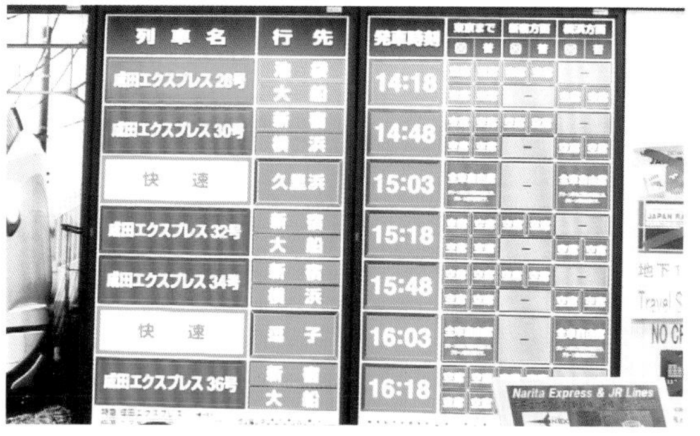

Step 2

確認班次購票

在各購票口的隔壁，及大廳內的大型看板，都能看見即將出發的路線班次指示。確認班次後，向櫃台直接購票，只要出示護照，並告知時間和前往車站即可。

Step 3

依循指標搭車

看好自己要搭的交通工具後，依照機場內的指示可以找到正確的乘車入口，在月台上也會有各車廂的位置標示，抵達車廂號碼旁就可以安心候車囉！

交通選擇指標

	利木津巴士	AIRPORT BUS TYO-NRT	地鐵普通車	直達列車	計程車
行李又多又重	○	△	△	△	○
只要便宜就好	△	○	○	△	╳
只要輕鬆就好	△	△	╳	△	○
沒時間，要快點	△	△	╳	○	△

○=適合 △=還可以 ╳=不適合

成田機場⟷東京市區

成田機場位於千葉縣，距離東京市區有一定距離。但幸好，各種交通設施十分完備，路線也標示得很清楚，可分為鐵道（JR及京成電鐵）及巴士（利木津巴士、AIRPORT BUS TYO-NRT）兩大類，不論哪一航廈，入境後就能清楚看到分別的購票窗口。

成田機場的各項交通資訊

JR

JR東日本提供兩條路線往返機場與市區，一條是成田特快列車N'EX，以下將詳細介紹；另一條是成田線・總武本線的快速列車，約1小時1班，到東京車程約90分鐘，全車自由席，時間較長、票價相對便宜，到東京￥1,340、到横濱￥1,980、到鎌倉￥2,310。欲往品川、横濱、鎌倉方向可搭乘這列車。時刻表上標明「快（快速）」的列車即是。

Q 我看了網站上的時刻表，可是爲什麼同一班車會有兩個路線？這樣我會不會搭錯車？

A **從機場出發的成田特快，在某個車站會分為兩截、開往不同地點，因此會看到兩個不同的路線。幸好成田特快全車均為指定席，只要告知購票人員你要去的車站，位子就會被劃進對的車廂裡，不需特別擔心。假如你因為特殊狀況必須使用站票（通常是你錯過自己原本的班車時），要記得特別詢問購票人員。**

成田特快列車N'EX

成田エクスプレスN'EX

運行時間：由成田空港駅發車的首班和末班車分別為7:37和21:44，約每30分一班車，19:48後約1小時一班車。

運行區間：連接成田空港駅（第一航廈）、成田空港第2ビル駅（第二航廈）與都心的東京、品川、澀谷、新宿，更遠可抵達橫濱和八王子。

乘車時間：由成田空港第一航廈到東京駅最短時間約為53分。

車票：全車均為指定席，換言之票價＝車票＋指定席特急券（票價計算方式介紹，詳見P.93）。6號車與12號車為綠色車廂。

如何買票：抵達機場後，在出境大廳的JR窗口購票即可。如果擔心回程沒有車票，也可於JR售票處「綠色窗口」（みどりの窓口）或是JR的自動售票機預先購買。

快速路線與價格指南：以下為機場前往各主要車站的時間和票價（車票＋普通指定席特急券）。

路線名	目的地	時間	價格
成田特快列車N'EX	東京	約56分	￥3,070
	品川	約64分	￥3,250
	澀谷	約75分	￥3,250
	新宿	約81分	￥3,250
	橫濱	約110分	￥4,370

優惠套票：N'EX東京去回車票

成田特快列車N'EX推出針對外國觀光客的特別組合套票，內容為N'EX來回票。一般來回票需￥6,140，但N'EX東京去回車票只要￥4,070，可在14天內搭乘去程與回程各一趟。

N'EX東京去回車票￥4,070；6~11歲￥2,030。

可於成田機場各航廈的JR東日本旅遊服務中心（JR EAST Travel Information Center）、JR售票處「綠色窗口」（みどりの窓口）出示護照購買。

使用期限：購票時指定一個月內的開始使用日，回程票期限為開始使用後的兩個星期內。

不能中途出站：使用N'EX票時不能中途出站。

乘坐範圍：基本上N'EX可達區間內皆可乘坐，也可自由轉搭範圍內的JR路線。不可搭乘特快列車。

成田特快列車 N'EX

成田機場 發車時刻表

京成電鐵

京成電鉄 けいせいでんてつ

京成電鐵分為成田SKY ACCESS線（成田スカイアクセス線）和京成本線兩條路線，成田SKY ACCESS線又有Sky liner和ACCESS特急（アクセス特急）2種車，距離較近，速度也快。京成本線則有Morning Liner、Evening Liner和快速特急3種車。

運行時間：SKY ACCESS線由成田空港駅發車的首班和末班車分別為5:41和23:00，京成本線的首班和末班車分別為5:17和22:54，班次間隔均約20~30分。

運行區間：成田SKY ACCESS線和京成本線均連接成田空港駅（第一航廈）、空港第2ビル駅（第二航廈）與青砥、日暮里和上野站，只是途經車站不同。

乘車時間：成田SKY ACCESS線的Skyliner最快，由成田空港駅(第一航廈)到日暮里駅最短時間為40分，ACCESS特急最快為53分。京成本線的特急在同樣區間，最短時間約68分。

車票：車票計算依照車種區分，分兩種：如果是sky liner等liner各線，票價為車票＋liner費用，全車為指定席。一般電車包括ACCESS特急（アクセス特急）、快速特急等線，票價等同於車票費用，相對而言，全車均為自由席，不能劃位。

如何買票：可在入境大廳的京成電鐵窗口購買任一種車票，或者在乘車月台的入口前，也有窗口或自動售票機可以購買。

快速路線與價格指南：以下為不同路線由機場前往各主要車站的時間和票價比較。

往	由機場					
	成田SKY ACCESS線		京成本線			
	sky liner	ACCESS特急	特急	快速特急	快速	Morning/ Evening Liner
日暮里	約40分￥2,520	約53分￥1,270	約68分￥1,050	約80分￥1,030	約90分￥1,030	約70分￥1,720
上野	約46分￥2,520	約60分￥1,270	約80分￥1,050	約85分￥1,030	約95分￥1,030	約75分￥1,720
品川		約78分￥1,550 (京急線利用)				

轉乘資訊：搭乘京成電鐵進入東京市區之後，可依目的地轉車前往。

・轉乘快速指南

目的地	轉乘站	轉乘路線	注意
淺草	青砥	京成押上線（與都營淺草線直通運轉）	在同月台轉車。如果直接搭乘標示「羽田空港行」的車則不用轉車，可直達
東京 品川	日暮里	JR山手線	站內轉車，請找JR轉乘口
新宿 池袋	日暮里	JR山手線	站內轉車，請找JR轉乘口

・如何購買轉乘票

可以直接在購票時就購買足額車票。轉搭JR時，在站內轉車的改札口旁就能購買。轉搭都營淺草線時如果一開始票沒有買足，出站前用精算機或向窗口人員補票皆可。

優惠套票：Keisei Skyliner & Tokyo Subway Ticket

此套票依單程或來回Skyliner搭配Tokyo Subway Ticket（東京地鐵通票）24／48／72小時組合而成，可依行程搭配使用。

Tokyo Subway Ticket 24／48／72小時+Skyliner票

大人單程￥2,840／3,240／3,540、來回￥4,780／5,180／5,480，小孩半價。

成田機場的 Skyliner 售票口 Skyliner & Keisei Information Center

京成電鐵車票售票處（成田機場第一、二航廈1F）

也可事先在網站、台灣代理旅社訂票，再到上述地點兌換。

Skyliner單程票價為￥2,570，Tokyo Subway Ticket則為￥800~1,500，組合套票中Skyliner等於只要￥2,040，若是來回則只需要￥3,980，非常划算。

車站指南

利木津巴士

リムジンバス

運行時間：依前往地點不同，由成田空港發車的首班和末班車分別為7:05和22:55，發車間隔由10分至2小時不等。

運行區間：利木津巴士連接成田機場第一航廈、第二航廈、第三航廈與新宿車站、東京站、東京城市航空總站和橫濱巴士航空總站，並直達新宿、東京、銀座、橫濱、澀谷、赤坂等各地的特約飯店。

乘車時間：依照前往地點和交通狀況，時間由70分~120分不等。尖峰時段可能塞車，必須保留更充裕的時間。

車票：分為單程票和來回票兩種，全車均為指定席。

如何買票：在機場的利木津窗口或自動售票機購票。視不同路線可事先透過網站預約(須先以信用卡等方式付費)、透過電話03-3665-7220在1日以前預約，或當天直接在乘車的飯店或車站購票。

快速路線與價格指南

一航站牌	二航站牌	三航站牌	往	由機場
10、11	16、17	8、9	新宿地區	約85~130分，¥3,200
10	17	9	T-CAT(東京城市航空總站)	約60分，¥2800
12	15	7	羽田機場	約65~80分，¥3,200
10	17	9	日比谷地區飯店	約80~130分，¥3,200
10	17	9	銀座地區飯店	約80~130分，¥3,200
10	17	9	汐留・台場地區飯店	約65~155分，¥2,900~3,200
10、11	16、17	9	赤坂・六本木地區飯店	約85~175分，¥3,200
10	17	9	澀谷地區飯店	約75~115分，¥3,200
12	15	7	YCAT(橫濱城市航空總站)	約85~120分，¥3,700

*以上表格參考網站：www.limousinebus.co.jp/ch2

各路線停靠站指南

新宿地區	新宿站西口、新宿高速巴士總站、京王廣場大飯店、東京凱悅酒店、東京柏悅酒店、新宿華盛頓酒店、東京希爾頓酒店、小田急世紀南悅酒店、新宿燦路都廣場大飯店
T-CAT(東京城市航空總站)	
羽田機場	羽田機場第一、二、三航廈
日比谷・銀座地區	銀座站(有樂町)、東京半島酒店、帝國飯店、東京第一酒店、東京皇宮酒店、三井花園飯店銀座普米爾、東京銀座萬怡酒店
六本木・赤坂地區	東京麗思卡爾頓飯店、東京君悅酒店、東京大倉酒店、東京全日空洲際酒店、東京新大谷飯店、東急赤坂卓越大飯店、東急凱彼得大飯店、東京花園中庭紀尾井町、東京紀尾井町王子畫廊
澀谷・二王玉子川地區	二子玉川RISE・樂天Crimson House、東急澀谷藍塔大酒店、東急澀谷卓越大酒店、二子玉川站
YCAT(橫濱城市航空總站)	YCAT、橫濱皇家花園酒店、橫濱灣東急大酒店、橫濱洲際酒店

我沒有住在任何一間列表的飯店，還是可以搭乘利木津巴士嗎？？

可以。只要前往有停靠的飯店或車站一樣可以搭乘。

優惠套票：Limousine & Subway Pass

利木津巴士與Tokyo Subway Ticket的組合套票。

單程1張+Tokyo Subway Ticket 24小時券￥3,400

來回（單程2張）+Tokyo Subway Ticket 48小時券￥5,700

來回（單程2張）+Tokyo Subway Ticket 72小時券￥6,000

以上為各組合票價，6~12歲半價。

到成田機場入境大廳、新宿車站西口以及T-CAT 3樓的利木津巴士櫃台購買。

也可於東京Metro定期券的售票處（中野站、西船橋站、副都心線的澀谷站除外）購買。

台灣也有代售旅行社可事先購買，抵達日本後持票券至售票處劃位即可。

要注意

來回套票只在成田機場販售：Tokyo Subway Ticket和利木津巴士票券可在不同天使用。

Note：Tokyo Subway Ticket 24／48／72小時券大人售價分別為￥800／1,200／1,500，巴士車資以最普遍的￥3,200計算的話，單程套票可省￥600。來回巴士車資￥6,400，與48小時券及72小時券搭配可省下￥1,900，等於單趟巴士只需￥2,250，十分優惠。

利木津巴士

AIRPORT BUS TYO-NRT

エアポートバス東京・成田

運行時間：AIRPORT BUS TYO-NRT是在2020年由Tokyo Shuttle與The Access成田兩條路線統合而成的巴士路線，連接成田機場到東京市區，提供旅客舒適便利的新選擇。從成田機場出發的首末班車分別為7:30、23:20，從東京出發的首末班時間分別為5:00、19:30。

運行區間：巴士來往於成田機場至東京駅日本橋口，有些班次會行駛至銀座駅與東雲AEON，可事先確認時刻表。

乘車處：成田機場第一航廈7號站牌，第二航廈6號站牌，第三航廈5號站牌，東京駅八重洲南口7、8號站牌。

乘車時間：從成田機場第一航廈上車，到東京駅日本橋約65分鐘。

車票：現場購票大人￥1,300，小孩￥650；深夜／凌晨時段大人￥2,600，小孩￥1,300。

如何買票

・現場購票：

1.從成田機場出發的話，7:00~22:00間的班次需至京成巴士的售票櫃台購買，若超過此時段、櫃台休息的話，只需上車後付車資即可。

2.從東京市內出發的話，上車後再付車資就可以了。若是從東京站使用現金搭車的旅客，在JR高速巴士售票處的營業時間內乘車，需先在窗口購票。

・事先預約：

現因受到疫情影響，不提供乘客事先預約，從東京市區往成田機場的乘客直接從公車站上車，從成田機場上車的旅客則需至售票機買票。

AIRPORT BUS TYO-NRT

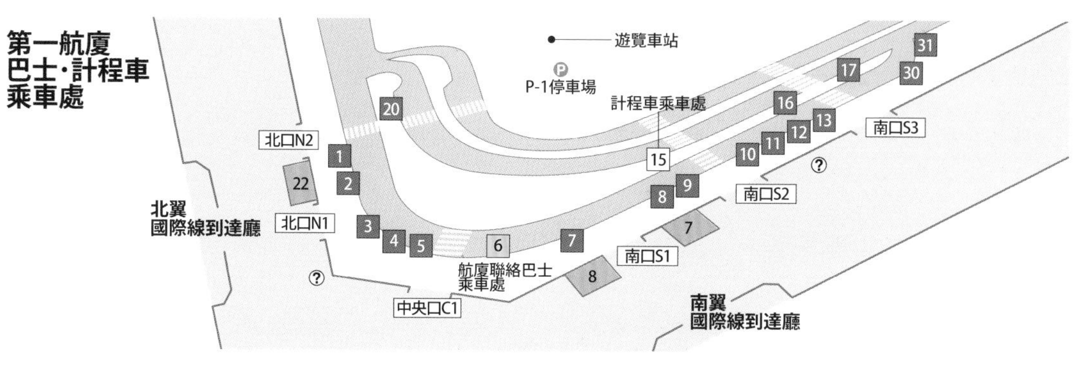

第二航廈 巴士·計程車乘車處

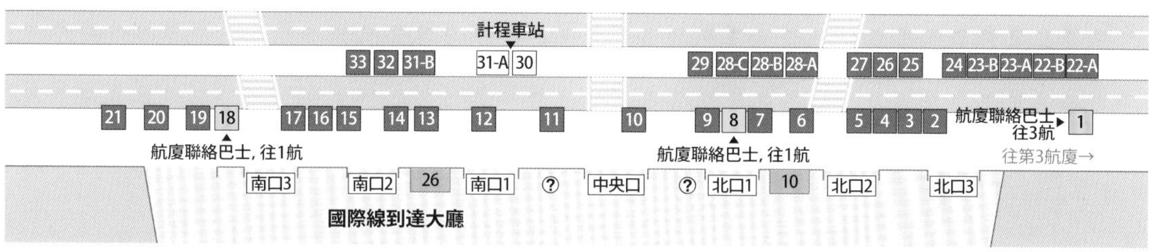

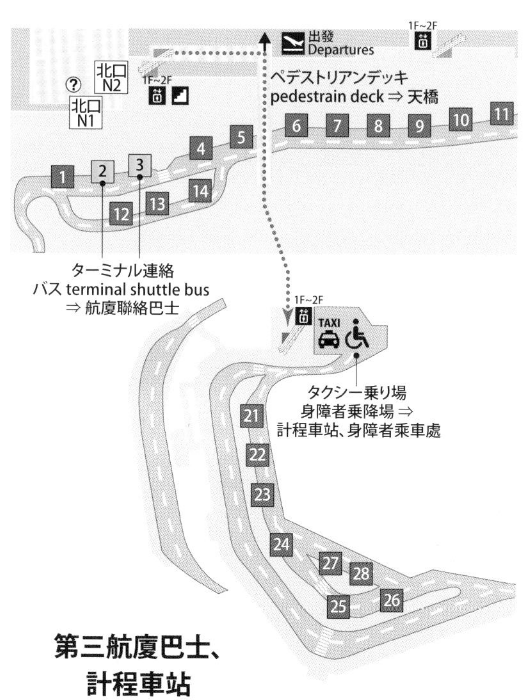

第三航廈巴士、
計程車站

LCB(Low Cost Bus) Network

低価格高速バス ネットワーク

運行時間：除了連接成田機場到東京駅的AIRPORT BUS TYO-NRT外，還有其他運行於成田機場和東京都心的LCB(低價格高速巴士)，分別由不同巴士公司營運，須注意有些路線班次較少，且無法事前預約，要在乘車當日在成田機場的櫃台購票。

運行區間：巴士來往於成田機場與川口・赤羽、豐洲市場、池袋、澀谷之間。

乘車處：成田機場第一航廈3號站牌，第二航廈7號站牌，第三航廈6號站牌，川口駅東口6號站牌，赤羽駅東口9號站牌，ミチノテラス豊洲(豐洲市場前)1號站牌，池袋駅西口7號站牌，澀谷駅9號站牌。

乘車時間：從成田機場到東京都心，視路線不同車程約70~125分鐘。

車票：成田機場至川口・赤羽、豐洲市場大人¥1,800，至池袋、澀谷大人¥1,900，小孩皆為半價。

如何買票：乘車當日至成田機場的售票櫃台購買，往池袋駅的巴士可事先預約。

若是怕搭不上車，可於網站上預約，預約期間為1個月前至發車前1小時，若取消預約可能須支付額外費用。

LCB

羽田機場←→東京市區

與台北松山對飛的羽田機場位於東京市內，距離JR山手線上的浜松町駅僅20分。羽田國際線航廈不但相當好逛，交通動線也很單純，從國際線入境後，循指標在10分以內就能抵達乘車和購票處，而由羽田進市區有①東京單軌電車、②京急電鐵、③利木津巴士可供選擇。

東京單軌電車

東京モノレール

運行時間：由羽田空港第2ターミナル駅（羽田機場第二航廈站）發車的首班和末班車分別為5:11和23:42，約每4~15分一班車。

運行區間：連接羽田空港第2ターミナル駅（第二航廈站）、空港第1ターミナル駅（第一航廈站）、羽田空港第3ターミナル駅（第三航廈站）以及JR山手線上的浜松町駅。

乘車時間：由羽田空港第3ターミナル駅（第三航廈站）到浜松町駅最短時間為13分。

車種與車票：依照停靠站多寡分為空港快速、區間快速和普通車，全車均為自由席。

新手看這裡

買票很簡單

東京單軌電車和京急電鐵的售票處分佔左右兩側，先看好上方看板的前往地點和票價後，以自動售票機直接購票就可。剪票口也分別在各自購票處旁，買好票就可以進入月台等車囉！

如何買票：抵達機場後，在改札口旁的自動售票機購票即可，不需事先購票。

價格：到浜松町駅不論車種，票價均一，單程票大人￥500，6歲~未滿12歲￥250。

轉乘資訊：搭乘東京單軌電車抵達浜松町駅之後，可依目的地步行轉搭JR山手線（浜松町駅，站內轉乘）、都營大江戶線、都營淺草線（大門站，站外轉乘）。

・如何購買轉乘票

可以直接在購票時就購買足額車票。如果一開始票沒有買足額，出站前也可以用精算機或向窗口人員補票。

優惠套票：東京單軌電車羽田往復券

モノレール羽割往復きっぷ

羽田機場往返浜松町駅的優惠票券，包含去程、回程兩張單程票，大人￥800、6歲~未滿12歲￥400，售票10日內有效，不可中途下車。利用機場內的自動售票機即可購買。

東京モノレール

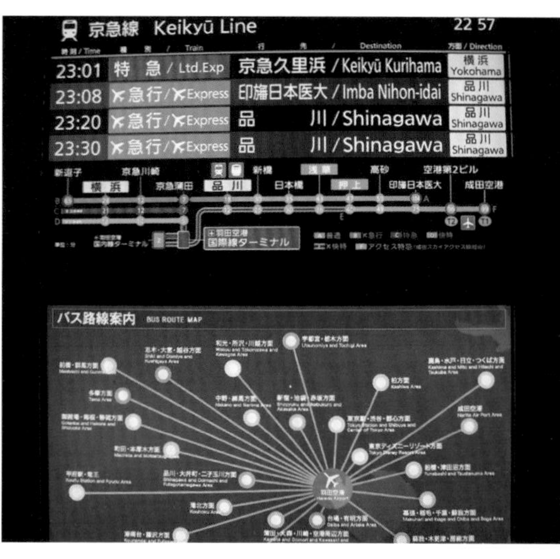

京急電鐵

京急電鉄 けいきゅうでんてつ

運行時間：由羽田空港第1・第2ターミナル駅（第一、第二航廈）發車的首班和末班車分別為5:23和00:10，約每3~10分一班車。

運行區間：連接羽田機場國內線航廈、羽田機場國際線航廈以及JR山手線上的品川駅，也可以不換車一路前往新橋、日本橋、淺草。

乘車時間：由羽田機場國際線航廈到品川駅最短時間為14分。

車種與車票：全車自由席

如何買票：抵達機場後，在改札口旁的自動售票機購票即可，不需事先購票。

價格：京急電鐵不論車種，票價均一。到品川約15分，￥300。

轉乘資訊：搭乘京急電鐵抵達品川駅之後，可轉搭JR山手線（品川駅，站內轉乘）前往澀谷、池袋等大站。另外，因為都營淺草線與京急空港線直通運轉，前往新橋、東銀座、淺草等站可不用換車。

・如何購買轉乘票

購票時可直接購買足額車票。如果票價不足，出站前用精算機或向站務人員補票即可。於JR品川駅轉乘時，改札口旁也有售票處可補票。

優惠套票

01京急・羽田地鐵共通乘車票

京急羽田・ちか鉄共通パス

京急單程票（羽田機場至泉岳寺）加上都營地下鐵・東京Metro無限次搭乘的一日券，大人￥1,200 小孩￥600。

可在羽田機場的自動售票機購買。

02羽田機場往復券

羽田空港往復きっぷ

京急電鐵（羽田機場第一・第二航廈站）與都營地下鐵各站間來回票，大人￥900，小孩￥450。

都營地下鐵各站（押上、目黑、白金台、白金高輪、新宿線新宿除外）、羽田機場國內線航廈。

Note：①來回票9天內有效②販售時間：黃金週4/26~5/5、夏季8/1~8/15、年末年始12/23~1/6。

03京急羽得票券&Tokyo Subway Ticket

京急羽得きっぷとTokyo Subway

Tokyo Subway Ticket與「羽田機場第一・第二航廈站～泉岳寺站」的京急線來回乘車券組合而成。

Tokyo Subway Ticket 24/48/72小時券+京急線乘車券

大人1,300/1,700/2,000，兒童半價。來回票9天內有效

網路限定，在ANA「空港アクセスナビ」、JAL MaaS、東京晴空塔Skytree Enjoy Pack等網站購買

Note：去程可在羽田機場第三航廈兌換票券，回程則只能在羽田機場第一・第二航廈站下車，不能中途下車

京急－羽田交通指南

利木津巴士
リムジンバス

運行時間：由羽田空港第三ターミナル（第三航廈）發車的首班和末班車分別為5:45和23:20。各航廈的首末班車略有差異，建議至官網確認。

運行區間：利木津巴士連接羽田第三航廈、第一航廈、第二航廈與新宿車站、東京城市航空總站，並直達新宿、池袋、澀谷、淺草等區域。

乘車時間：依照前往地點和交通狀況，時間由25分~80分不等。在尖峰時段可能塞車，必須保留更充裕的時間。

車票：分為單程票和來回票兩種，全車均為指定席。

如何買票：在機場的利木津窗口或自動售票機，可以現場購買想要搭乘的利木津車票，視不同路線可事先透過網站預約(須先以信用卡等方式付費)、透過電話03-3665-7220在1日以前預約，或當天直接在乘車的飯店或車站購票。

快速路線與價格指南

路線名	往	時間	價格
利木津巴士	T-CAT(東京城市航空總站)	約45~60分	¥900
	澀谷地區	約35~65分	¥1,100
	新宿地區	約35~80分	¥1,300
	池袋地區	約35~115分	¥1,300
	台場地區	約15~45分	¥700
	東京迪士尼樂園度假區	約60分	¥1000

*以上表格參考網站：www.limousinebus.co.jp/ch2/guide/faretype.html

各路線停靠站指南

新宿地區	新宿站西口、新宿高速巴士總站、京王廣場大飯店、東京凱悦酒店、東京柏悦酒店、新宿華盛頓酒店、東京希爾頓酒店、小田急世紀南悦酒店、新宿燦陸都廣場大飯店
澀谷地區	澀谷站西口、東急澀谷藍塔大酒店、東急澀谷卓越大酒店
東京迪士尼樂園度假區	東京迪士尼樂園、東京迪士尼海洋樂園以及區域內各飯店

優惠套票：Limousine & Subway Pass

利木津巴士與Tokyo Subway Ticket的組合套票。

單程1張+Tokyo Subway Ticket 24小時券¥1,800

來回（單程2張）+Tokyo Subway Ticket 48小時券¥3,200

來回（單程2張）+Tokyo Subway Ticket 72小時券¥3,500

以上為大人票價，6~12歲半價。

來回組合只能在羽田機場入境大廳的利木津巴士櫃台購入，單程票1張的套票則可在新宿駅西口和T-CAT 3樓的巴士櫃台購買。詳見P.79

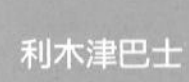

機場交通時間與票價 簡圖

成田機場

交通方式	目的地
利木津巴士60~175分，￥2,800~3,700	都內各大飯店
AIRPORT BUS TYO-NRT 65分，￥1,300	東京駅
JR總武線（快速）95分，￥1,340	東京駅
JR成田特快N'EX 56分，￥3,070	東京駅
JR成田特快N'EX 81分，￥3,250	新宿駅
京成Skyliner 46分，￥2,520	上野駅
ACCESS特急95分，￥1,730	羽田機場
機場高速巴士80分，￥3,200	羽田機場

羽田機場

交通方式	目的地
利木津巴士50~65分，￥1,100	澀谷駅
利木津巴士35~80分，￥1,300	新宿駅
利木津巴士60~80分，￥1,300	吉祥寺駅
利木津巴士15~115分，￥700~1,300	都內各大飯店
京急電鐵15分，￥300	品川駅　JR列車　東京各地
東京單軌電車17分，￥500	濱松町駅　JR列車　東京各地

新手看這裡

Q 人家都說羽田離東京很近，到底比成田近多少？飛羽田到底有沒有省到？

A 大體來說，位於東京內的羽田比成田近，但是東京很大，所以羽田到底近多少，依目的地而定。例如上野，成田和羽田差距不大，但台場、汐留、日本橋等地，羽田就有明顯的時間優勢。

因為時間短，羽田進市區的車票也相對便宜，但是目前松山羽田的機票價錢比台北成田來得貴，早去晚回的班機也較少，因此到底有沒有「省」，見仁見智。

日本鐵道系統

日本鐵道系統除了原本國營的JR鐵路，其餘大大小小的私鐵系統加起來有上百條之多。對旅行者而言，最長程的跨區旅行，用到JR比例高，而在單一或鄰近區域的移動，則以線路更加密集的地方私鐵較為方便。

JR日本鐵道
Japan Railways

我們常說的JR意思是日本鐵道Japan Railways，它的前身是日本國營鐵道JNR(Japanese National Raiways)，在1987年民營化後，分成6家區域型的客運鐵路公司，包括JR北海道(JR Hokkaido)、JR東日本(JR East)、JR西日本(JR West)、JR東海(JR Central)、JR四國(JR Shikoku)和JR九州(JR Kyushu)，以及日本貨物鐵道(JR Freight)。

民營化後，JR在各自的領域擴展路線及發展新車型，並連絡成串連日本全國的鐵路系統骨幹，包括城市及近郊線路、區域及跨區域列車、夜車及速度最快的新幹線(shinkansen)。

現在透過網路，都可以在各家JR的網站上找到車班、票價和車站的詳細資訊。

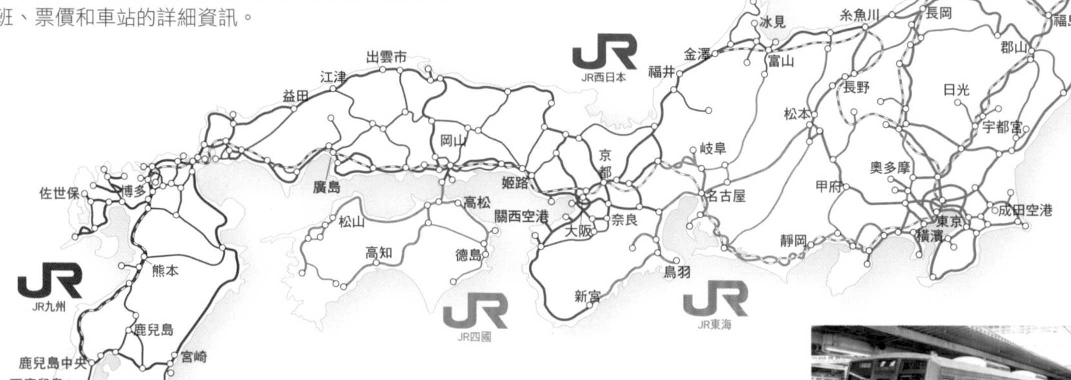

JR北海道 www.jrhokkaido.co.jp/index.html
JR東日本 www.jreast.co.jp/tc
JR西日本 www.jr-odekake.net
JR東海 global.jr-central.co.jp/zh-TW/
JR四國 www.jr-shikoku.co.jp/global/tc
JR九州 www.jrkyushu.co.jp/chinese

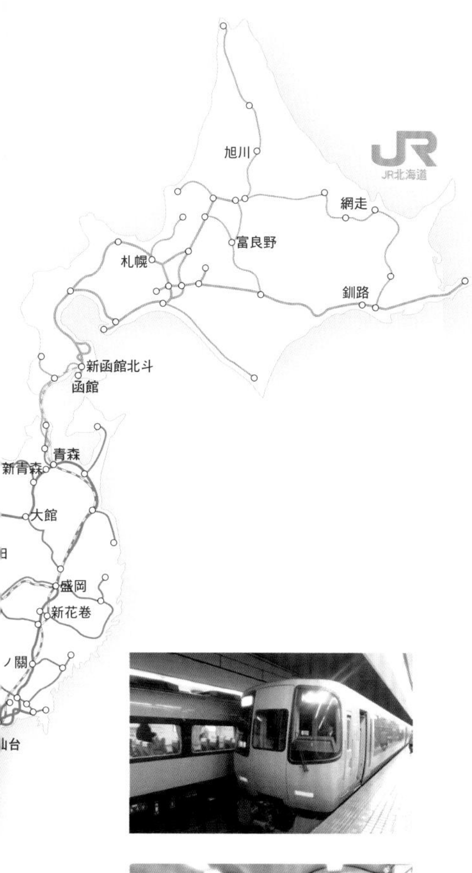

私鐵系統

私鐵公司的鐵路系統有大有小，小的只營運一條路線，但其特色常讓鐵道迷著迷，部份私鐵公司規模龐大，跨地產、市鎮開發、百貨等領域，對日本人的生活產生極大的影響。

日本主要的私鐵系統和運行範圍

區域	鐵路名稱	範圍	網址
九州地區	西鐵	福岡縣內的電車及巴士系統，以及九州的高速巴士。	www.nishitetsu.co.jp
近畿地區	阪神電車	營運路線主要在大阪至神戶之間，並延伸至姬路。	rail.hanshin.co.jp
	京阪電氣鐵道	營運路線在大阪至京都之間。	www.keihan.co.jp
	南海電氣鐵道	由大阪南部往和歌山縣的交通路線，並可連接關西機場。	www.nankai.co.jp
	近畿日本鐵道	日本最大的私鐵公司，路線幾乎涵蓋近畿南面區域，包括大阪、京都、奈良、三重伊勢及名古屋之間。	www.kintetsu.co.jp
	阪急電鐵	連接大阪北面與往來京都神戶的交通線。	www.hankyu.co.jp
中部地區	名古屋鐵道	名古屋地區最密集的交通路線網，範圍含括名古屋到中部國際空港。	www.meitetsu.co.jp
關東地區	小田急電鐵	路線涵蓋東京都中西部，以及箱根所在的神奈川縣。	www.odakyu.jp
	西武鐵道	多是東京都的近郊交通線，其中秩父鐵道很受鐵道迷歡迎。	www.seiburailway.jp
	東武鐵道	由東京市中心往北面行駛的路線，包括千葉、埼玉、栃木及群馬縣，特別是往日光、鬼怒川等。	www.tobu.co.jp
	京成電鐵	以東京上野為起迄點的交通系統，列車直通成田機場及羽田機場。	www.keisei.co.jp
	京濱急行	連接東京及橫濱、神奈川縣南部，以東京品川為最大的起迄點，有列車前往羽田機場。	www.keikyu.co.jp
	京王電鐵	路線涵蓋東京都西面大部分地區，遠至高尾山。	www.keio.co.jp
	東京急行	通稱為東急，由東京都的澀谷至橫濱。	www.tokyu.co.jp

搭車基本原則

第一次自己在日本搭電車？不用緊張，在進入各系統詳細解説之前，先看看以下事項，把握這些基本概念，就可以省下不少搭錯車、來回找路的麻煩。

確認車站

站名大多是漢字，一般認車站應該不會有太大的問題。確認都營、東京Metro或JR、以及各大私鐵的標示，就能避免走錯車站或月台。

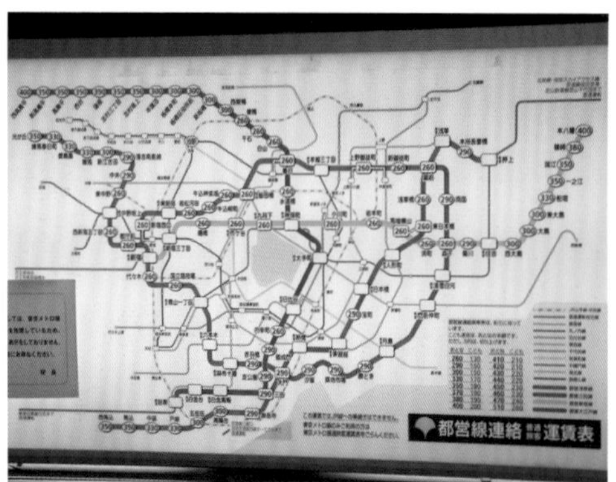

知道自己要去哪裡

如果明確知道自己要前往哪個站，問題就已經先解決了一半了。走到自動售票機前，抬頭看看有什麼顏色的路線可以連過去吧。

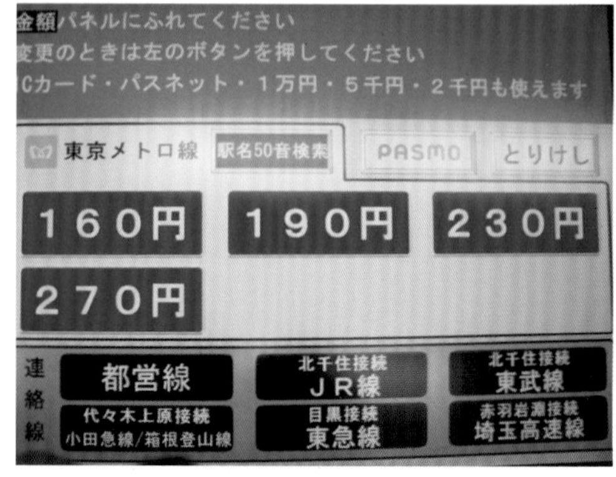

確定價錢後購票

不論是轉乘或搭乘相同的鐵路系統前往，自動售票機上的價錢標示圖都會告訴你需要多少錢。可在自動售票機購票，或使用Suica、一日券等直接進站。如果找不到價錢，可以先買最便宜的票進站，出站前再用精算機補票。（補票教學→P.104）

確認搭乘方向

確認路線後的下一步就是確認月台方向。同路線上大站的方向和車站編號可以幫助你確定搭乘方向對不對，如果無法確定的話，月台上也一定會有下一停靠站和全路線圖可以參考。

注意月台和車輛標示

搭車時看好月台上方的車次標示，並根據停靠車輛上的標示再確認一次，可以降低搭錯車的可能。JR山手線、東京Metro和都營地下鐵等大部分各站皆停，部分路線共用或特殊時段會出現快速或急行車。

隨處都有地圖和指引

在觀光都市的東京，越是規模可怕的大站，越能在各處找到站內及周邊地圖。出站後先找地圖或是注意指標，確定目標方向和最大的地標位置後，就可以降低迷路的可能。

實用網站推薦

除了到官網，也有許多專門的資訊網站可利用。車站內部圖可參考「Rakuraku Odekake(らくらくおでかけ)」，查詢轉車、時刻表的話，則可利用「Yahoo乘換、Jorudan」等網站。

Yahoo乘換

Jorudan

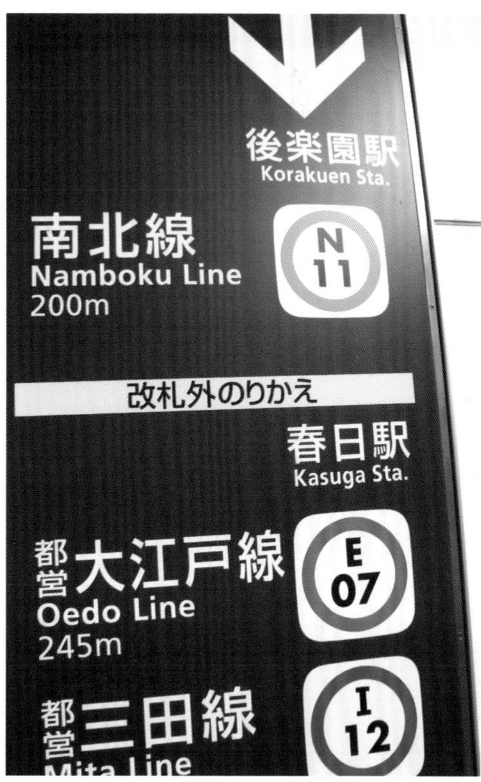

轉乘注意指標

不論是站內或站外轉乘，從下車開始都會有指標一路指引。在站內經過轉乘札口時，記得要收回車票，以便下次出站時使用。另外，東京Metro的站內轉乘改札口以黃色作為標記。

東京都心交通

東京主要交通，依靠的是錯綜複雜的鐵道和地下鐵系統。對遊客來說，常用到的東京鐵道系統分為JR、東京Metro、都營地鐵和其他私鐵系統，以下將深入剖析主要路線、特殊票券和方便的Suica／PASMO票卡，讓你第一次遊東京就上手。

主要鐵路介紹

JR

詳見P.92

標記 以淺綠色的JR東日本為標記。

隸屬JR東日本管轄的東京JR鐵道。最有名的就是繞經重要景點的環狀鐵道山手線，另外橫切過山手線圓圈的JR中央線可以通往三鷹、吉祥寺等地，也是利用度很高的JR路線。在東京和新宿等大站的各JR線和新幹線，則可以通往東京近郊和更遠的本州各地。

都營地下鐵

とえいちかてつ

詳見P.98

標記 以綠色銀杏葉般的扇形為標記。

包含淺草、大江戶、三田和新宿4條路線，以整體印象來說，都營線串連著比較古老、氣氛有所不同的東京下町區域，也連接不少東京Metro和JR未及的地點。

東京Metro

東京メトロ

詳見P.94

標記 以藍底白色的圓弧M形為標記。

和都營地下鐵同屬地下鐵系統的東京Metro，在東京市區內一共擁有9條線路，集中在山手線所圍起的圈圈內，是串聯都心交通最方便的地鐵線路，推出的24小時乘車券，可在時效內不計次數搭乘，使用度也很高。

其他系統

詳見P.100

標記 海鷗形狀的圖案、以「西」字為發想的圖案……各系統標記不同。

包括知名度很高的百合海鷗號、都電荒川線、日暮里・舍人Liner、東京單軌電車，還有小田急、西武、東武、東急、京成、京王、京急等私鐵、公營、新交通系統路線。大多作為前往特定區域或東京近郊的交通手段，可由山手線各站轉乘。

一般車票

車站裡都有自動售票機和可以購票的窗口，可以直接購票進站。

IC儲值票

包括JR推出的Suica和東京Metro推出的PASMO，類似捷運IC票卡一樣以儲值扣款方式使用，優點是可以跨線路使用，換言之只要擁有一張卡，就可以不用再煩惱跨線搭乘的問題。Suica和PASMO除了圖案之外，功能和使用範圍幾乎完全一致。（詳見P.105）

新手看這裡

不知道要買什麼票的話，就先買Suica吧

Suica只是儲值卡並不能省到錢，但絕對可以幫新手省下不少力氣。因為有了這張卡，幾乎就不用擔心轉乘車資的問題，只要嗶～進站，再嗶～出站即可。另外，換線的話，記得走站內轉乘的改札口，才享有轉乘優惠唷。

優惠票券

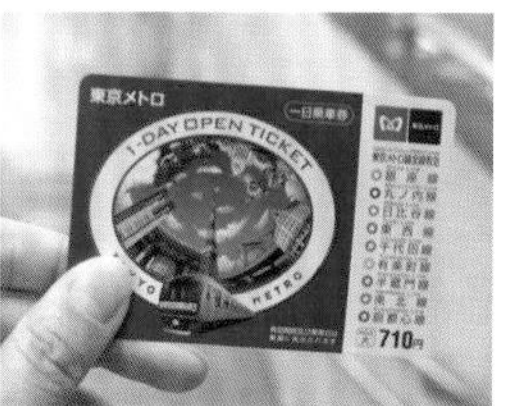

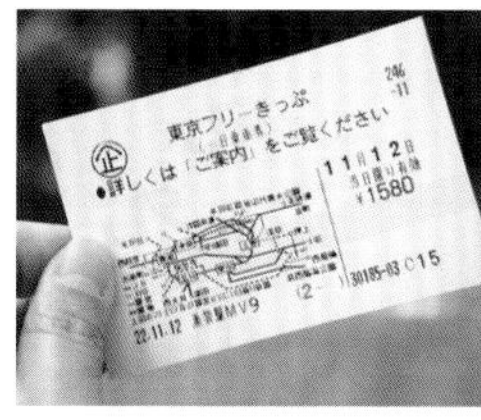

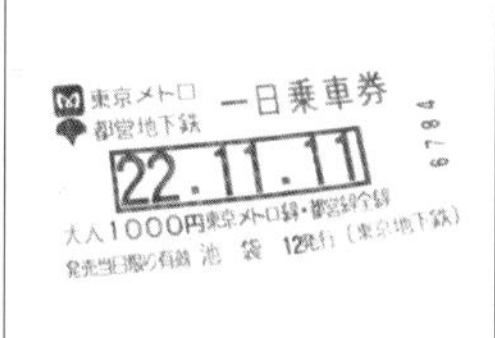

如東京Metro、JR東日本、都營地鐵等系統均有推出一日券或跨系統的一日券，可在使用期限內無限次搭乘，也是經過行程規劃後真正可以省到交通費的票券。（詳見P.110）

JR東日本

東京位在關東地區，隸屬於JR東日本營業範圍，其實整個JR東日本的營運範圍非常廣大，涵蓋日本東北與關東全域、甲信越地方和靜岡縣部分路線，可利用鐵道深入鄰近地區觀光，但就東京都心範圍的觀光而言，最常利用的就是山手線與中央·總武線了。

JR東日本

山手線
Yamanote Line

重要車站：東京、新橋、品川、目黒、恵比寿、渋谷、原宿、新宿、池袋、上野、秋葉原

有著醒目綠色車廂的山手線，是日本第一條環狀線，串連了東京所有人氣地區，從下町風情到流行尖端，每個站都各自擁有獨特的街區調性，因此被認為是遊逛東京的旅客們最常使用的交通路線，也是認識東京的第一步。(詳見P.120)

中央·總武線
Chuo · Sobu Line

重要車站：東京、飯田橋、新宿、中野、吉祥寺、三鷹

有著橘色線條車廂外觀，中央總武線是從東京前往新宿的捷徑。此路線在通過中野駅前為快車，只停靠了4站，而過了中野駅後則改為每站都停的普通車，可通往吉祥寺、三鷹。

新手看這裡

善用中央·總武線

大家在東京都內最常利用山手線，但其實從山手線大圓圈中穿過的中央·總武線也很方便。像是從東京駅要到新宿駅的話，搭山手線要花費30分，但中央·總武線的快速列車則只要14分，車資一樣，卻大大縮短了乘車時間。

JR系統快速指南

車種 JR可分為新幹線與在來線。在來線各車種速度不同，依序為特急、急行、快速和普通列車，還有夜間行駛、附臥舖的寢台列車。
新幹線是連結日本各地的最快速列車，東京可以直接搭乘東海道新幹線(往靜岡、名古屋、新大阪)、東北新幹線(經宇都宮、東北地方至新青森)、秋田新幹線、山形新幹線、上越新幹線(往新潟)，還有北陸新幹線(至金澤)。

車資 ￥150起跳。除了基本車票（乘車券）外，搭乘特急列車需加購特急券或指定席券。指定席（劃位）、寢台等也都要加收票價。

要注意 利用JR PASS搭乘特急列車或乘坐指定席前，記得到JR綠色窗口劃位、領取特急券或指定席券（免費），JR PASS等於乘車券，只有PASS的話列車長會要求補票喔。

購票 JR車站都有綠色窗口（みどりの窗口）或自動售票機可以直接購票。

Q JR PASS是什麼？

A **JR PASS(JR周遊券)是指通用JR全線、可在期間內無限次搭乘的車票，是JR系統給外國旅客的特別優惠，有不同地區的版本。此外JR還有適合背包客和學生的青春18（只能搭普通車但票價超便宜）車票。****(JR東京廣域周遊券詳細解說→P.118)**

東京駅　山手線 品川 · 渋谷方面(外回)	
時	平日
4	50
5	17 35 52
6	07 22 28 35 40 45 51 56
7	01 07 12 17 22 26 28 31 34 37 40 42 45 48 51 54 56 59
8	02 05 07 10 13 15 18 21 23 26 29 31 34 37 40 43 45[池] 48 51 54 56 59
9	02 05 07 10[大] 13 16 18[大] 21 23 24 26 29 32[大] 34 37 40 43 46 49 52[大] 54 58

JR系統線路、班次繁多，為了讓時刻表易懂，會以顏色區分車種，並在時間上方加上小字，左上方為車種、右上方則是目的地或經由地。
以「東京駅的山手線時刻表(外回)」為例，可以看到時間右上角寫有「大・池・品」，這是指目的地或經由地（行き先・経由），大=大崎、池=池袋、品=品川，無印（沒字）則為循環運轉。
左上方常見車種標示如：快=快速列車、**特**=特急、**特快**=特別快速、NEX=成田特快，普通車為黑色無字。

東京Metro 東京メトロ

東京Metro共有9條路線，銀座線、丸之內線、日比谷線、千代田線以及副都心線貫穿重要觀光地，觀光客較常利用，東西線、有樂町線、半藏門線、南北線相較之下偏離市中心，卻更深入在地，其中半藏門線可以前往近年頗紅的清澄白河。

東京Metro

銀座線

Ginza Line

重要車站：渋谷、表参道、青山一丁目、赤坂見附、新橋、銀座、上野、浅草

日本第一條地下鐵。儘管年代已久，以橘色系為主的車廂設計也超過二十年，經過的地點依舊是東京的精華。銀座線也是全日本最繁忙的一條地下鐵，一天約有370班電車運行。

丸之內線

Marunouchi Line

重要車站：池袋、後楽園、東京、銀座、赤坂見附、新宿

次於銀座線完工的丸之內線相當長，倒C型的路線連接池袋、後樂園、東京、新宿等重要車站。丸之內線經過新宿、抵達中野坂上後分為兩條，前往方南町方面的支線以Mb表示。丸之內線車型和銀座線非常相似。

日比谷線

Hibiya Line

重要車站：上野、秋葉原、築地、銀座、六本木、恵比寿、中目黒

為東京奧運而建的日比谷線完工於1964年，從東北往西南串連上野往中目黑方向，也是東京Metro中唯一經過六本木的路線。

千代田線

Chiyoda Line

重要車站：明治神宮前（原宿）、表参道、赤坂

連接西南方的代代木上原和東北方的北綾瀬，千代田線經過明治神宮（原宿附近）、赤坂和根津、千駄木站一帶的谷根千地區，過了代代木上原後則與小田急線直通運轉抵達下北澤，最遠可到唐木田、本厚木一帶。

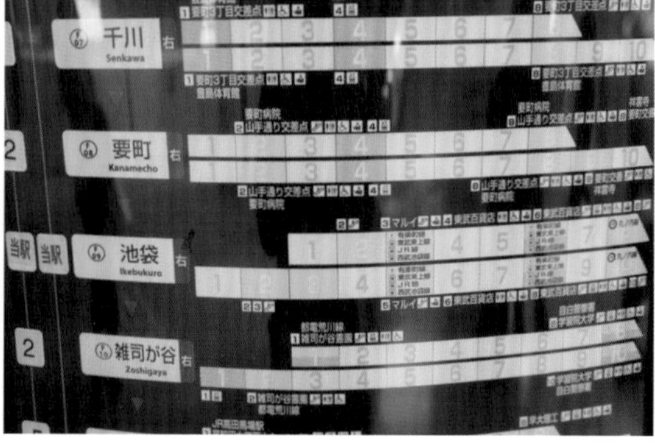

副都心線
Fukutoshin Line

重要車站：渋谷、新宿三丁目、池袋

為疏解東京地區龐大的交通人口，2008年6月正式開通的東京Metro第13號線被命名為副都心線，連結了池袋、新宿、澀谷等大站，使民眾轉車更加便捷。過澀谷之後，副都心線與東急東橫線直通運轉至菊名駅。還可延伸至埼玉的和光市。

東西線
Touzai Line

重要車站：日本橋、大手町、飯田橋

線如其名，東西走向的東西線斜斜地繞過皇居一側，穿過山手線，連接起中野和大手町、日本橋，經過神樂坂、中野後直到千葉縣的西船橋駅。與JR中央線直通運轉至三鷹。

有樂町線
Yurakuchyo Line

重要車站：池袋、飯田橋、有楽町、銀座一丁目

為分散丸之內線繁忙的狀況而建，以褐色為主色。重要站包括池袋、飯田橋，與日比谷和東京駅鄰近的有樂町駅、銀座一丁目、月島燒的月島和百合海鷗號底站豐洲等。

半藏門線
Hanzomon Line

重要車站：渋谷、表参道、青山一丁目、大手町、清澄白河、押上〈スカイツリー前〉

由澀谷出發，僅有14站的迷你路線沿途經過澀谷、表參道、青山一丁目、神保町、三越前等站，車輛以紫色為主色。編號4的永田町駅和赤坂見附相通，可連接丸之內線和銀座線。

南北線
Nanboku Line

重要車站：駒込、後楽園、飯田橋、目黒

貫穿東京南北的路線，主色為藍綠色。經過目黑、麻布十番、後樂園等站，過了目黑駅之後與東急目黑線、東橫線有直通運轉到日吉駅，底站赤羽岩淵駅則與埼玉高速鐵道線直通運轉。

東京Metro快速指南

標示 東京Metro在標示上做得很貼心，不但每條線路以色彩和英文字首分隔，每一站還有編號，讓旅客找站時相當便利。另外，每個車站都有乘換專用的指示，告訴你轉搭另外一線時，哪個車廂的距離比較近。

車種 各路線車型不同，一般都是普通車，部分路線有分急行、準急，以及通勤時段的通勤快車，車資都一樣，但停靠站略有不同。另外，在東西線、千代田線、副都心線等有配合其他鐵路的直通運轉，有快車通過。

車資 大人￥180~330，6~11歲￥90~170。

時間 約5:00~00:30。

間隔 發車最密集的日比谷線，尖峰時段曾有1分50秒發一班車的驚人紀錄，一般至少3~10分會有一班車。

時刻表 時刻表一樣會以顏色區分車種、加小字標註。以「銀座線渋谷駅（往淺草）」為例説明，三角形圖示代表會停靠淺草1號月台，上方小字指目的地，「上」＝上野，也就是這班車只行駛到上野，不會開到銀座線終點的淺草駅。時間旁的「終」則指末班車。

常見車種標示如：Metro以黑色的字代表普通車，紅字=**急行**、藍字=**準急**，綠字=**通勤急行**，因為停靠站略有不同，上車前記得確認車身資訊。

時	淺草方面													
21	00	▲04	08	▲12	16	▲20	24	▲28	33	▲37	42	▲46	51	▲55
22	00	▲04	08	▲13	17	▲21	26	▲30	34	▲39	43	▲47	52	▲56
23	00	▲04	08	▲13	▲17	21	▲26	30	▲34	40	▲45	▲51	終56	
0	上02	上07	上終12											

新手看這裡

Q 我在地鐵圖上一直看到，什麼是「直通運轉」？

A **東京地鐵的特徵之一就是不同間鐵路公司或不同車班的路線會有共同使用的情況，舉例來説，半藏門線的底站是澀谷，但抵達澀谷後採直通運轉的方式，原車直接變成東急列車，沿著東急田園都市線的路線繼續行駛。**

銀座線主要轉乘站

澀谷：Metro半藏門線、副都心線，JR部分路線，東急東橫線往自由之丘和橫濱，京王井之頭線往下北澤和吉祥寺。

赤坂見附：Metro丸之內線、有樂町線、半藏門線、南北線。

新橋：都營淺草線往淺草，山手線在內的4條JR路線，以及百合海鷗號往台場。

上野：Metro日比谷線，往成田機場的京成本線，新幹線和JR各線。

丸之內線主要轉乘站

新宿：都營大江戶線，JR中央線等各線，小田急小田原線往箱根，京王新線，西武新宿線。

東京：新幹線，JR中央線、山手線等各線，東海道新幹線往橫濱、熱海等地。

大手町：Metro東西線、千代田線、半藏門線，都營三田線。

後樂園：Metro南北線，都營三田線、大江戶線。

池袋：Metro有樂町線、副都心線，JR山手線等各線，西武池袋線，東武東上線。

日比谷線主要轉乘站

惠比壽：可轉乘JR各線。

日比谷：Metro千代田線、都營三田線，出站至有樂町可轉有樂町線及JR山手線、京濱東北線。

秋葉原：JR線、筑波特快，還可徒步至岩本町駅搭都營新宿線。

仲御徒町：可轉乘Metro銀座線(徒步至上野廣小路駅)，都營大江戶線(徒步至上野御徒町駅)，JR山手線和京濱東北線(徒步至御徒町駅)。

上野：可轉乘Metro銀座線、新幹線、JR山手線、京成本線等。

千代田線主要轉乘站

明治神宮前：可轉搭Metro副都心線，或步行至原宿駅轉搭JR山手線。

國會議事堂前：可轉搭Metro丸之內線、銀座線，或步行至溜池山王駅轉搭南北線。

日比谷：可轉搭Metro日比谷線、都營三田線，或步行至有樂町駅轉搭Metro有樂町線、JR山手線、京濱東北線。

大手町：可轉搭Metro丸之內線、東西線、半藏門線，都營三田線。

新御茶之水：與小川町駅和淡路町駅相連，可轉搭Metro丸之內線，都營新宿線，JR中央線・總武線。

町屋：可轉搭京成本線和都電荒川線。

北千住：可轉搭Metro日比谷線，JR常磐線，東武伊勢崎線和筑波特快。

都營地下鐵 都営地下鉄 とえいちかてつ

都營地下鐵和東京Metro同屬地下鐵系統，包括大江戶線、淺草線、三田線和新宿線，其中觀光利用度較高的是大江戶線和淺草線。

都營地下鐵 

淺草線 Asakusa Line

A

重要車站：押上〈スカイツリー前〉、浅草、日本橋、東銀座、新橋

連接東京西區的淺草一帶，沿途不少站都可以和其他鐵路相互轉乘，十分方便。另外，淺草線在泉岳寺駅和京急線直通運轉，可直通羽田機場；另一側的押上駅則與京成押上直通運轉，可以前往成田機場。

Note：除了從成田機場出發、經押上後從「ACCESS特急」變為「Airport快特」的列車以外，淺草線上所有列車皆停靠各站。Airport快特只停淺草、東日本橋、日本橋、新橋、大門、三田及泉岳寺、品川與羽田機場。

參考路線圖 

大江戶線 Oedo Line

重要車站：都庁前、六本木、赤羽橋、汐留、月島、飯田橋

由於都營大江戶線在全線38個站之中，就有21個站是與其他線相連，將原本分散的地鐵、私鐵路線整合起來，被視為東京繼JR山手線之後，第二條環狀交通動脈。

Note：都廳前駅共有4座月台，分為往六本木・大門（1號月台）、往練馬・光之丘（4號月台）以及往飯田橋・兩國（2號月台）三個方向，因此車行路線經過都廳前駅時，都必須確認是否需要換車。3號為下車專用月台。

都庁前駅 

三田線 Mita Line

I

重要車站：目黒、大手町、水道橋、巣鴨

南北向切過JR山手線的三田線，在巢鴨、水道橋和三田（通往田町）與JR山手線相交，停靠站如春日、水道橋、大手町、芝公園、目黑等站都各自通往景點，由白金高輪到目黑段與南北線共線。

新宿線 Shinjuku Line

S

重要車站：新宿、新宿三丁目、市ケ谷

東西向的新宿線範圍超過東京都，由新宿連往千葉的本八幡，從新宿有京王新線（至高尾山口）直通運轉，另一頭的本八幡駅則連往中央．總武線，與京成線的京成八幡駅。新宿線因為直通運轉的關係，有急行、快速和通勤快速通過。

都營地下鐵快速指南

標示 以綠色的銀杏葉型符號作為標記，各個路線也和東京Metro一樣，有自己的路線顏色、英文簡稱與編號，轉乘站也都有清楚標示。

車種 都營地下鐵與東京Metro一樣，多為普通列車，偶爾也有急行，但車種不同票價依舊相同。不過，在淺草線和新宿線等，與其他鐵路直通運轉的路段，則有快速特急、急行或通勤快速等車種運行。

車資 大人￥180~430，6~11歲￥90~220。

時間 約5:00~凌晨0:35。

間隔 3~18分不等，發車最密集的尖峰時段為早上的7:00~9:00和傍晚的16:00~19:00。

時刻表 都營地下鐵也是以顏色區分車種，並加小字註解。

以「往西馬込・羽田空港方面的淺草駅」為例，右上小字為目的地，羽＝羽田機場、三＝三崎口，無印（沒標記）則代表開到終點站西馬込。另外，①是指停靠西馬込1號月台，②是指停靠西馬込2號月台，A、B、●則代表與其他方向的列車相連。

常見車種標示如：急=急行、**特**=特急、快=特快、工=エアポート(機場)特快，普通車為黑色。

時	平日：西馬込・羽田空港・京急線方面												
5	快羽 ● 03	急羽 ● 16	② A 26	① B 36	急羽 ● 46	① A 54							
6	急羽 ● 04	② B 12	② B 21	工羽 ● B 27	急羽 ● 30	② 38	急羽 43	① B 48	急羽 ● 55				
7	① 00	急羽 ● 04	急羽 ● 11	② A B 14	① 19	工羽 ● 23	急羽 ● 25	特三 30	① 33	急羽 35	② 38	特久 40	① 43
	急羽 45	② 48	特三 51	① 54	急羽 56	② 59							
8	特二 01	① 04	急羽 06	② 09	特二 11	① 14	急羽 16	② 19	特二 21	① 24	急羽 26	② 29	特二 31
	① 34	急羽 36	② 39	特三 41	急羽 44	① A 47	② 49	特三 52	① 54	① 57			

轉乘

淺草線主要轉乘站

五反田：可轉乘JR山手線和東急池上線。

大門：可轉乘都營大江戶線、JR各線、東京單軌電車（往羽田）。

新橋：可轉乘Metro銀座線、JR各線、百合海鷗號（往台場）。

日本橋：可轉乘Metro東西線、銀座線。

大江戶線主要轉乘站

新宿西口、新宿：與JR新宿駅相連通，可轉乘Metro丸之內線，JR各線，西武新宿線，京王線，小田急線。

飯田橋：可轉乘Metro南北線、有樂町線、東西線及JR中央・總武線。

春日：可轉乘都營三田線，步行至後樂園駅還可轉Metro南北線、丸之內線。

上野御徒町：與JR御徒町駅、日比谷線仲御徒町駅相連通，可轉乘Metro日比谷線、銀座線，JR各線。

大門：與JR濱松町駅鄰近，可轉乘都營淺草線、JR各線、東京單軌電車。

其他系統

東京都內鐵道網路交錯，除了JR與地下鐵，聯外的私鐵也在都心占有一席之地。通常這些私鐵都會串聯東京近郊各縣，但相對的，在東京都心中停靠的站大多是主要轉運大站。

百合海鷗號
Yurikamome line

網址：www.yurikamome.co.jp
重要車站：汐留、台場、青海、豊洲

連接台場地區的交通幹線，沿高架列車軌道，由汐留一帶的超高樓穿行到濱海港灣，沿途繞行台場各大景點，大扇車窗外的沿途風景就已是觀光的一部分。

東急東橫線
Tokyu Toyoko Line

網址：www.tokyu.co.jp
重要車站：渋谷、代官山、中目黒、自由が丘、横浜

來往東京都內與橫濱之間，連結了「澀谷」與「港未來21」這兩個走在時尚尖端的區域，沿途盡是高級住宅區，要看東京時尚一族，搭這線就對了。

Note：急行列車並沒有停代官山，搭車時需留意。

都電荒川線
Toden Arakawa Line（Tokyo Sakura Tram）

網址：www.kotsu.metro.tokyo.jp/toden/
重要車站：早稲田、三ノ輪橋、王子駅前

都營的都電荒川線是東京都內現存的唯二條路面電車。單一車廂行駛、平均時速只有13公里，都電可說是東京懷舊情趣的代表風景，讓人更貼近在地的古早生活樣貌。

京王京王線
Keio Keio Line

網址：www.keio.co.jp
重要車站：新宿、明大前、調布、京王八王子

京王線以東京的繁華地「新宿」為據點，向西延伸出鐵道路線。不只方便住民，觀光客也可從明大前駅轉搭井の頭線至吉祥寺、澀谷，至北野還可轉搭高尾線(也有直達車)，到名勝高尾山來趟歷史自然巡禮。

京王井の頭線
Keio Inokashira Line

網址：www.keio.co.jp
重要車站：吉祥寺、井の頭公園、下北沢、渋谷

行駛於澀谷與吉祥寺之間，井の頭線之名便是取自吉祥寺的著名景點「井の頭公園」。除了吉祥寺的雜貨，下北澤更是深受學生喜歡的購物天堂，藉由這條線，不只有自然公園，也能大大滿足購物慾。

東武伊勢崎線
Tobu Isesaki Line

網址：www.tobu.co.jp
重要車站：浅草、とうきょうスカイツリー〈TOKYO SKYTREE〉、北千住、東武動物公園、館林、伊勢崎

從東京都的淺草，經由栃木，再到群馬東部的伊勢市，東武伊勢崎線是東武鐵道最早的路線，起初只有北千住到久喜間，經多次擴建才有如今的規模。從東京都內搭此線至東武動物公園可轉搭東武日光線。2012年起，淺草・押上~東武動物公園之間又稱「東武東京晴空塔線」。

京急本線
Keikyu Main Line

網址：www.keikyu.co.jp
重要車站：品川、京急蒲田、京急川崎、横浜、横須賀中央

京急本線由東京的品川延伸至三浦半島，全線可再轉乘至台場、羽田機場等地。近年更與都營淺草線、京成電鐵直通運轉，另外隨著羽田空港與台北松山的直航，京急也推出優惠套票，給利用此一路線的旅客更多優惠。

京成本線
Keisei Main Line

網址：www.keisei.co.jp
重要車站：京成上野、日暮里、青砥、京成船橋、京成成田、成田空港

由上野連接至成田的京成本線，一直都是連接東京都內與千葉縣的重要交通工具之一。列車可分為普通、急行、快速、特急、快特等，至成田空港也有需要另外收費的特急列車。從青砥可轉乘押上線至押上，直達東京晴空塔。

西武池袋線
Seibu Ikebukuro Line

網址：www.seiburailway.jp
重要車站：池袋、練馬、所沢、飯能

從東京都內北西部延伸至埼玉線南西部的西武池袋線，沿途大多是住宅區域，觀光景點較少。但由池袋線可以轉乘西武各線，更可延伸至川越等地；從池袋也有「レッドアロー号」特急列車，只要80分鐘就能到秩父。

小田急小田原線
Odakyu Odawara Line

網址：www.odakyu.jp
重要車站：新宿、下北沢、新百合ヶ丘、相模大野、小田原

小田急小田原線連接新宿至神奈川西部的小田急，要到東京近郊最具人氣的「箱根」，也可至小田原駅轉搭箱根纜車到箱根各著名景點。另外從相模大野駅可轉乘江之島線，與神奈川縣的南部做串聯。

交通實戰

看完東京密密麻麻的交通圖，只要沒有去過的人大概都會有種望之生怯的感覺。但去過的人都會說，東京各種指標都做得相當清楚，只要掌握主要鐵路路線、車票和幾個搭車的基本原則與技巧，靠自己勇闖東京並非難事！

先搞懂這張表

東京都心的交通大多脫離不了山手線。山手線的車次多，且每一站的距離都很近，很難有坐錯車的機會。而要從山手線連接其他線路也十分方便，基本上，東京都心各個景點離山手線的車程都在10分鐘之內，要弄懂東京都心的交通就從下面這張圖表開始吧。

新手看這裡

轉車的簡單概念

JR、地鐵、私鐵分屬不同公司，既然不同公司，當然不能用JR車票轉搭地鐵或私鐵，反之，也不能用私鐵車票搭乘JR。不少人因為不清楚電車線路屬於哪家公司，結果拿著地鐵的優惠票券想搭JR，為了避免類似情況，安排行程時別忘了確認要利用哪些電車路線、屬於哪家公司，讓旅途順暢無阻。

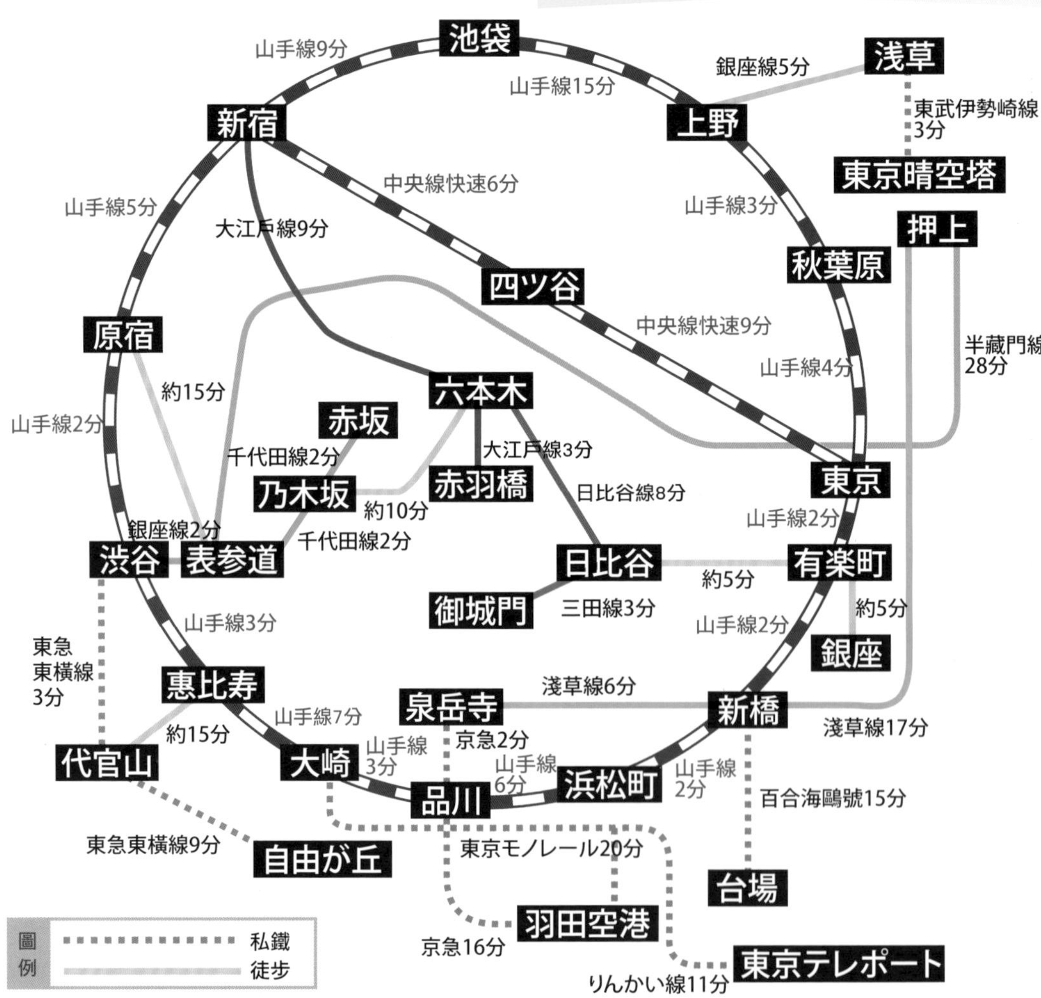

把握山手線

東京都心觀光景點大多落在山手線沿線，坐山手線就能巡遊東京都心一圈，可說是東京觀光的入門鐵道路線。山手線雖然有分外回、內回，但只要上車前知道自己在哪一站、列車開往哪一站，選擇近的那一邊搭就對了。

買張儲值票卡

雖然Suica、PASMO並不能省到錢，但電子車票的好處多多，不僅可以省下買票時間，簡單感應票卡就可進出站，幾乎不用擔心轉乘車資的問題，換線走站內轉乘專用改札的話，還能享有轉乘優惠。

新手看這裡

善用轉乘工具

想確認票價或檢查搭車資訊，只要善用以下APP，就可以隨機應變了。

Yahoo!乘換案內

Yahoo推出的轉乘APP，可以查找JR、地鐵、私鐵等電車資訊。若為ios系統，必須以日本帳號的AppleID才可下載。

Yahoo! 乘換案內

Jorudan

Jorudan是知名的交通資訊網站，除了網頁，也可以下載該公司推出的APP「乘換案內」，介面雖是日文但操作簡單。

Jorudan 乘換案內 APP ios

Jorudan 乘換案內 APP android

東京地鐵

東京Metro推出的官方APP，可以查詢東京Metro及都營地下鐵的轉乘訊息，不含JR系統，可以點選地鐵圖或用景點查詢，最重要的是有中文版。

東京地鐵

NAVITIME for Japan Travel

針對外國旅客推出的旅遊APP，可以查找巴士、JR、地鐵等各種詳細的轉乘資訊。（詳見P.32）

NAVITIME for Japan Travel

善用一日券

一日券不只划算，也省去買票入站的麻煩。由於同公司的路線轉乘大多不用出站，照著指引走就能夠順利到達，所以有時候單純的只搭乘一家鐵路公司的地鐵，反正會讓轉乘複雜度大大降低，使旅行更加順利。

不被站名迷惑

東京地下鐵網路密布，常有許多車站明明不同站名，卻近在咫尺。

車站	距離約	車站
原宿駅 JR山手線	400公尺	**明治神宮前駅** Metro千代田線
新橋駅 JR山手線	550公尺	**汐留駅** 都營大江戶線、百合海鷗號
有樂町駅 JR山手線	400公尺	**日比谷駅** Metro日比谷線、千代田線、都營三田線
秋葉原駅 JR山手線	600公尺	**末広町駅** Metro銀座線

即使是同站名，搭不同路線也會有差別。例如同樣是六本木駅，要到六本木Hills的話，搭Metro日比谷線較近，而要到東京Mid Town的話則建議搭乘都營大江戶線。搭乘Metro銀座線至淺草駅，出站便能抵達雷門，若是搭到都營淺草線的話，出站還要走一段路才會到主要觀光區哦！

自動售票機

購票Step by Step

Step 1

確認目的地

販賣機上方通常都會有電車票價圖，找出目的地，下方會有所需價錢。

Step 2

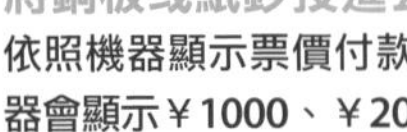

將銅板或紙鈔投進去

依照機器顯示票價付款（機器會顯示￥1000、￥2000、￥5000、￥10000，代表可以使用￥1000以上的鈔票，部分機器只接受￥1000鈔票）。

Step 3

按下目的地票價

機器有按鍵式及螢幕按鍵兩種，不管哪種都會因應你投入的金額而亮起票價。

Step 4

完成

取出票券以及找零。

精算機補票

如果車資不夠的話，出站前都還有「精算機」可以補票，Suica餘額不夠時也一樣可以用有Suica標示的精算機解決。真的不會使用的話，也可以直接請站務員幫忙解決。

Step 1

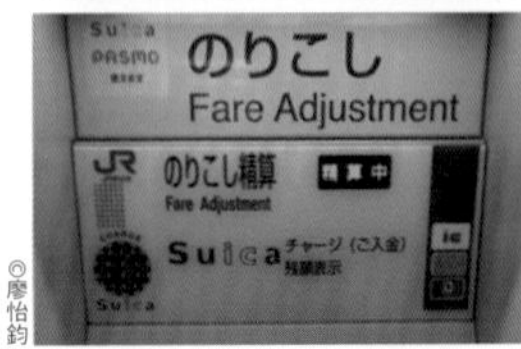

©廖怡鈞

找到精算機

通常改札口旁都會設有精算機，上方會寫有「のりこし」和「Fare Adjustment」，找到機器就可以迅速補票、儲值。

Step 2

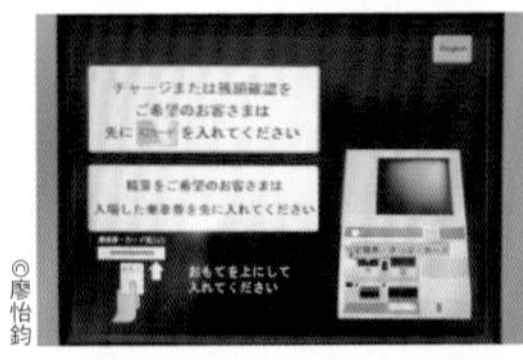

©廖怡鈞

將票放入精算機

依畫面指示放入車票或IC卡，持IC卡的話記得正面朝上插入機器。可選擇英文介面。

Step 3

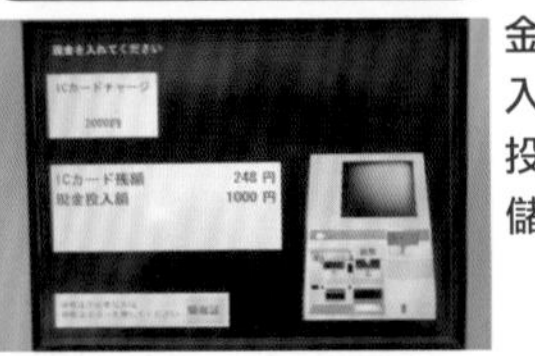

©廖怡鈞

投入差額

螢幕會顯示此趟車程不足的金額，一般車票的話只需投入差額，IC卡的話則可選擇投入剛好的差額（精算）或儲值（チャージ）。

Step 4

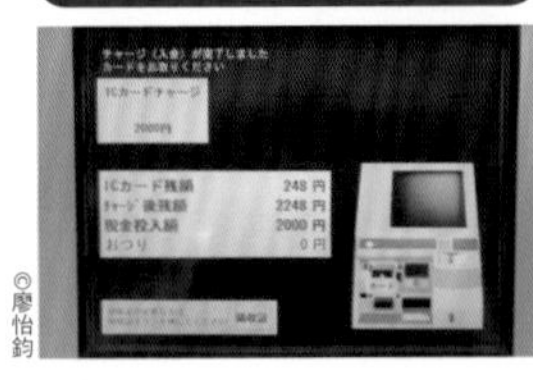

©廖怡鈞

完成

補完差額後，機器會把精算券或加值完的IC卡退回，接著只要在改札投入精算券或刷一下票卡，就可以出站了。

新手看這裡

看得懂漢字就OK

在車站總會遇到許多狀況，以下漢字在購票、找機器，或者是確認即時資訊都很有用，不妨稍微記一下，可以省下不少力。

切符：票

切符売り場：售票處

運賃：車資

払い戻し：退票

精算：補票

乗り換え：轉車

駆け込み乗車：指在車門關閉時衝進車廂

始発：第一班車

終電：最後一班車

自由席：自由入座

指定席：對號入座

人身事故：指有人掉落軌道造成列車停擺的事件

各駅停車：各站停車（普通車）

Suica& PASMO

JR發行的Suica（西瓜卡）和地下鐵與私鐵系統發行的PASMO基本上已通用，2013年開始還與Kitaca、TOICA、manaca、ICOCA、PiTaPa、SUGOCA、nimoca、はやかけん等日本各地票卡整合，是懶人的最佳乘車工具。

IC儲值卡，同時能作為電子錢包使用。票價並沒有優惠，但因為可以自由換乘各線，乘坐區間廣，還能幫使用者算好複雜票價，因此仍廣為觀光客和本地人利用。

Suica和PASMO均可在首都圈自由搭乘地下鐵、JR、公車等交通工具，另外還可用於JR九州、JR西日本、JR北海道、福岡交通局等區域。詳細使用區間請見官網。

Suica在JR東日本站內的自動售票機及綠色窗口販售。自動購票機要有標明「Suica發売」或「カード」（卡）的機器才可購買。

PASMO在各私鐵、地下鐵和公車站均可購買，自動售票機的話，一樣找有標明「PASMO發売」或「カード」者。

Step 1

找到標明Suica的售票機

Step 2

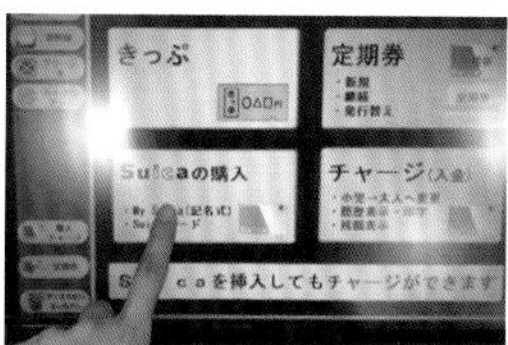

選擇「Suicaの購入」功能

Step 3

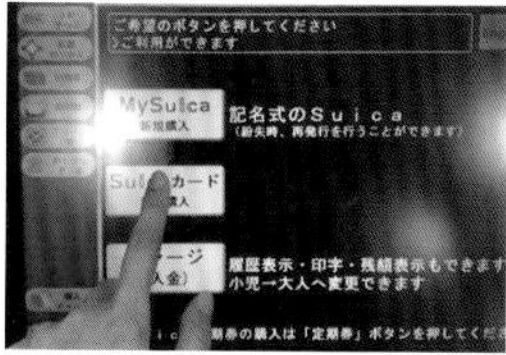

選擇「Suicaカード購入」

新手看這裡

Suica& PASMO卡聰明用

Suica & PASMO的電子錢包功能十分方便，可以在便利商店結帳、購買販賣機飲料和在餐廳結帳，只要有標明Suica或 PASMO的地方均可使用。

另外，投幣式置物櫃必須記住密碼、收好鑰匙，若遺失或忘記還要找站務員處理。但使用Suica或 PASMO寄物，不僅以卡片扣款、不怕沒零錢，領行李也只需再感應卡片，行李格就會自動打開，完全不用記密碼。

Step 4

選擇存入金額、投入現金，需要收據的話記得點選「領收證」

Step 5

取卡、收據

Suica及PASMO分為￥1000、￥2000、￥3000、￥4000、￥5000、￥10000幾種金額，其中都包含押金￥500，可使用金額須扣除押金。

在各車站有寫PASMO／Suica チャージ（charge）的自動售票機都可以按指示插入紙鈔加值，最高可加值￥20000。

使用Suica或PASMO時，不能像大阪或台灣一樣賒帳一次，進站時基本餘額不足的話就無法通過閘門，此時記得到一旁的「精算機」儲值，完成後再刷卡就沒問題了。

在JR東日本各站綠色窗口（Suica）和各地下鐵和私鐵辦公室（PASMO）可辦理退票。取回金額是餘額扣除￥220手續費再加上￥500保證金，若餘額低於￥220就直接拿回￥500。但由於卡片是10年都沒用才會失效，所以許多人都不退票，而是把卡片留著，等下一次赴東京旅遊時再繼續使用。

Suica

PASMO

如何搭乘JR/地鐵

Step 1

購買車票

看好路線表上的價錢後，可以直接在自動售票機買票。持Suica或PASMO的人則不需再買票。

Step 2

進站

將車票放進改札口，如果有特急券的話可能會有2張甚至3張票，一次放進改札口後，通過取票即可。持Suica或PASMO的人感應票卡即可。

Step 3

尋找月台

知道搭乘路線後，依循標示找到正確月台。月台兩邊的方向不同，確認下一站和大站的方向即可。地鐵可利用編號確認。

Step 4

確認車次

月台上的電子看板會顯示車次相關資訊，記得看清楚免得搭錯車。

新手看這裡

看懂電子看板資訊

車站的電子看板上有著各式即時資訊，通常看板上會有以下幾項：列車名、車號、發車時刻、目的地（行先）、月台（のりば）等資訊，若是新幹線還會有自由席的車廂指南。尤其漢字大多很好理解，確認資訊就不怕搭錯車了。

買錯票，別緊張

如果按錯自動售票機，快找機器上紅色的「とりけし」按鈕，就可以取消從起始畫面再重頭開始。如果已經購買車票，可以透過人工售票窗口直接退票，在東京甚至還有能直接退票的自動售票機呢！退票會加收手續費，依各家公司規定約¥150以上不等。

Step 5

確認等車位置（JR）

雖然各地標示不同，但月台上都會有指標告訴你列車停車的位置。普通列車可自由從各車廂上下車。如果是自由席／指定席的話記得找到該車廂，要注意車輛編列的不同也會影響乘車位置。

Step 6

乘車

JR普通列車、地鐵可自由上下車。JR如果有指定席的話，就跟台鐵對號列車一樣，要依編號就座。持普通車票無法乘坐對號車，可別上錯車了。

Step 7

確定下車站

列車上大多有電子螢幕顯示，記住目的地漢字就沒問題。另外到站前車內也會有廣播，不過除了往來機場的列車之外，一般都只有日文廣播，熟記下車站的發音也可以避免下錯車站。

普通車與快速車

一般都心內地下鐵多為普通車（每站都停），可以放心搭乘。但一些連接近郊的路線就會分為普通、急行、快速、特急不等(各家分法不一)，由於各種車次停的站有差異，部分快車還需另外付費，搭車前記得先確認該車是否有停靠目的地。

上下班時間很擁擠

每天早上8:00左右，以及傍晚18:00都是都心內交通壅塞的時刻。這時地鐵等交通工具也是擠滿了人，有時還會見到站務員在門外將人擠到車中，除非故意想體驗一下，否則還是建議避開上下班時段，比較從容。

勿衝進車廂

有時趕時間，在樓梯上看到電車門快關上時，是否會不自覺加快腳步想衝進車廂呢？其實這是很危險的舉動，不只嚇到別人，如果一個不小心被車門夾受傷那就不好了。其實東京都內的地鐵班次頻繁，錯過車，下一班很快就來，千萬不要搏命演出。

勿講電話

在日本搭電車時，也許有人會發現一個情況，電車內沒有人講電話，而且手機都會關靜音。雖然大家還是低頭玩自己的手機，但不要發出聲響、避免吵到別人是搭乘電車的基本禮儀哦！(同理，在車內與同伴談話也不要大聲喧嘩)

優先席

「優先席」就是博愛座，通常椅子的顏色會不一樣，座位上方也會有清楚標明。另外， 因為怕電波干擾使用心臟輔助器的乘客，優先席附近按規定需要關閉手機電源（雖然很多日本人也沒有關）。

女性專用車廂

另外部分路線設有女性專用車廂，但大多有時間限制（大部分僅限於早上的交通尖峰時段，少部分另外有深夜時段），並且男性身障人士也可搭乘。因此，在正常時段看到搭乘女性專用車廂的男性可別太吃驚。

日本公車系統

主要有市區巴士和長距離巴士兩種。在部分日本地區，使用巴士可能比鐵路更為方便。另外還有長距離聯絡的高速巴士和夜間巴士，可以為精打細算的旅客省下不少旅費。

新手看這裡

Q 如果上車時忘記拿整理券，下車該付多少錢？

A 整理券是用來對應區間、確認車資，如果沒有這張券的話，下車時就得付從發車站到下車站時的車資，所以建議上車時一定要記得抽取。

另外，部分觀光巴士或均一區間的巴士則沒有整理券的機器，因為不管坐多少站都是均一價格，還有若在「一日券」的區間內，下車時出示一日券即可，不必另外拿整理券。

東京都內23區為均一區間，一般巴士單程大人￥210、小孩￥110。

公車乘車step by step

Step 1

尋找站牌

依照要前往的方向尋找正確站牌。

Step 2

上車記得抽整理券

這是和台灣習慣比較不同的地方，整理券是票價的憑據，記得要拿。另外如果是起站也不需拿券。

Step 3

前方看板顯示下車站

電子看板會顯示即將抵達的車站。

Step 4

對整理券號碼確認應付金額

因為是按里程計費，因此另一張表格型的電子看板會隨著行車距離，有號碼和相對應的價格。

Step 5

到站按鈴

和台灣一樣，到站前按鈴就會停車。

Step 6

從前門投幣下車

從駕駛旁的前門投幣下車，將整理券和零錢一起投入即可。如果沒有零錢也可以用兌幣機換好再投。

觀光巴士

HATO BUS
はとバス

HATO巴士（鴿子巴士）是東京歷史悠久、使用度最高的觀光巴士，提供完整豐富的都內及近郊行程選擇。近年也推出中英文的導覽行程，包括最受歡迎的淺草、東京晴空塔，以及箱根等都外行程。中文行程多從濱松町的巴士總站出發，另外也提供至東京各大主要飯店的接送服務。

03-3761-8111(9:00~17:30)
中文行程大多於濱松町的巴士總站乘車，部分於新宿駅東口
、依行程不同 www.hatobus.com/v01/tw
需事前上網預約並付費(可線上刷卡)，現在因為疫情暫停外語導覽行程

SKY BUS
スカイバス

想搭乘露天觀光巴士遊歷東京風景，在東京車站前可以搭乘這輛火紅色的雙層露天巴士，路線繞行東京最中央的皇居、銀座、丸之內一圈，耗時約50分鐘，一路上會有人詳細解說巴士行經的各棟建築或歷史，外國人也不用擔心，會提供導覽解說機，選個好天氣，不妨試試看東京的滋味吧！

03-3215-0008(9:30~18:00)
千代田区丸之內2-5-2三菱大樓前
依路線而定
繞行皇居的路線大人￥1,800，小孩￥900
www.skybus.jp
全程均為車內觀光。另外，雖然可以現場購票，不過事先預約可避免到現場才知座位已售完

計程車

東京的計程車十分多，在各大車站、百貨附近都看得到。而車資的計算，都內起跳車資大多為￥500，若是採距離制計費的話，約1公里後才會開始跳表，每行進255公尺增加￥100，晚上22:00至早上5:00之間需要加成。

東京地區共通票券

除了單次買票，東京地區複雜的交通，也衍生出結合不同交通系統的各式票券，方便旅客們配合行程使用。每一種套票都各有其優點，要怎麼決定自己適合哪一張票，其實只要抓出計劃中的行程景點，將各別的交通費列出，再與套票做比較，加加減減，最適合自己的套票就很明顯囉！

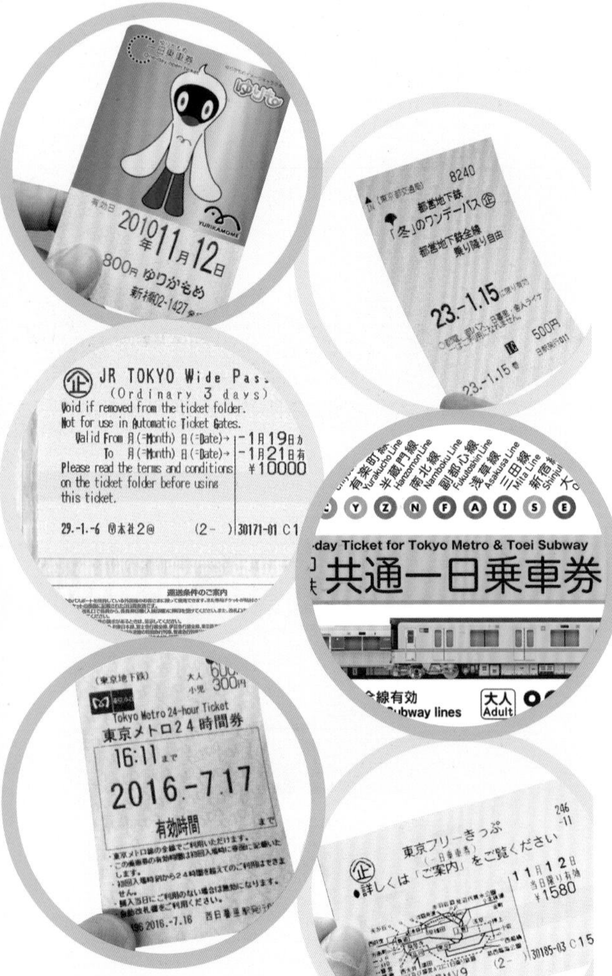

地鐵系統 優惠票券

東京地鐵通票 24/48/72小時
Tokyo Subway Ticket

坐多遠 依票券不同，可在使用後的24/48/72小時內任意乘坐東京Metro及都營地下鐵全線。

多少錢 24小時券，大人¥800，6~12歲小學生¥400。
48小時券，大人¥1,200，6~12歲小學生¥600。
72小時券，大人¥1,500，6~12歲小學生¥750。

哪裡買 **可持護照在以下地點購買：**

成田機場第一航廈及第二航廈1F的京成巴士售票櫃台

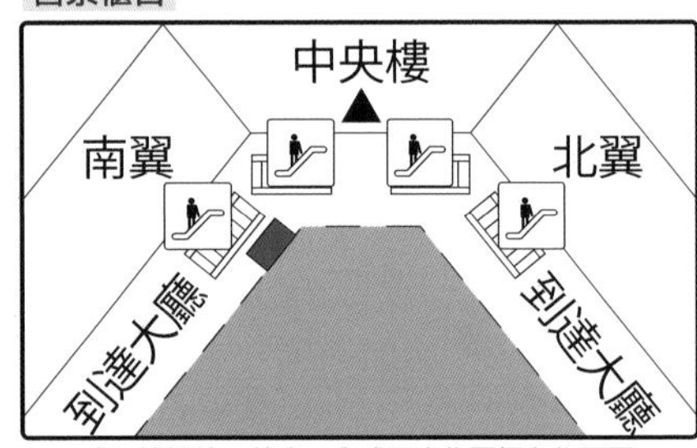

成田機場第一航廈1F京成巴士售票櫃台位置圖
■營業時間9:00～22:00

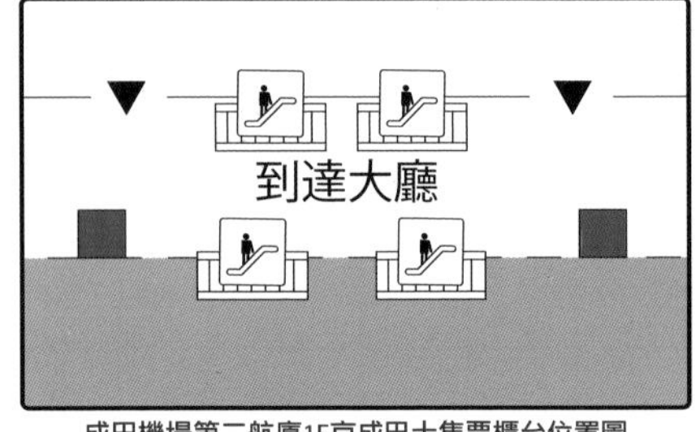

成田機場第二航廈1F京成巴士售票櫃台位置圖
■營業時間7:00～23:00

羽田機場第3航廈2F觀光資訊中心

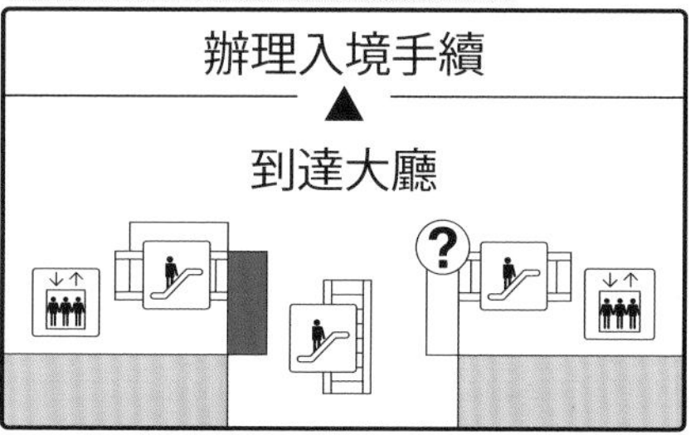

羽田機場國際線入境大廳2F觀光資訊中心
京成巴士售票櫃台位置圖
■營業時間5:30～翌日1:00

東京Metro旅客服務中心：上野駅、銀座駅、新宿駅、表參道駅、東京駅

HIS東京旅遊諮詢服務中心：原宿、品川、六本木

旅遊服務中心：東京City i、JNTO旅客服務中心（鄰近東京駅）、淺草文化觀光中心、池袋西武遊客資訊中心、澀谷站澀谷 CHIKAMICHI 綜合服務中心（道玄坂方向地下1F）、上野御徒町站旅客服務中心、上野旅遊服務中心、上野丸井Information Center 2F、新宿旅遊問訊處（尚有其他旅遊服務中心）

BIC CAMERA：有樂町店、新宿東口站前店、新宿西口店、赤坂見附站店、池袋總店、池袋西口店、澀谷東口店、澀谷八公口店(尚有其他分店)

飯店：東京全日空洲際飯店、東京希爾頓酒店、SAKURA HOTEL&HOSTEL（池袋、淺草、神保町、幡谷、日暮里），部分飯店只販售24小時券或大人票。

Tokyo Subway Ticket

※購入地點多，建議至官網確認。

※以上為2023年3月資訊

也可以先在台灣的旅遊網站預訂：
例如在KKday、Klook旅遊網站預訂成功之後，列印出紙本憑證，再到機場的指定地點兌換票券即可。

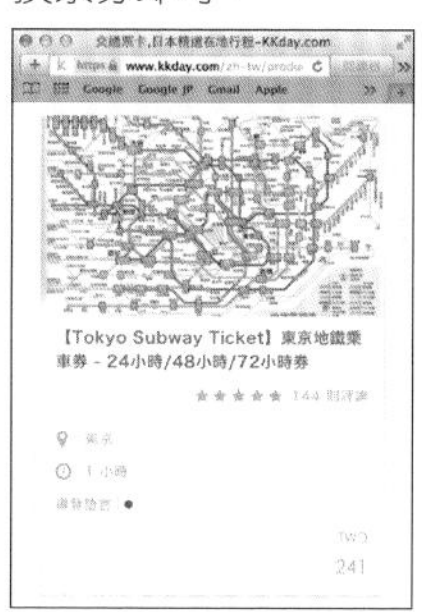

機場交通組合套票

多家交通業者都推出了結合東京地鐵通票的優惠套票，包括京成電鐵的Skyliner & Tokyo Subway Ticket，京急電鐵的京急・羽田地鐵共通乘車票，以及與利木津巴士、京成巴士（東京接駁巴士）組合的套票，相關資訊見P.72~85。

地鐵路線會與JR、私鐵直通運轉；也就是不同鐵路公司或不同車班的路線相互連接，藉以擴大鐵道使用範圍，但直通運轉區間內的鐵道路線並不屬於地鐵，故不適用此票券。

常遇到的區間如：東京Metro東西線接JR中央線(以中野站為界)，Metro千代田線接小田急小田原線(以代代木上原站為界)，Metro副都心線接東急東橫線(以澀谷站為界)，Metro副都心線、有樂町線接東武東上線(以和光市站為界)，Metro日比谷線接東急東橫線(以中目黑為界)，都營地下鐵淺草線接京急電鐵(以泉岳寺站為界)、京成電鐵(以押上站為界)，都營地下鐵新宿線接京王電鐵(以新宿站為界)。

優缺大比拚

優	缺
●範圍涵蓋整個東京都內，比JR線路更為深入	●不可利用JR系統鐵道
●價錢十分划算。拿24小時券與「東京Metro・都營地下鐵共通一日券」(大人￥900)比較，前者採小時計算更實際，票價￥800也較便宜，若購買72小時券，更相當於一天只要￥500就可搭遍東京地鐵系統	●新手需分得清楚使用線路

小結

東京地鐵通票對熟悉東京地鐵，或是想用地鐵玩東京的人來說，可說是目前最划算的一款票券。

一日券優惠 CHIKA TOKU

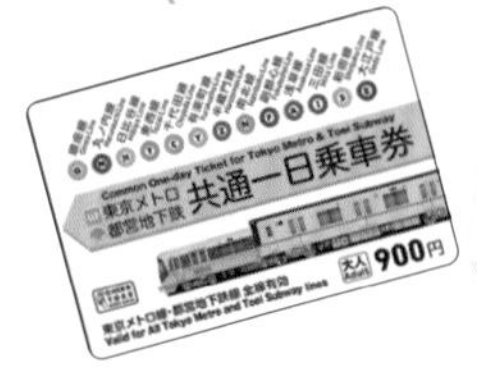

只要購買東京Metro或東京都交通局發售的各式一日乘車券，就可以在沿線多達230處景點及店家享有優惠，快確認有哪些超值優惠吧。

優惠類型

一日券優惠分為三種：贈送特典禮物、門票折扣，以及升級優惠。

使用方式

到該景點、店家消費時，事先出示身上適用的當日票券，即可享有優惠。

適用票券

- **東京地鐵通票Tokyo Subway Ticket**
- **東京Metro 24小時車票**
- **東京Metro．都營地下鐵共通一日券**
- **メトロ&ぐるっとパス**
- **都營一日乘車券**
- **都營地下鐵一日PASS**
- **都營路面電車一日券**
- **都營巴士一日券**
- **東京自由通票**
- **京急羽田/地下鐵共通票**

（以上省略部分票券，本章節中介紹票券若有圖示，代表可享優惠）

注意事項

當天的票券才適用：票券皆為當天的一日或24小時券才能享有優惠。

兩種一日遊IC卡車票不適用：都電一日遊IC卡車票、都營巴士一日遊IC卡車票不適用優惠活動。

不可錯過的超值優惠

CHIKA TOKU優惠多達230處，以下就為大家挑選出熱門景點的相關優惠，到這些景點遊玩時別忘了出示一日券，獲得獨享優惠。

六本木Hills：森美術館、東京City view展望台門票優惠折￥200

東京中城：Suntory美術館門票折￥100

上野動物園：原創周邊禮物（非賣品），在東園綜合案內所兌換

上野之森美術館：常設展門票折￥100

彌生美術館．竹久夢二美術館：門票折￥100

IKEBUS：一日券折¥50

東京水邊line：船資9折

東京都現代美術館：企劃展門票9折

池袋Esola、Echika：店家優惠

東京鐵塔：東京鐵塔原創商品

三井記念美術館：門票折￥100

Sky Bus：票券折扣

小石川後樂園、六義園、昭和館：門票優惠

東京Metro地鐵24小時車票

東京メトロ24時間券

使用後連續24小時內自由搭乘東京Metro全線。分為前售票和當日票。

大人￥600，6~12歲小學生￥300。

當天可在東京Metro的自動售票機購買，也可在東京Metro的定期券販賣所（定期券うりば）購買前售票。

當日票：東京Metro各車站的自動販賣機。僅限購票當日使用。

前售票：東京Metro定期券販賣所（中野駅、西船橋駅、渋谷駅除外）。售票月起6個月內任選一天使用。

無法搭乘都營地下鐵、JR、私鐵路線。如果搭到私鐵與JR的直通運轉區間，需另外補車資。

優缺大比拚

優	缺
●價錢划算。Metro單程至少￥180起跳，若是會於24小時內搭乘4次以上地鐵，或是車資總額超過￥600，都可以考慮購票。	●只適用東京Metro路線
●採24小時制，計算方式更為優惠	

小結

從一日乘車券改採時間制，對旅客來說較為優惠。但如果會乘坐都營地下鐵，或是搞不清楚地鐵線路的話，建議改買Tokyo Subway Ticket較為便利。

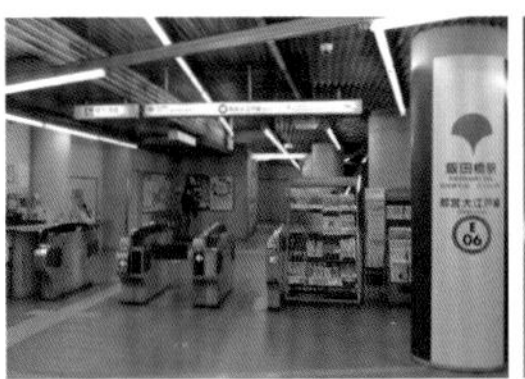

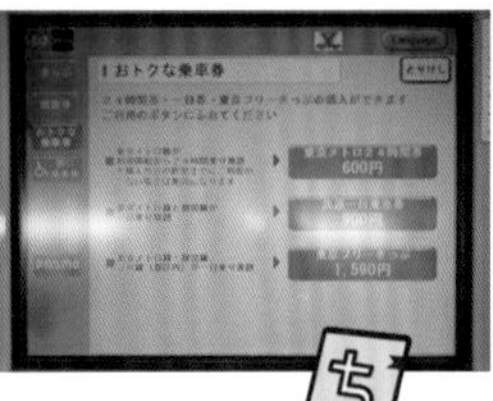

東京Metro・都營地下鐵共通一日券

東京メトロ・都営地下鉄共通一日乗車券

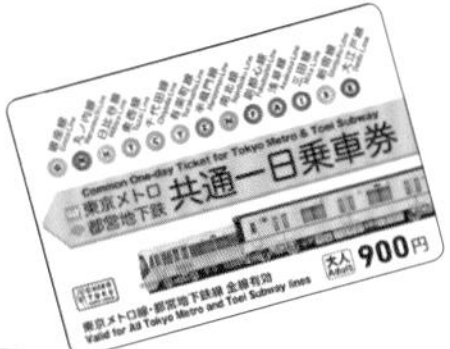

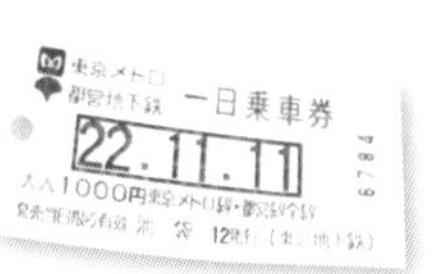

東京Metro地鐵和都營地鐵全線。

大人￥900，6~12歲小學生￥450。

當日票：東京Metro線各車站售票機、都營地下鐵各車站售票機。僅限購票當日使用。

前售票：東京Metro定期券販賣所（中野駅、西船橋駅、渋谷駅除外）；都營地下鐵各站站務員室（押上駅、目黒駅、白金台駅、白金高輪駅及新宿線新宿駅除外）。售票月起6個月內任選一天使用。

要注意

售票機僅販售當日券，因此僅限當日使用，請特別注意。

優缺大比拚

優	缺
●適用於東京Metro及都營地下鐵線路	●以日計算，非24小時制
●可以直接在售票機購買	●票價比東京地鐵通票貴一些

小結

如果沒有買到東京地鐵通票的話，可以考慮直接在售票機購入這一張票券，雖然是以日計算，但一早開始使用的話還是十分優惠。

都營一日乘車券

都営まるごときっぷ(1日乗車券)

1日內可無限次搭乘都營系列的所有交通工具；包括都營地下鐵、都營巴士、都電荒川線、日暮里・舍人線。

大人￥700，6~12歲小學生￥350。

當日票：都營地鐵各站、都營巴士和都電荒川線車內、日暮里-舍人線各站的自動售票機。僅限購票當日使用。

前售票：都營地鐵各站（部分站除外）、都營巴士和都電荒川線各站售票處、日暮里-舍人線（部分站除外）各站售票處。售票月起6個月內任選一天使用。

無法搭乘東京Metro、JR及其他私鐵系統，如果搭到私鐵與JR的直通運轉區間，需另外補差額車資。

優缺大比拚

優	缺
●適用於都電荒川線 ●票價實惠。都營地下鐵單程至少￥180，荒川線￥170起跳	●只限於都營系列的大眾運輸工具

小結

會搭乘東京Metro、不了解地鐵線路的話，建議改買其他通票。不過，因為適用於都電荒川線，還可以利用都營地下鐵轉乘前往，很適合想來趟荒川線小旅行的旅客。

都營地下鐵一日PASS

都営地下鉄ワンデーパス

都營地下鐵依季節推出期間限定的一日PASS，乘車時間限定週六日和例假日，乘車範圍為都營地下鐵的四條路線。

大人￥500，6~12歲小學生￥250。

都營地下鐵各站（押上、目黑、白金台、白金高輪及新宿線新宿站除外）。

此票券每季推出，發售時間不定，除了週六日及例假日外，也適用於特定日期，建議事先確認。

優缺大比拚

優	缺
●票價便宜，都營地下鐵單程至少￥180，只要搭2~3次即可回本	●週末及例假日才販售 ●只可搭乘都營地下鐵

小結

如果配合行程得當，也相當划算。但由於這是一張可遇不可求的票券，而且會利用東京Metro、JR系統的話，建議改買其他通票。

都營路面電車一日券

都電一日乗車券

當日可自由搭乘都電荒川線全線。

大人￥400，6~12歲小學生￥200。

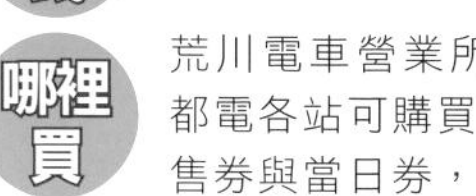

荒川電車營業所和都電各站可購買前售券與當日券，當日券也可直接在車上購買。此外，車上也可以直接用Suica或PASMO扣款購買一日券。

若是用Suica或PASMO扣款購買一日券，也就是使用都電一日IC卡車票的話，無法享有一日券的優惠。

優缺大比拚

優	缺
●可用於都電荒川線。都電荒川線車資￥170起跳，只要搭乘3次就可回本	●只限於都電荒川線，搭上荒川線以前的轉乘車資須另外計算

小結

如果想規劃一天的都電荒川線行程，隨興上下車、感受沿途生活氣息的話，可考慮這張票券，但建議把轉乘的車資一起算入，或許都營一日乘車券更為划算。

百合海鷗號一日乘車券

ゆりかもめ一日乗車券

可於一日內自由搭乘百合海鷗號全線。

大人￥820，6~12歲小學生￥410。

在百合海鷗線的各站自動售票機均可購買當日有效的一日票。

需要購買多張車票的話，須至新橋站、豐洲站的窗口購買。

優缺大比拚

優	缺
●票價划算。單程￥190起跳，不管是從豐洲還是新橋來回台場都需要￥660，若再到其他地點，車資很容易就回本	●只限於百合海鷗號全線，此外的轉乘車資須另外計算

小結

針對汐留、台場一帶推出的優惠票券，票價還算優惠，要前往汐留、台場一帶的話，可以盤算一番，考慮是否購買。

JR系統 優惠票券

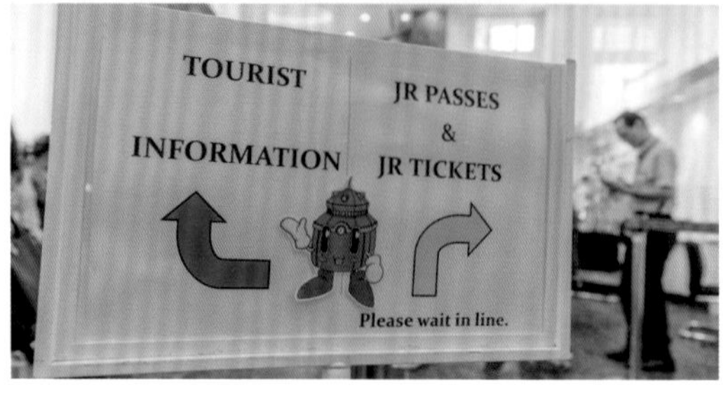

東京都市地區通票 Tokunai Pass

都区内パス

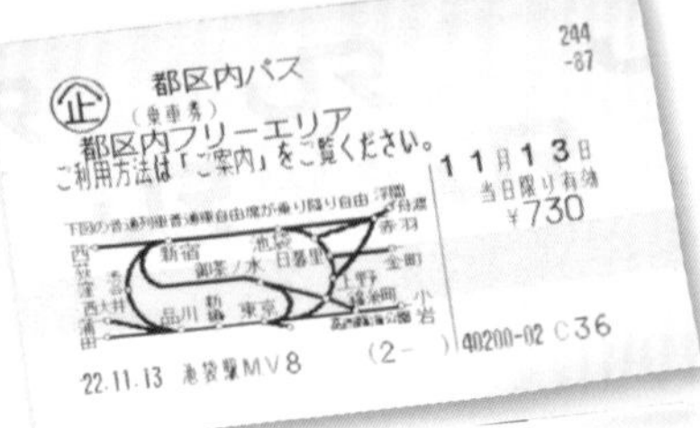

購票當日可無限次自由搭乘東京23區內各JR線的普通和快速列車自由席。除了新幹線のぞみ(NOZOMI,希望號)、みずほ(MIZUHO,瑞穗號)、はやぶさ(HAYABUSA,隼號)、こまち(KOMACHI,小町號)以外,也可加價搭乘在來線特急和急行列車。

大人¥760,6~12歲小學生¥380。

可於通票使用範圍內（東京23區內）的JR東日本主要車站內的指定席券售票機、JR EAST Travel Service Center購買。

當日券以外還有前售票（前売り券），有效期限為購票日起1個月內任1天。也可使用Suica手機app購買，但須注意只能購買當日券，且不能更改使用日期。

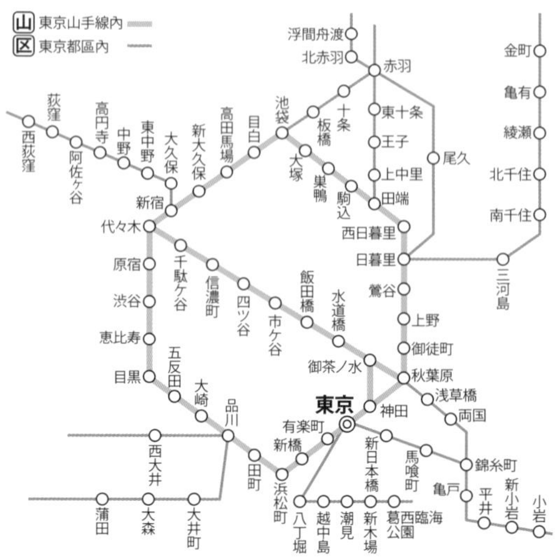

適用範圍為「東京23區內」，因此無法利用這張票券搭到屬於武藏野市的吉祥寺駅，吉卜力博物館所在的三鷹駅與迪士尼樂園所在的舞濱駅也都在適用區域以外，如果要搭配此張票券前往，需要補範圍外的JR車資。

優缺大比拚

優	缺
●票價優惠。JR單程車資至少¥150，只要1天搭個5、6次，此票券就已回本	●吉卜力博物館、迪士尼樂園、吉祥寺等景點在使用範圍之外
	●不可利用東京Metro、都營地下鐵系統
	●以日計算

小結

對於打算利用JR山手線、中央總武線玩遍東京都心精華區的旅客來說頗為划算，但因為旅客都會在大站周邊停留許久，記得事先計算一下車資。

各交通系統均有售，各站窗口也販賣前售票（前売り券）。但各站售票狀況不同，自動售票機也不多，以下列出銷售據點，但建議事先確認。

JR東日本東京都區內的部分指定售票機、JR EAST Travel Service Center

東京Metro線各站的售票機（日比谷線北千住、中目黒、中野、代々木上原、和光市、半蔵門線及副都心線的渋谷、目黒除外）

都營地下鐵線各站（押上、白金高輪、白金台、目黒、新宿除外）

日暮里・舍人線各站的售票機

前售票有效期限為購票日起1個月內任1天。
前售票可於都營地下鐵各站（押上、白金高輪、白金台、目黒、新宿除外）及日暮里・舍人線購買。

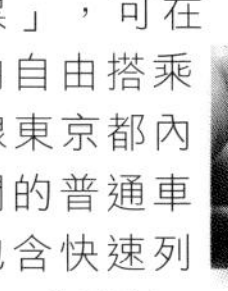

東京自由通票
東京フリーきっぷ

又稱「東京環遊車票」或「東京旅遊車票」，可在1日內自由搭乘JR線東京都內區間的普通車（包含快速列車）、東京Metro全線、都營地鐵全線、都電荒川線、包含多摩地方在內的都營巴士全線（深夜巴士、定員制巴士除外），以及日暮里・舍人線全區間。

大人￥1,600，6~12歲小學生￥800。

優缺大比拚

優	缺
●適用範圍廣泛，適合1日內會頻繁使用各交通系統，或是搭乘距離較遠的遊客	●售價較高，而且JR與地鐵系統各站多交會重疊 ●以日計算，需把握好一天的時間加以利用

小結

一般遊客購買地鐵的一日券大多已足夠，如果確定1日內會在各大鐵道轉來轉去且總車資超過￥1,600，購入自然划算。

JR東京廣域周遊券

JR Tokyo Wide Pass

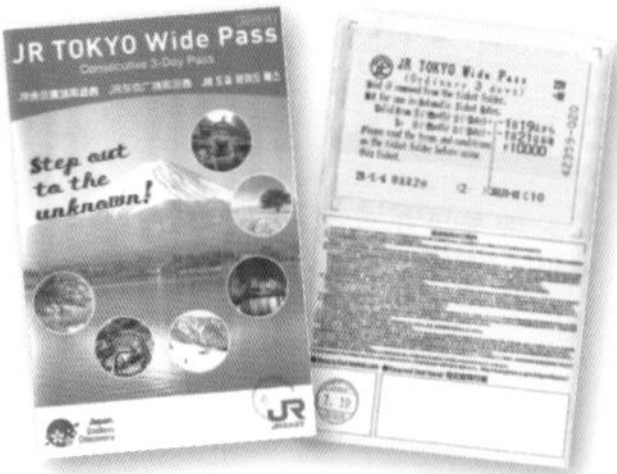

持JR東京廣域周遊券的旅客，可於連續3天內不限次數搭乘以下區間內的特快（含新幹線）、急行、普通列車（含快速）之普通車廂指定席和自由席座位。

適用區間

JR東日本線

東京單軌電車全線

富士急行全線

伊豆急行全線

埼玉新都市交通線(New Shuttle)的「大宮~鐵道博物館間」

東京臨海高速鐵道線全線

東武鐵道下今市~東武日光及鬼怒川溫泉的普通（含快速）列車，與JR直通運轉的特急「日光號」、「鬼怒川號」、「SPACIA鬼怒川號」也可使用

大人￥10,180，6~12歲小學生￥5,090。

可持護照在以下地點購買：

JR EAST Travel Service Center：成田機場、羽田機場、東京駅、新宿駅、上野駅、池袋駅、澀谷駅

綠色窗口（みどりの窓口）：成田機場

兩種車不可搭：東海道新幹線、JR巴士

這些車若搭了要多付費用：綠色車廂以及GranClass(特等)車廂，搭乘的話需要另外支付費用。

需另付指定席票：搭乘富士急行線「富士山特急」、「富士山View特急」1號車廂、「富士登山電車」需另付指定席票。

特定時間才能使用：上越新幹線的越後湯澤站到GALA湯澤站區間，只在冬季~春季期間可利用。在GALA滑雪場出示周遊券可享「空中纜車券」、「纜車・吊椅一日券」優惠。適用期間為12月中旬~5月上旬(2022年為2022/12/17~2023/5/7)。

JR PASS須知

針對外國人的PASS一般會先在海外購買，可以透過代理的旅行社買到。在台灣會先買到一張兌換券，抵達日本後，在JR窗口兌換成可以使用的車票。最後，這類PASS大多是大範圍移動才會真正划算。如果你只打算在某地（例如東京）定點旅遊，那麼地鐵一日券等可能比較適合你喔！

優缺大比拚

優	缺
●交通網絡涵蓋富士山、伊豆、草津、輕井澤、那須高原、日光、鎌倉、水戶等東京近郊著名觀光景點	●主要遊玩地在都心內的話並不適用
●可以搭乘往返成田機場的N'EX成田特快，通往羽田機場的東京單軌電車也在範圍內	●期限為連續三天內有效，需做好行程規劃才可將票券發揮到極致

小結

許多遊客都將東京行程重點放在都內，但若是想開發近郊的資深玩家，或是想感受與都內不同的風光，這絕對是非買不可的超值票券。

江之島・鎌倉周遊券
江の島・鎌倉フリーパス

一日內無限搭乘江之電全線、小田急線藤澤～片瀨江之島區間，還有小田急線的來回票（出發站～藤澤），可以説是從東京到鎌倉最便宜的套票。

江之島・鎌倉周遊券

價格依起迄站不同；小田急新宿駅~藤澤+自由區間，大人¥1,640，6~11歲¥430。

可在小田急各站的自動售票機，或是到小田急旅遊服務中心購入，也可以透過網站EMot購買電子票券。

一日券包括小田急沿線的來回車票，只要加購特快車票，就可以搭乘小田急浪漫特快了。

箱根周遊券
箱根フリーパス

箱根周遊券分成2日、3日券，可在期限內無限次搭乘串聯箱根的8大交通工具，包含搭乘箱根區域內的箱根登山電車、箱根登山巴士（部分區間）、箱根登山纜車、箱根空中纜車、箱根海賊船、小田急箱根高速巴士（部分區間）、觀光設施巡迴巴士、東海巴士（部分區間），另外也有小田急線的來回車票（出發站~小田原）。

箱根周遊券

❗因為受疫情影響，箱根山內的交通工具可能視情況減少班次，可以在網站「箱根Navi」查詢最新班次消息。

新宿出發2日券大人¥6,100、6~11歲¥1,100，3日券大人¥6,500、6~11歲¥1,350。

小田急鐵道沿線車站自動販賣機及旅遊服務中心、箱根登山鐵道主要站、箱根登山巴士旅遊服務中心、日本旅行、近畿旅行等各大旅行社，也可以透過網站EMot購買電子票券。

因為內容包含小田急沿線來回車票，加購特快車票就可以搭乘小田急浪漫特快。

日光廣域周遊券
Nikko All Area Pass

專為外國遊客推出的4天3夜優惠券，包含從淺草~下今市的來回車票，時間內不限次數搭乘下今市~東武日光、下今市~新藤原等站的東武鐵道，且可不限次數搭乘區域範圍內的東武巴士。

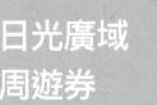
日光廣域周遊券

夏季（4/20~11/30）大人¥4,780，小孩¥1,330；冬季（12/1~4/19）大人¥4,160，小孩¥1,080。

東武淺草駅、池袋駅內的東武旅遊服務中心、東武淺草站1F售票口。也可事先於線上或代理旅行社購買，再到淺草駅的東武旅遊服務中心兑換票券。

特急券需另外購買，在東武淺草駅1F東武旅遊服務中心及東武淺草駅1F售票口買周遊券時加購特急券可享8折。

JR東日本鐵路周遊券(長野、新潟地區)
JR EAST PASS (Nagano, Niigata area)

外國遊客限定的周遊券，包含往伊豆、日光、鬼怒川等地區路線。可於購票後連續5天，不限次數搭乘JR東日本全線、東京單軌電車全線、北越急行全線、伊豆急行全線的特快、快速和普通列車。另外還適用於越後TOKImeki鐵道（直江津~新井）、東武鐵道、JR巴士部分區間，詳見官網。

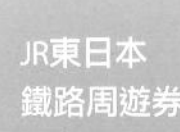
JR東日本鐵路周遊券

大人¥18,000，6~11歲¥9,000。

可以在台灣代理店內購買，到日本後再持券至各大車站的JR遊客中心換車票。也可以抵達日本後直接購買。

要搭乘新幹線、特急列車的指定席，需要先到JR綠色窗口索取指定席券、特急券。

JR山手線

JR山手線是屬於JR東日本的運行系統，主要運行區間是東京都內中心部一圈，連接澀谷、原宿、新宿、池袋等東京最熱門的旅遊景點，雖然新興景點不見得會座落在山手線上，但基本上只要是想去的地方，從山手線上一定都找得到轉車站。最重要的是山手線為環狀運行，因此不論搭上內回り或外回り列車，都會抵達目的地，就算搭錯方向也可以馬上轉換方向，是遊覽東京都的最佳交通利器。

基本資訊

起訖站發車時間：外回首班車4:25池袋發車，末班車0:21到達池袋；內回首班車4:34池袋發車，末班車0:31到達池袋。約每3~6分鐘一班車。

起訖點：東京~東京

通車年份：1925年開始環狀運行

車站數：30站

總長度：34.5km

全線行駛時間：約60分

車種：山手線本身各站皆停，但因為全線和其他JR共線，因此有部分有特急、快速等的區分。如果不小心搭到特急需另補差價。

逆時針的「內回り」和順時針「外回り」

「內回り」：

由大崎→品川→東京→秋葉原→上野→日暮里→池袋→新宿→原宿→渋谷→大崎。

「外回り」：

由大崎→渋谷→原宿→新宿→池袋→日暮里→上野→秋葉原→東京→品川→大崎。

重要轉運站

上野：有京成電鐵往成田機場，並可轉搭新幹線。

秋葉原：筑波特快線可以前往筑波，京成千葉線則可達千葉。

神田：可轉搭JR中央線，橫斷JR山手線抵達新宿。

東京：JR所有線路和新幹線均在此交會。

新橋：轉搭ゆりかもめ（百合海鷗號）往台場地區

濱松町：有東京單軌電車往羽田機場。

品川：有京急電鐵往羽田機場，並可轉搭新幹線。另外，JR京濱東北線往橫濱，橫須賀線通往鎌倉。

澀谷：東急東橫線往代官山、中目黑、自由之丘，京王井之頭線往下北澤、吉祥寺。

新宿：小田急線往箱根，中央線往三鷹、井之頭公園。

Knowledge Supply

山手線二三事

依照日本國土交通省鐵道區出版的《鐵道要覽》一書，山手線其實是指從港區的品川駅為起點，經由新宿、池袋到田端的這一段路線，從田端到品川則是由東北本線與東海道本線共通組成，但大多還是將其實際運行一圈的區間稱為山手線。

山手線轉乘圖

環狀運行的山手線對新手來說非常實用，圖中綠色車站為東京都內的主要轉運大站，這些車站都有多條鐵道線路通過，轉乘方便卻也十分複雜，後文會深入這些JR車站，了解相關資訊。

除了綠色的轉運大站，從山手線沿線車站延伸出的線路代表與該站相連，也就是可以轉乘的路線，舉品川車站為例，從品川延伸出京急本線、東海道新幹線、JR京濱東北線・東海道線・橫須賀線，意為從品川可轉乘上述三條路線，是不是很簡單呢，稍微研究一下，就可以利用山手線串聯各家鐵道，暢遊東京了。

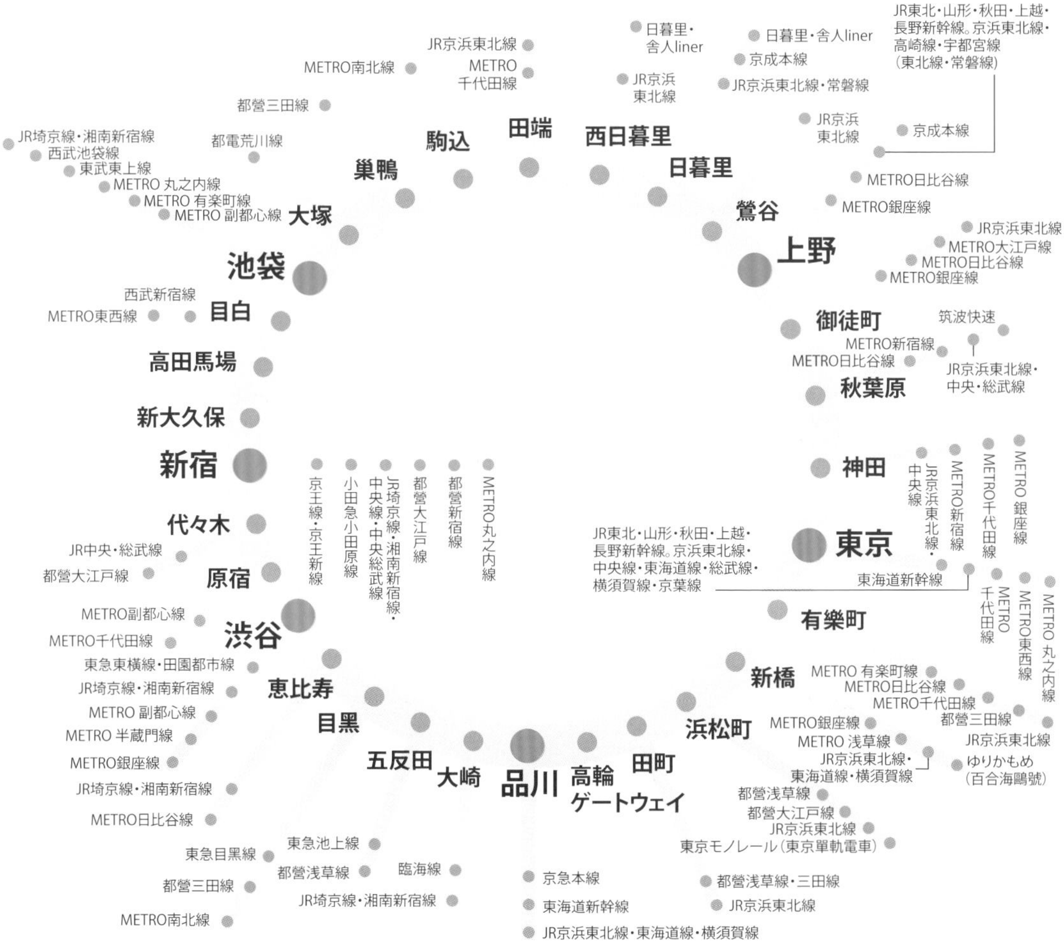

田端
JR京浜東北線
METRO千代田線

駒込
METRO南北線

巣鴨
都營三田線

大塚
都電荒川線

池袋
JR埼京線・湘南新宿線
西武池袋線
東武東上線
METRO 丸之内線
METRO 有楽町線
METRO 副都心線

目白

高田馬場
西武新宿線
METRO東西線

新大久保

新宿
京王線・京王新線
小田急小田原線
JR埼京線・湘南新宿線・中央線・中央総武線
都營大江戸線
都營新宿線
METRO丸之内線

代々木
JR中央・総武線
都營大江戸線

原宿

渋谷
METRO副都心線
METRO千代田線
東急東横線・田園都市線
JR埼京線・湘南新宿線
METRO 副都心線
METRO 半蔵門線
METRO銀座線

恵比寿
JR埼京線・湘南新宿線
METRO日比谷線

目黒
東急目黒線
都營三田線
METRO南北線

五反田
東急池上線
都營浅草線

大崎
臨海線
JR埼京線・湘南新宿線

品川
京急本線
東海道新幹線
JR京浜東北線・東海道線・横須賀線

高輪ゲートウェイ

田町
都營浅草線・三田線
JR京浜東北線

浜松町
都營浅草線
都營大江戸線
JR京浜東北線
東京モノレール（東京單軌電車）

新橋
METRO銀座線
METRO 浅草線
JR京浜東北線・東海道線・横須賀線
ゆりかもめ（百合海鷗號）

有樂町
METRO 有楽町線
METRO日比谷線
METRO千代田線
都營三田線
JR京浜東北線

東京
JR東北・山形・秋田・上越・長野新幹線。京浜東北線・中央線・東海道線・総武線・横須賀線・京葉線
東海道新幹線
JR京浜東北線・中央線
METRO新宿線
METRO千代田線
METRO 銀座線
METRO千代田線
METRO東西線
METRO 丸之内線

神田

秋葉原
METRO日比谷線
JR京浜東北線・中央・総武線
筑波快速

御徒町
METRO新宿線

上野
JR京浜東北線
METRO大江戸線
METRO日比谷線
METRO銀座線

鶯谷

日暮里
METRO日比谷線
METRO銀座線
JR京浜東北線
京成本線
JR東北・山形・秋田・上越・長野新幹線。京浜東北線・高崎線・宇都宮線（東北線・常磐線）

西日暮里
日暮里・舎人liner
JR京浜東北線
日暮里・舎人liner
京成本線
JR京浜東北線・常磐線

車站介紹

東京交通繁忙，通勤的學生、分秒必爭的上班族、遠道而來的觀光客都在其中，車站人流十分可觀，轉乘大站涵蓋多條鐵道線路，站體複雜程度自然不在話下。觀光客最常利用的JR山手線上就有東京、新宿、品川、上野、澀谷、池袋幾個主要車站，出發前先認識這些車站、掌握基本概念，就不怕迷失方向了。

東京駅

東京駅是東京與其他地方縣市聯繫的交通樞紐。車站總面積有三個東京巨蛋大，通往各地的新幹線皆由此站出發，彙集了新幹線在內的15條鐵道路線，每天約有4000班以上的普通、長途、特急、寢台列車停靠，來往旅客人數更超過180萬人次。車站主體的文藝復興式紅磚建築已有百年歷史，而一旁的丸之內則是新興的商業辦公區，以丸大樓、KITTE為首，從辦公區漸漸轉變為精緻的購物商圈。

出口指南

龐大的東京車站總是讓人擔心迷失，以下就針對東京車站的出口說明，只要掌握出口通往的景點、方向，可以省下不少移動時間。

八重洲口

八重洲口是非常典型的車站百貨與地下街商場，地面出口分為南口、北口、中央口，車站外則是櫛比鱗次的商店招牌，前往日本橋、京橋地區比較快。

丸之內口

東京車站正門面向丸之內一帶是日本金融業的大本營，車站周邊幾乎都是辦公大樓，出口同樣分為南口、北口、中央口，東京Metro丸之內線出口直通丸大樓，若要前往皇居由中央口出站最便利。

出口／方向	八重洲口	丸の内口
北口	大丸百貨、日本橋方面、黑塀橫丁、東京丸之內大都會飯店	大手町方面、丸善OAZO、iiyo!!、JR東日本旅行服務中心
中央口	八重洲地下街、東京駅一番街	皇居、新丸大樓、東京車站大飯店
南口	京橋方面、銀座有樂町方面、八重洲地下街、JR高速巴士乘車處	HATO BUS、KITTE、丸大樓、皇居、馬場先門、三菱一号館美術館

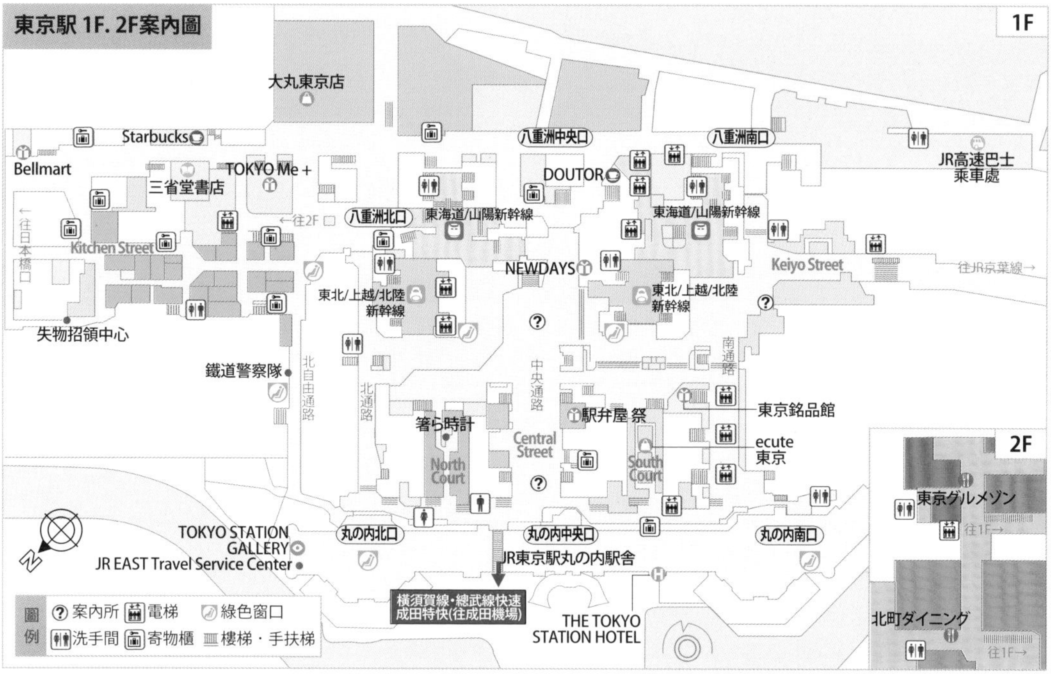

東京駅 1F. 2F案內圖

1F

大丸東京店
Starbucks
Bellmart
TOKYO Me＋
三省堂書店
DOUTOR
八重洲中央口
八重洲南口
八重洲北口
JR高速巴士乘車處
東海道/山陽新幹線
東海道/山陽新幹線
←往2F
往日本橋口
Kitchen Street
NEWDAYS
Keiyo Street
往JR京葉線→
東北/上越/北陸新幹線
東北/上越/北陸新幹線
失物招領中心
鐵道警察隊
北自由通路
北通路
中央通路
南通路
東京銘品館
駅弁屋 祭
箸ら時計
Central Street
ecute 東京
North Court
South Court
TOKYO STATION GALLERY
JR EAST Travel Service Center
丸の内北口
丸の内中央口
丸の内南口
JR東京駅丸の内駅舍
橫須賀線•總武線快速
成田特快(往成田機場)
THE TOKYO STATION HOTEL

2F
東京グルメゾン
往1F→
北町ダイニング
往1F→

圖例：案內所　電梯　綠色窗口　洗手間　寄物櫃　樓梯・手扶梯

新手看這裡

東京駅有專屬網站

中文、日文及英文版本，資訊豐富，包括站內平面圖、周邊地圖、巴士及計程車乘車處、商店、餐廳等訊息都在其中，還可以連到置物櫃搜尋頁面，建議多多利用。

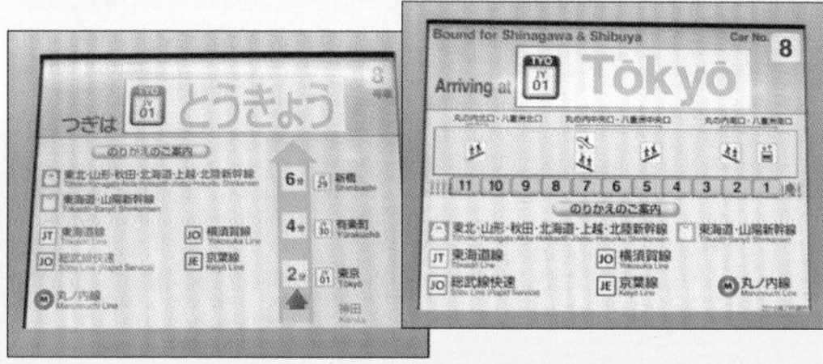

善用電車內電子螢幕資訊

拖著行李上下月台樓梯不僅吃力，人潮擁擠時更十分危險，其實不論JR或地鐵系統，下車前電子螢幕大多會秀出停靠站的資訊指南，不僅告訴你可以轉乘哪一條線，還會告訴你月台構造，標出可利用的電梯、手扶梯，下車前確認一下，就可以省下不少力喔。

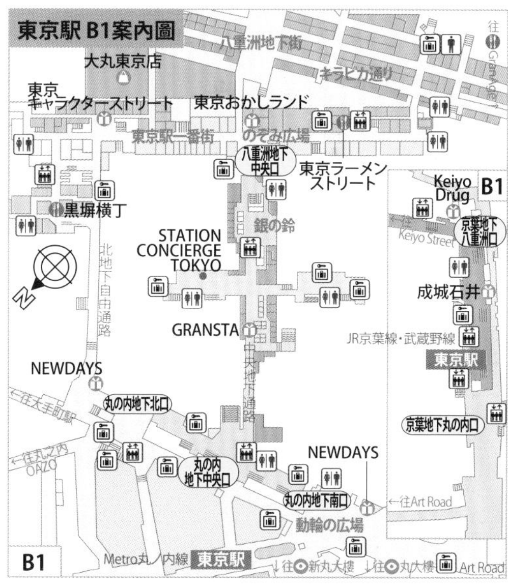

置物櫃指引

東京駅內擁有超過4000個置物櫃，不過有些地方的置物櫃總是一位難求，其實置物櫃也有分熱門與冷門區域，四處尋找櫃子之前，記得掌握以下幾點。

善用檢索機

除了靠自己人工尋找置物櫃，也可以善加利用機器。東京駅設有「東京駅Suicaロッカー検索」，可以找出各樓層空著的置物櫃喔！

改札口內：檢索機在1樓的中央通路案內所(鄰近新幹線中央轉乘口)及丸之內中央口旁，還有一台在地下一樓的Granstа內。地下一樓不僅有檢索機，更有大量置物櫃，一旁還有寄放行李的服務櫃台，非常方便。

改札口外：八重洲地下中央口、東京駅一番街入口前。

檢索機怎麼用：JR及東京Metro的檢索機幾乎一樣，只需要按幾下就可以知道哪裡有空置物櫃，以下用JR上野駅的檢索畫面解說。

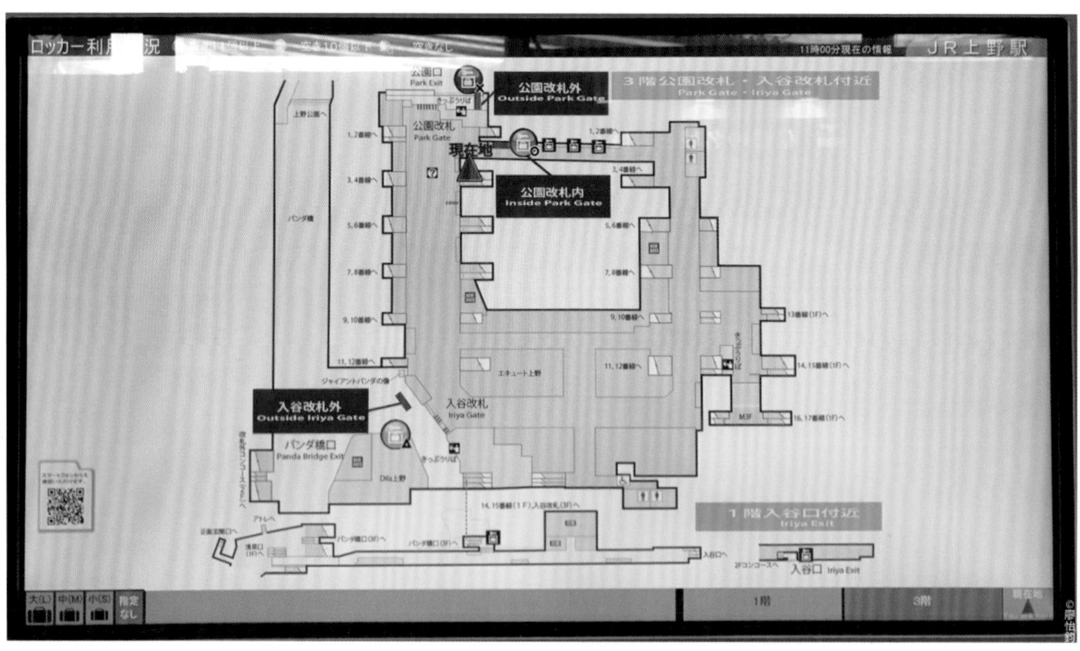

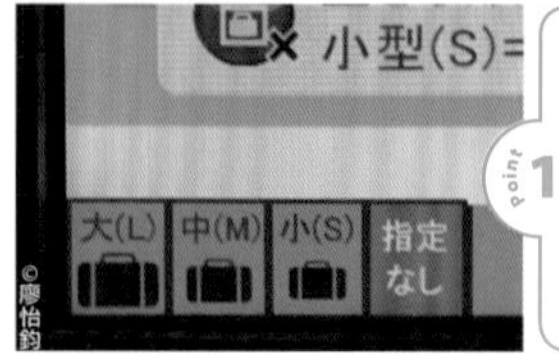

Point 1 選擇置物櫃大小、樓層（東京Metro還可選擇語言）

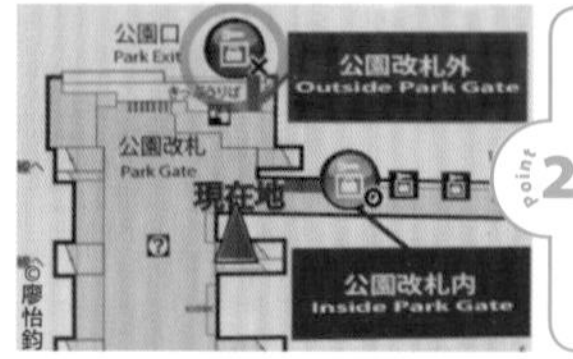

Point 2 點選圖示確認置物櫃空餘數量（圖示顏色具意義，綠色：有剩、黃色：所剩不多、紅色：已滿）

1樓八重洲口與丸之內連絡道路上的置物櫃，因為大多數旅客都會直接在入口處寄放行李，通道上的置物櫃反而容易有空位。

如果從機場到東京車站後，想直接開始逛街，可以先到地下4樓，這裡有大量的投幣式置物櫃，因為在地下樓層，空著的機率很大。從地面進站的話，建議從丸之內口搭乘電梯下來，也很方便。

置物櫃之外，丸之內北口的JR旅客中心也可寄放，一件￥600，服務時間為7:30~20:30。八重洲北口的大丸也在3樓設有行李寄放處，一件￥509，服務時間為10:00~19:30。

新手看這裡

利用網路查詢置物櫃位置

除了找到檢索機，置物櫃旁還放有站內的置物櫃地圖，可自由拿取，另外也可以利用網路查詢置物櫃位置。

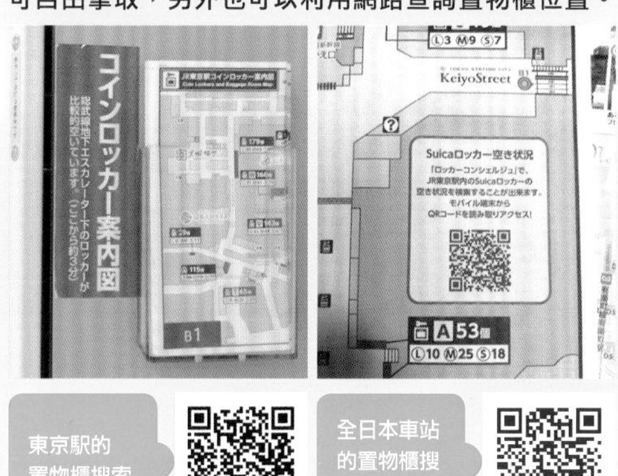

找到置物櫃後，發現不是傳統的鑰匙型鎖櫃，一時不知道該怎麼使用？智慧型的置物櫃機台雖然類型略有不同，操作方式大致相同，快看看以下解說。

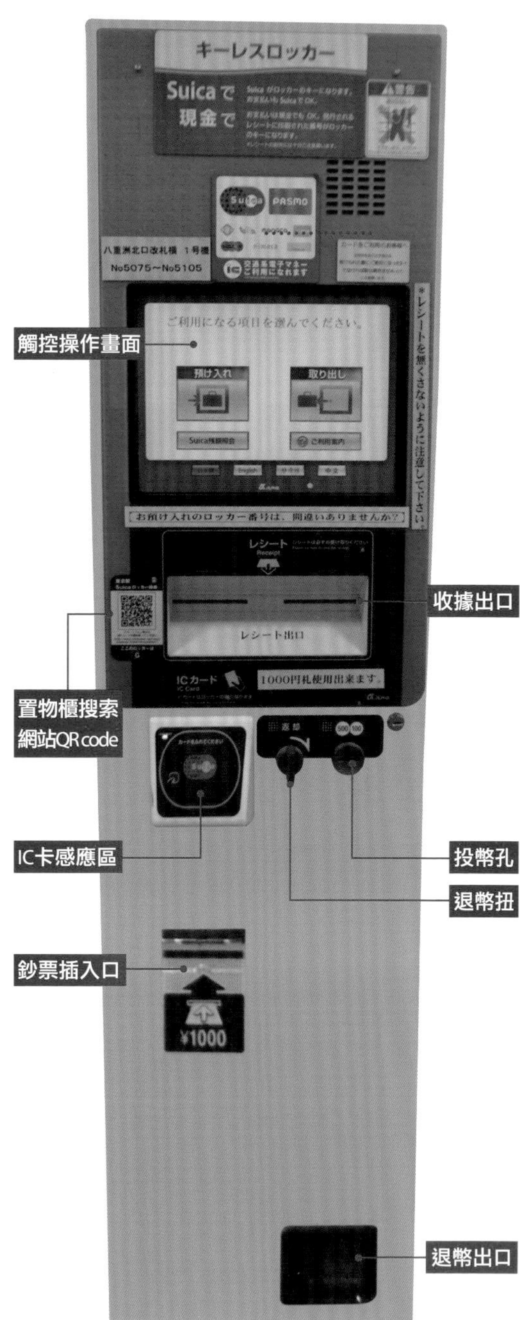

寄物

Step 1

找到置物櫃、放入行李、確認櫃子燈號為紅色上鎖狀態

Step 2

於操作畫面點選、確認所用的置物櫃

Step 3

選擇支付方式，投現金或感應Suica卡付費

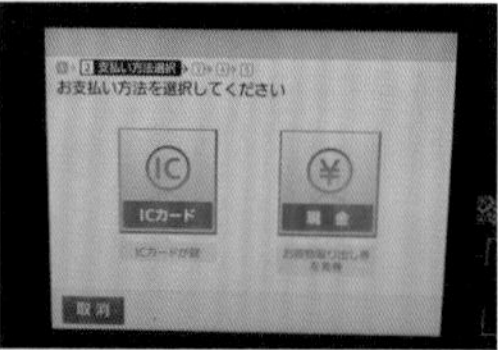

Step 4

拿取利用證明書（或收據），現金支付的話紙上會有密碼或QR code，怕弄丟可以先用手機拍照存好，接著就可以繼續旅程

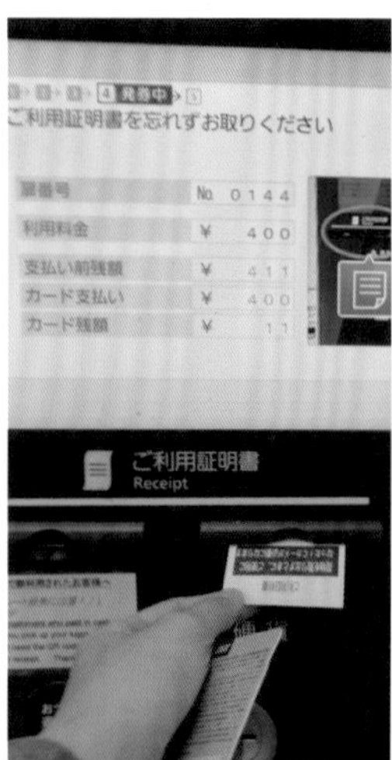

ご利用証明書

荷物を取り出すときに、ご使用になったＩＣカードが必要になります

◆ご利用内容
ご利用開始 2017/06/03 17:53
ご利用場所 JR上野駅
ロッカールーム B
扉番号 0144
ご利用料金 ¥400
カード支払い ¥400
カード残額 ¥11
カード番号 JE***********1406

株式会社東日本環境アクセス
上野コインロッカー事業所
03-3841-0482

B

取物

Step 1

找到置物櫃，點選畫面上的「取り出し」

Step 2

依照寄物時的付費方式，若是以IC卡付費就選擇「Suica(ICカード)」，或選擇現金付費選項(「お荷物取り出し券」或「暗証番号」)

Step 3

如果是以Suica付費的話，感應Suica卡就可迅速解鎖

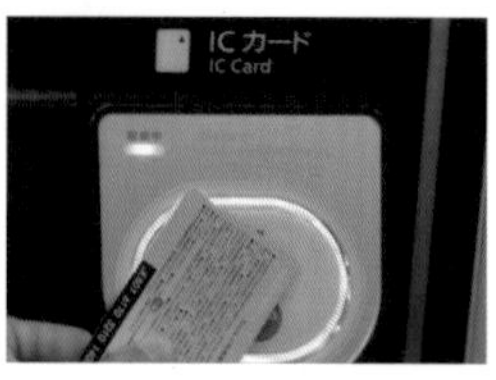

Step 3

如果付現金的話，輸入證明書上的密碼or感應QR code即可解鎖

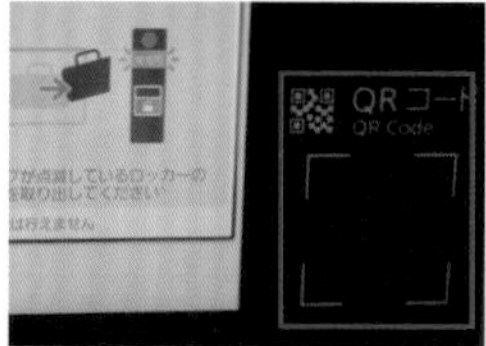

Step 4

確認畫面解鎖的櫃子號碼，到置物櫃取出物品就可以了

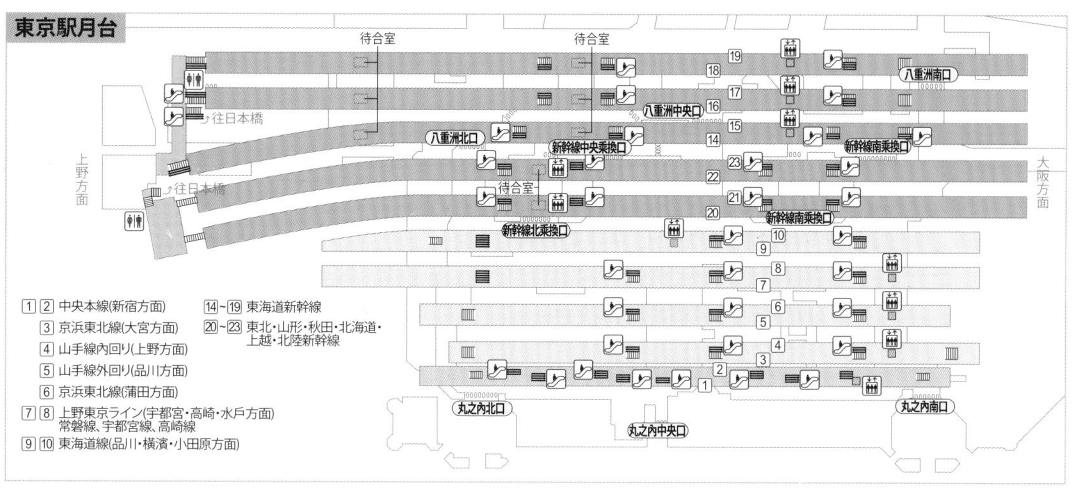

乘車指南

簡單來說，八重洲口一側為新幹線，而中央通道至丸之內口側則是在來線的東京市區與近郊地方路線。

站內月台依樓層區分，最大的月台層共有23個月台，最常被利用的山手線在4號(內回、往上野)、5號(外回、往品川)月台。

総武本線・橫須賀線及京葉線(包括往成田機場)的月台則在丸之內中央口地下4~5樓。

月台與對應線路

丸之內口側

1、2號：中央本線、往新宿(東京西側)
3號：京浜東北線、往大宮(埼玉縣方向)
4號：山手線(內回、往上野)　5號：山手線(外回、往品川)
6號：京浜東北線、往蒲田(橫濱方向)
7、8號：上野東京線、宇都宮線、常磐線、高崎線
9、10號：東海道本線、往品川、橫濱、小田原、熱海、伊東

新手看這裡

Q 東京駅的京葉線可以到東京迪士尼，從這裡出發就對了嗎？

A **從東京駅搭乘京葉線到迪士尼約15分鐘，車程不算太久，但是京葉線月台位在地下4樓，許多遊客甚至還帶著行李準備入住飯店，如果無法找對路線的話，到月台的路途可是十分遙遠。時間充裕的話建議搭乘迪士尼接駁巴士，或者搭東京Metro到八丁堀駅轉搭JR京葉線，可以省下大段路程。**

八重洲口側

14~19號：東海道新幹線
20~23號：東北・山形・秋田・北海道・上越・北陸新幹線

地下4樓京葉線

1~4號：京葉線、往房總(特急細波、若潮)
京葉線、往舞濱(東京迪士尼)・蘇我

地下5樓總武線

1~4號：總武本線・橫須賀線(往千葉銚子)(特急)
總武本線・橫須賀線(往成田機場)(快速、成田特快N'EX)

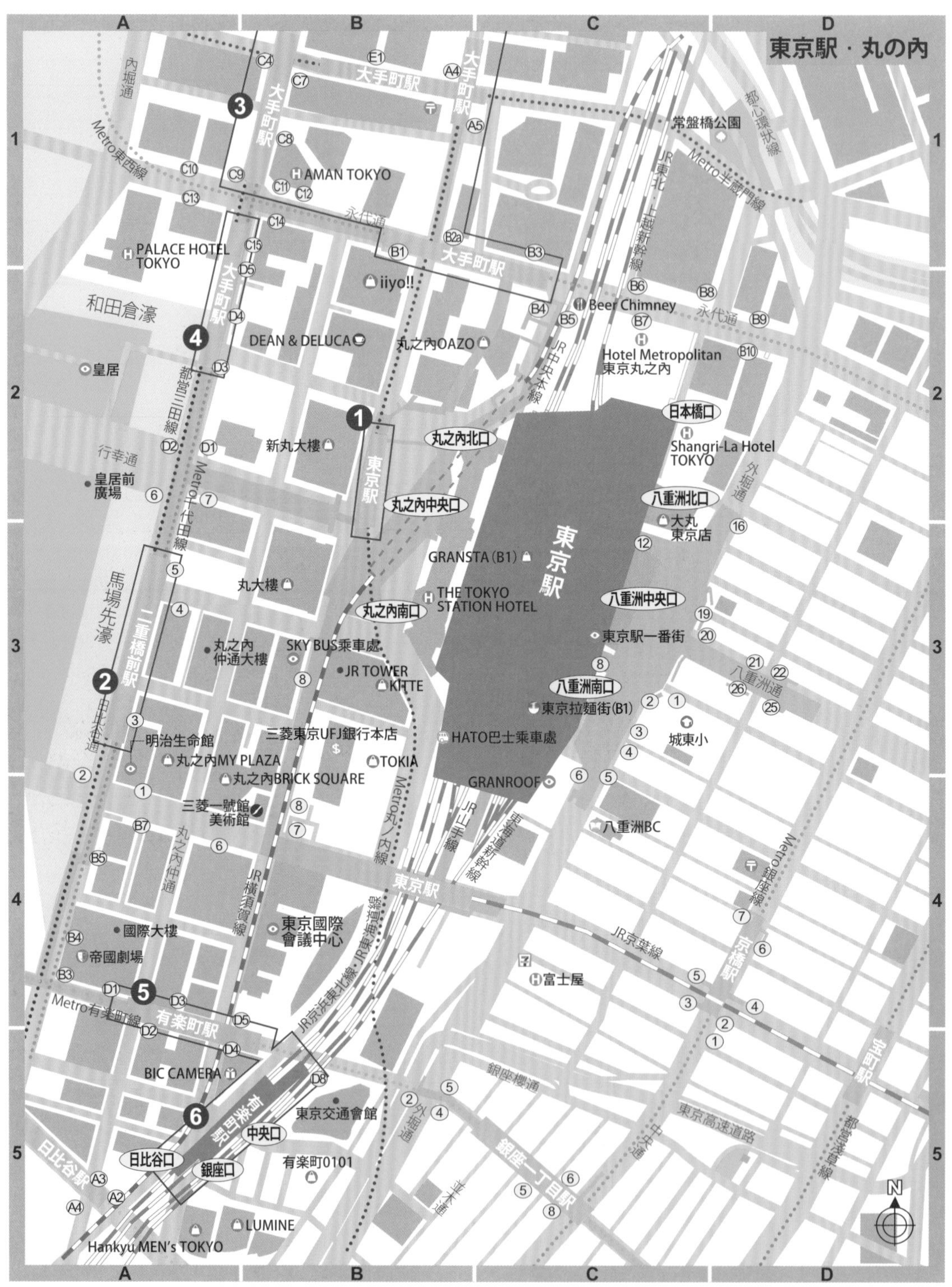
東京駅・丸の內
大手町駅
HAMAN TOKYO
PALACE HOTEL TOKYO
iiyo!!
DEAN & DELUCA
丸之內OAZO
和田倉濠
皇居
Beer Chimney
Hotel Metropolitan 東京丸之內
常盤橋公園
新丸大樓
丸之內北口
日本橋口
Shangri-La Hotel TOKYO
皇居前廣場
丸之內中央口
八重洲北口
大丸東京店
GRANSTA (B1)
東京駅
丸大樓
THE TOKYO STATION HOTEL
丸之內南口
八重洲中央口
馬場先濠
二重橋前駅
丸之內仲通大樓
SKY BUS乘車處
東京駅一番街
JR TOWER KITTE
八重洲南口
東京拉麵街(B1)
城東小
三菱東京UFJ銀行本店
明治生命館
丸之內MY PLAZA
HATO巴士乘車處
TOKIA
丸之內BRICK SQUARE
GRANROOF
三菱一號館美術館
八重洲BC
國際大樓
帝國劇場
東京國際會議中心
富士屋
有楽町駅
BIC CAMERA
東京交通會館
中央口
日比谷口
銀座口
有楽町0101
日比谷駅
LUMINE
Hankyu MEN's TOKYO
銀座一丁目駅
京橋駅
宝町駅
東京高速道路
銀座櫻通
JR京葉線
Metro東西線
Metro半藏門線
Metro千代田線
Metro丸ノ內線
Metro有楽町線
Metro銀座線
都營三田線
都營淺草線
JR中央本線
JR山手線
JR橫須賀線
JR京浜東北線・JR東海道線
JR東北・上越新幹線
東海道新幹線
內堀通
永代通
行幸通
日比谷通
丸之內仲通
外堀通
八重洲通
中央通
都心環狀線

周邊車站交通指南

JR東京駅緊鄰著多條電車路線，若將地上地下的移動距離計入，不算上近，但假設前往東京駅周邊時所利用的交通就是下列路線，可考慮在這些車站下車，從地面徒步移動即可。

電車轉乘

❶ 東京Metro東京駅 ：丸之內線

距離JR東京駅最近的地下鐵路線車站，可前往銀座、新宿、池袋等方向。車站直通商業設施丸大樓。

❷ 東京Metro二重橋前駅 ：千代田線

可前往原宿、北千住方向，是距離皇居最近的車站。

❸ 東京Metro大手町駅 ：丸之內線、千代田線、東西線、半藏門線

依據路線不同可通往銀座、新宿、中野、飯田橋、北千住、澀谷、清澄白河、押上(東京晴空塔)等方向。出站周邊是日本的金融重鎮，聚集許多著名銀行、媒體總部，可謂是日本的經濟中心。

❹ 都營地下鐵大手町駅 ：三田線

路線可通往目黑、巢鴨、神保町(舊書街)等方向，與東京駅有「行幸地下通路」可相連，不需出至地面即可轉乘。

❺ 東京Metro有楽町駅 ：有樂町線

可前往月島、豐洲或池袋方向。出站可散步至銀座地區。

❻ JR有楽町駅 ：山手線、京濱東北線

雖然與JR東京駅的主要路線相同，但較為簡單，且距離東京駅非常近，對於深怕迷路的人，可考慮在此站下車，周邊有專辦大型活動與會議的東京國際會議中心、Bic Camera家電量販店等。

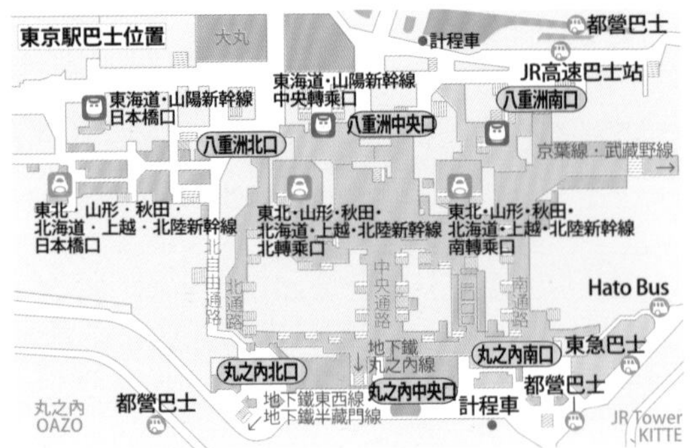

公車

丸之內接駁巴士(Marunouchi Shuttle)：丸之內口出站，在三菱大樓或新丸大樓搭乘。為巡迴丸之內地區各重要景點的免費巴士，約12~18分1班車。

8:00~20:00，平日8:00~10:00行駛大手町路線(到「三井住友銀行」後接「新丸大樓」)，週末例假日10:00~20:00，1/1停駛。
www.hinomaru-bus.co.jp/free-shuttle/marunouchi/ 免費
新丸大樓（新丸ビル）、大手町Tower（大手町タワー）、東京產經大樓（東京サンケイビル）、三井物產、日經大樓（日経ビル）、經團連會館·JA大樓（経団連会館·JAビル）、讀賣新聞（読売新聞）、三井住友銀行、郵船大樓（郵船ビル）、丸之內MY PLAZA（丸の内マイプラザ）、東京會館、第一生命、日比谷、新國際大樓（新国際ビル）、三菱大樓（三菱ビル）。

日本橋接駁巴士(メトロリンク日本橋)：東京駅八重洲口「鐵鋼大樓」搭乘。為巡迴東京駅至日本橋各重要地點的免費巴士，約10分1班車。

每日10:00~20:00，1/1停駛。 www.hinomaru-bus.co.jp/free-shuttle/nihonbashi/ 免費 東京駅八重洲口、吳服橋、地下鐵日本橋駅、地下鐵三越前駅、三井記念美術館、JR新日本橋駅、日本橋室町一丁目、日本橋南詰、日本橋二丁目、日本橋三丁目、地下鐵寶町駅、京橋二丁目、京橋一丁目、八重洲地下街。

HATO BUS：丸之內南口出站，左側沿著車站大樓前進即達乘車處。東京出發定期遊覽巴士，依行駛行程不同，距離、時間與費用也大不相同。

www.hatobus.com/v01/

機場巴士

01 利木津巴士（リムジンバス）：往成田機場在八重洲北口鐵鋼大樓搭乘、丸之內北口丸之內飯店搭乘。往羽田機場在八重洲北口鐵鋼大樓搭乘。

現因疫情暫時不停靠東京站
www.limousinebus.co.jp/ch2

02 AIRPORT BUS TYO-NRT：往成田機場的便宜巴士，在東京車站八重洲南口的京成巴士7、8號站牌搭車。

tyo-nrt.com/

JR高速巴士(白天班次)：八重洲南口搭乘，日本橋口為下車處。相對於鐵道系統，高速巴士費用較為親民，且不需上下轉乘，串連東京市區或近郊，可輕鬆前往目的地。

乘車處	主要目的地
1	鹿島神宮、鹿島足球場
2	筑波中心、筑波大學、日立
3	波崎、境町、茨城機場、長野、福井
4	水戶
5	御殿場Outlet、新潟、河口湖·富士急樂園
6	磐城、佐野新都市公車站
7	成田機場、成田機場周邊飯店
8	勝田·東海、飯能、伊香保·草津、清水
9	京都、大阪、四萬溫泉、靜岡、濱松(靜岡)、名古屋

夜行JR高速巴士：八重洲南口搭乘，日本橋口為下車處。利用日本長途巴士可節省一晚住宿費，隔天直接抵達目的地旅行，是許多背包客的最愛。

乘車處	方向	主要目的地
3	東北	青森(Dream號)·秋田
4		仙台
6		會津若松
7		山形、仙台
8		青森
3	北陸	富山、金澤
6		福井
3	信越	長野
5		新潟、上高地
依發車時間而定	東海	名古屋、岐阜、豐田
5		靜岡·濱松
依發車時間而定	關西	大阪·日本環球影城、神戶三宮、京都·奈良、和歌山
9	四國	德島·阿南
3	中國	廣島
8		防府·萩
9		岡山·廣島·出雲

*以上表格參考網址：www.jrbuskanto.co.jp/bus_stop/tokyo.html

東京駅・丸の內購物飲食指南

東京駅內不僅有豐富的購物、美食地下街，更與大丸、KITTE等百貨相連，就算不為了搭車，也很值得來這裡逛逛。

東京拉麵一條街
東京ラーメンストリート

東京車站的拉麵街集結了東京的8間人氣拉麵店，以順口馥郁的湯頭聞名的九段下「斑鳩」、口感清爽的鹽味拉麵「ひるがお」、濃郁的味噌拉麵「つじ田 味噌の章」，人氣最旺的則是僅此一間的沾麵名店「六厘舍」。

東京駅一番街B1F(八重洲口) 平均11:00~23:00 www.tokyoeki-1bangai.co.jp/shop/?area=area3&floor=b1f&anchor=1

八重北食堂
(原Kitchen Street)

Kitchen Street共有24間店鋪，料理多元，包括仙台牛舌、義大利創意料理、壽司店、豬排飯。其中頗為推薦的餐廳是炸豬排專門店「とんかつ寿々木」，酥脆厚實的豬排定食十分值得一嘗。

東京駅1F(八重洲北口／丸之內北口) 平均11:00~23:00 www.tokyoinfo.com/shop/mall/kitchenstreet/

吃美食
東京駅 & 丸の内

**東京拉麵一條街
黑塀橫丁 駅弁屋 祭
八重北食堂
東京グルメゾン**

黑塀橫丁

木造窗櫺、店門暖簾和紅、黑配色，黑塀橫丁是一條和風味十足的美食街。這裡也以較正式的日式料理為多，包括海鮮、串炸、炭火雞肉、和牛和蕎麥麵，也有中華料理和日式居酒屋。

東京駅一番街B1F(八重洲口) 平均11:00~23:00 www.tokyoinfo.com/shop/mall/kurobeiyokocho/

駅弁屋 祭

誰說只有坐火車時才能吃鐵路便當！充滿祭典活力的「駅弁屋祭」從早到晚都擠滿選購人潮，只見北至北海道南至九州的熱銷便當個個豐盛地令人垂涎，新鮮出爐的熱呼呼現做便當也以極快的速度「消失」於架上，因每日販售的數量有限建議早點前去造訪，才不會留下買不到的遺憾。

東京駅改札內中央通路區 1F 5:30~22:00 牛すきと牛焼肉弁当(牛壽喜燒與燒肉便當)￥1,300 foods.jr-cross.co.jp/matsuri/

東京グルメゾン
Tokyo Gourmet Zone

位於車站2樓的餐廳街Tokyo Gourmet Zone比起其他站內的餐廳街，氣氛安靜了不少，總共有7家餐廳，並且其中有日式居酒屋，可以作為夜間用餐小酌的選擇。

東京駅一番街2F 平均11:00~23:00 www.tokyoeki-1bangai.co.jp/shop/?area=area5&floor=2f&anchor=1

東京ギフトパレット
Tokyo Gift Palette

原名為「TOKYO Me+」的東京ギフトパレット也屬於東京車站一番街中的一處區塊，位置就在八重洲北口旁，相當便利。這裡聚集了近40家名產伴手的櫃位，包括以日本的四季做為發想題材的菓子店銀座菊廼舍、必買的香蕉造型伴手禮東京ばな奈ワールド，還有布朗尼專賣店コートクール等，各店也會不定期推出東京車站限定款。

東京車站一番街B1F(八重洲北口)　約9:00~20:30，週末例假日至20:00　www.tokyoeki-1bangai.co.jp/shop/?area=area7&floor=1f&anchor=1

買禮品

東京駅 & 丸の内

Character Street
東京點心樂園
東京ギフトパレット
ecute

キャラクターストリート
Character Street

聚集了各家角色周邊專門店，週刊少年JUMP專門店裡的海賊王、銀魂和火影忍者，TBS電視台的小黑豬，NHK的DOMO君，史努比、吉卜力系列、假面超人、樂高，限定商品琳瑯滿目，記得一定要來逛逛唷！

東京駅一番街B1F(八重洲口)　10:00~20:30　www.tokyoeki-1bangai.co.jp/shop/?area=area2&floor=b1f&anchor=1

東京おかしランド
東京點心樂園

日本三大點心品牌──江崎固力果、森永製菓以及Calbee齊聚，東京點心樂園品項齊全，可以找到各地限定商品以及當店獨家口味，還會不定期舉行活動及期間限定店舖，吸引買客駐足流連。

東京駅一番街B1F(八重洲中央口)　9:00~21:00　www.tokyoeki-1bangai.co.jp/shop/?area=area4&floor=b1f&anchor=1

ecute

在東京車站不用出站就可以逛上大半天，位在改札內South Court的ecute以「日本 Re-STANDARD」為經營理念，用近30間進駐的店舖向顧客呈現以日本好物為主的新生活型態提案，餐飲方面和食、洋食、甜點一應俱全，在購物小店則有許多揉和日本傳統風與現代感的特色商品，相當具有吸引力。

東京駅改札內South Court 1F　餐飲8:00~22:00、咖啡廳7:00~22:00、商店9:00~22:00，週日例假日至21:30(依各店舖而異)　www.ecute.jp/tokyo

逛百貨

東京駅 & 丸の内

GRANSTA
大丸東京店
KITTE

GRANSTA

GRANSTA位於丸之內與八重洲中央口的改札間通道，由於位於站內，主要客人都是往返東京的旅人，GRANSTA於是以「短暫精彩的東京車站記憶」為概念，集結50間嚴選店家，包括以牛肉壽喜燒聞名的淺草今半、豬排店まい泉、國產米米八、巧克力店Pierre Marcolini等，精彩程度甚至讓東京車站賣起同站進出的特別票呢。

東京駅B1F、1F(八重洲中央口內) 平均8:00~22:00，週日例假日至21:00 www.tokyoinfo.com/shop/mall/gransta/

大丸東京店

大丸百貨東京店樓層整體的配置上，B1及1樓是食品區，2~6樓是針對女性的服飾商品，7~8樓是男性樓層，9樓為生活用品與童裝，12~13樓為餐廳。大丸百貨最受歡迎的向來是讓人眼花撩亂的和食、中華料理、洋食便當和各種甜點，當紅的伴手禮和甜點品牌如銀的葡萄、東京芭娜娜、鎌倉五郎、豐島屋等應有盡有。

千代田区丸之內1-9-1 B1~11F 10:00~20:00、12F 11:00~22:00、13F 11:00~23:00(可能依店家稍有不同) 休 1/1 www.daimaru.co.jp/tokyo

KITTE

KITTE絕對是東京近年備受矚目的百貨商場，改建自舊東京中央郵局的KITTE，名稱取自「郵票」(切手)與「來」(来て)的日文發音，雪白外牆內是寬闊的中空三角形空間，日光傾瀉而下，充滿開闊與放鬆感，地下1樓到地上6樓的7個樓層間進駐近百間店舖，成為東京購物飲食必去景點。

千代田区丸之內2-7-2 購物11:00~21:00，週日例假日至20:00；餐廳及咖啡廳11:00~23:00，週日例假日至22:00 jptower-kitte.jp

上野駅

上野是山手線上重要的轉運大站，可由此搭乘新幹線至東北、北陸、新潟、北海道等地。占地寬廣的上野公園裡有博物館、美術館與動物園，隨時可見人們親近自然，欣賞展覽。走進熱鬧非凡的阿美橫丁商店街，則被店家的吆喝聲團團包圍，人手一袋新鮮魚貨、乾果，交織出元氣十足的東京面貌。

出口指南

和許多大型車站一樣，需先確認剪票口（改札）的方向，再找出口位置。上野站內可細分為中央改札（廣小路口、正面玄關口、淺草口）、不忍改札（不忍口、山下口）、公園改札（公園口）、入谷改札（東上野口、入谷口、熊貓橋口），其中公園改札、入谷改札位在3樓。

公園口

前往上野恩賜公園最近的出口，公園內有許多觀光景點，也有懷舊的老舖餐廳。

Check 2

不忍口

無論是前往轉乘京成電鐵，或要到上野重要景點「阿美橫丁」，不忍口都是最近的出口，也可轉乘東京Metro銀座線、日比谷線等。

廣小路口

出站正對年輕人喜愛的上野丸井0101百貨，地下層則可轉乘東京Metro銀座線。

Check 4

入谷改札為新幹線轉乘口，通往昭和通，而淺草口外則有HATO BUS乘車處。

出口與改札	主要景點
公園改札 公園口	上野公園、上野動物園、國立博物館、國立西洋美術館、上野之森美術館、東京藝術大學
不忍央改札 不忍口	阿美橫丁、京成上野駅、不忍池、Yodobashi Camera、松坂屋百貨
中央改札 廣小路口	東京Metro上野駅、上野丸井0101百貨、計程車招呼站、atre上野

置物櫃指引

雖然有前往成田機場的京成電鐵，但相較之下上野的置物櫃數量算少，特別是可存放大行李箱的大型置物櫃較少，可能需費點時間。

Check 1

利用站內置物櫃搜索機，或是利用置物櫃搜尋網站，除了車站內也能找到車站外的置物櫃，且經常更新。（詳見P.124~125）

改札口內：JR上野駅的每個出口周邊都可以找到置物櫃，不出站則有設置於不忍口入站後往1~4號月台的通道，公園口改札內往連絡橋通道沿途、入谷改札內及中央改札口至新幹線轉乘口之間。

改札口外：不忍改札及淺草口外有置物櫃。

Metro上野駅西口丸井前廣場約有超過30個置物櫃，京成上野駅改札外往計程車招呼站周邊也有，購物熱點的「多慶屋」也提供置物櫃（無大型），而松坂屋則只能暫時寄放買太多的手提物品。

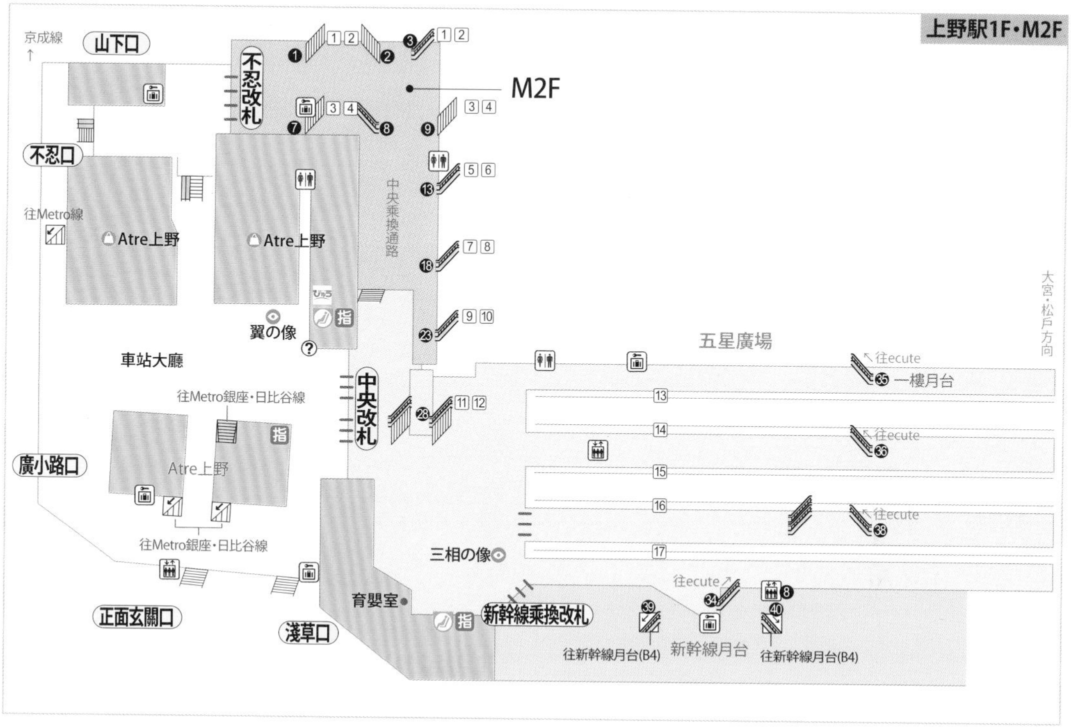

上野駅1F・M2F
京成線
山下口
不忍改札
M2F
不忍口
往Metro線
Atre上野
中央乘換通路
翼の像
車站大廳
五星廣場
大宮・松戸方向
往ecute
一樓月台
中央改札
往Metro銀座・日比谷線
廣小路口
指
三相の像
育嬰室
新幹線乘換改札
正面玄關口
浅草口
往新幹線月台(B4)
新幹線月台

不忍改札外
上野駅
Suicaロッカー検索
Find available lockers

コインロッカー
浅草口
みずほ銀行

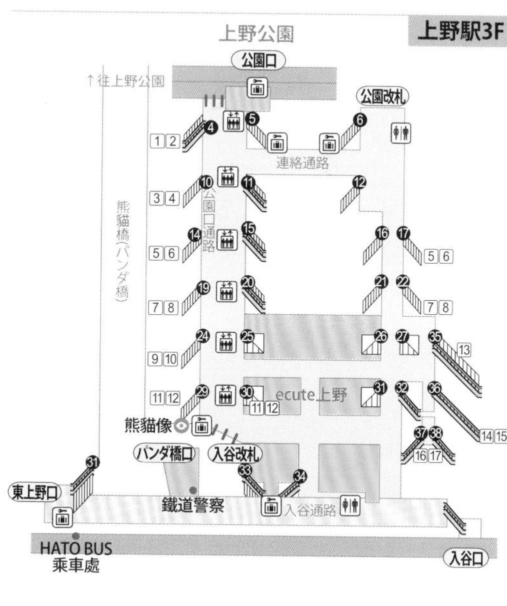
上野駅3F
上野公園
公園口
往上野公園
公園改札
連絡通路
公園口通路
熊貓橋(パンダ橋)
ecute上野
熊貓像
パンダ橋口
入谷改札
東上野口
鐵道警察
入谷通路
HATO BUS
乘車處
入谷口

乘車指南

Check 1

新幹線口鄰近中央改札，可以在站內確認自己的方向。

Check 2

站內月台依樓層區分，大多位在2樓，山手線在2號（內回、往池袋）、3號（外回、往品川）月台，新幹線的19~22號月台在地下4樓，13~17號月台則在1樓。

Check 3

改札口內就有可用餐、購物的商業設施「ecute上野」，改札外還有「atre上野」，千萬別因為逛街錯過所要搭乘的車輛。

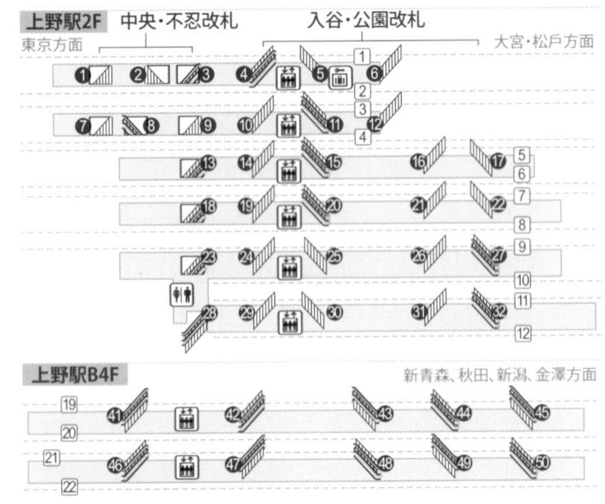

月台與對應線路

1號：京浜東北線、往大宮（埼玉縣方向）

2號：山手線（內回、往池袋）

3號：山手線（外回、往品川）

4號：京浜東北線、往蒲田（橫濱方向）

5號：宇都宮線・高崎線（大宮方向）

6號：宇都宮線・高崎線・常磐線(快速)・成田線

7號：上野東京線（東京、品川、橫濱）

8號：上野東京線（東京、品川、橫濱）・常磐線（特急）

9號：上野東京線・常磐線（快速）

10~12號：常磐線(快速)・成田線

13~16號：宇都宮線・高崎線（群馬方向）

17號：常磐線（特急）

19~20號：東北・山形・秋田・北海道・上越・北陸新幹線

21~22號：新幹線（東京方向）

周邊車站交通指南

除了緊鄰著JR的京成上野駅，東京Metro的仲御徒町駅、上野広小路駅、都營地下鐵上野御徒町駅與JR御徒町駅都在徒步範圍內，從阿美橫丁逛逛就可以走到。

電車轉乘

❶東京Metro上野駅：日比谷線、銀座線

01銀座線可前往澀谷、表參道、銀座、日本橋、新橋、淺草等。

02日比谷線可前往中目黑、惠比壽、六本木、銀座、築地、南千住、北千住等。

❷京成電鐵京成上野駅：京成本線、Skyliner

主要行駛前往成田機場的京成電鐵，可利用最快的「Skyliner」、「Access特急」或一般電車前往成田機場。

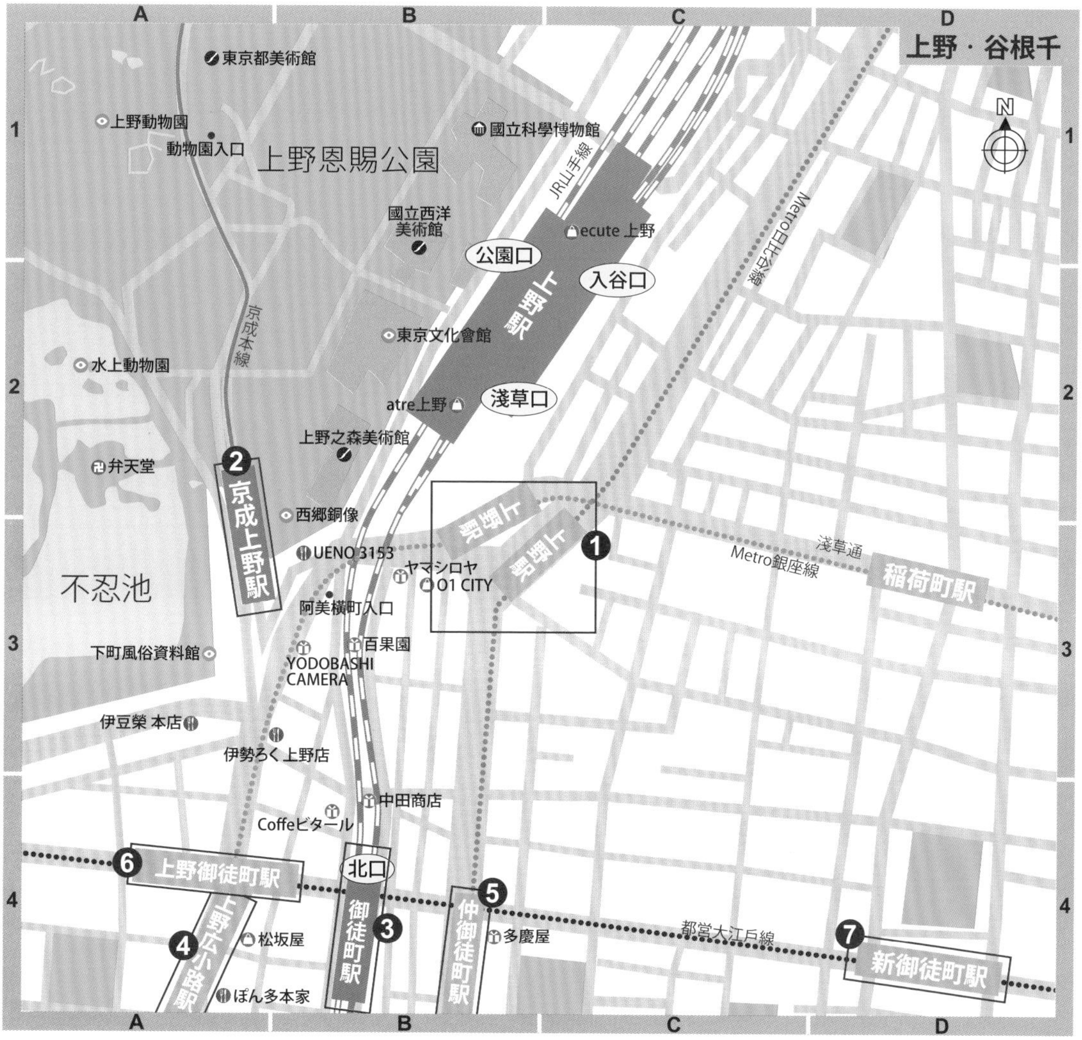

上野・谷根千

A B C D
1 2 3 4

東京都美術館
上野動物園
動物園入口
上野恩賜公園
國立科學博物館
JR山手線
國立西洋美術館
ecute 上野
公園口
入谷口
上野駅
Metro日比谷線
京成本線
東京文化會館
水上動物園
atre上野
淺草口
上野之森美術館
弁天堂
❷ 京成上野駅
西郷銅像
UENO 3153
ヤマシロヤ
0I CITY
上野駅
上野駅
❶
淺草通
Metro銀座線
稻荷町駅
不忍池
阿美横町入口
下町風俗資料館
YODOBASHI CAMERA
百果園
伊豆榮 本店
伊勢ろく 上野店
中田商店
Coffeビタール
❻ 上野御徒町駅
北口
❺
❹ 上野広小路駅
松坂屋
❸ 御徒町駅
仲御徒町駅
多慶屋
都営大江戸線
❼ 新御徒町駅
ぽん多本家

Note：車站上方就是上野公園的著名地標「西鄉隆盛像」，經由地下通道可以前往上野廣小路駅或上野御徒町駅。

❸JR御徒町駅：山手線、京濱東北線

京濱東北線可前往東京、橫濱或埼玉縣的大宮方向。南口就是著名松坂屋百貨，前往超值量販商店「多慶屋」也相當方便。

❹東京Metro上野廣小路駅：銀座線

可前往澀谷、表參道、新橋、銀座、淺草等。

❺東京Metro仲御徒町駅：日比谷線

可前往中目黑、六本木、銀座、築地、秋葉原、南千住、北千住等。

❻都營地下鐵上野御徒町駅：大江戶線

可前往新宿、飯田橋、清澄白河、築地市場、汐留、六本木、代代木（原宿）等。

❼筑波Express新御徒町駅：筑波Express特快線（つくばエクスプレス）

可前往秋葉原、淺草、南千住、北千住、最遠可至日本的科技重鎮「筑波」。

公車

台東區循環巴士「Megurin」（めぐりん）：

以復古型巴士行駛的觀光巴士，分為北路線(有淺草線與根岸線兩種)、南路線、東西路線、ぐるーり路線，共五條路線，除北路線為行駛淺草與根岸地區之外，其他三條路線都以上野車站為主要起點，最適合觀光的是東西路線，上野的首班7:21（周末例假日8:19）發車，每15分鐘（周末例假日每18分鐘）就會有一班車，繞行一圈約75分鐘，無論大人小孩車費都為￥100，一日券￥300。

東西路線（東西めぐりん）可於「上野駅入谷口」巴士站搭車，從上野公園內前往近來熱門的谷中・千駄木一帶，繞回不忍池與上野公園，再往淺草方向。如果想直達淺草，搭車時要再次確認方向。詳細路線請見官網。

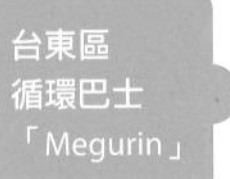

東京晴空塔接駁巴士(上野・淺草線)：於公園口的「上野駅」巴士站搭乘，由東武巴士營運，為循環巴士，路線：上野駅・上野公園→TX淺草駅→淺草View Hotel→淺草Hisago通→淺草寺→東京晴空塔Town→吾妻橋→淺草雷門→TX淺草駅→淺草View Hotel→合羽橋道具街→上野駅・上野公園。

Ⓢ大人￥220，小孩￥110；一日券大人￥420，小孩￥210。

❗現只有週末例假日行駛

東京晴空塔接駁巴士「Skytree Shuttle」

一般路線巴士：有都營巴士、日之丸、東武巴士等多家巴士公司行駛。

淺草口可搭乘前往東京晴空塔、南千住方向的巴士。

公園口「上野駅」巴士站可往淺草駅、東京晴空塔。

不忍口「上野公園山下」巴士站可前往晴空塔。

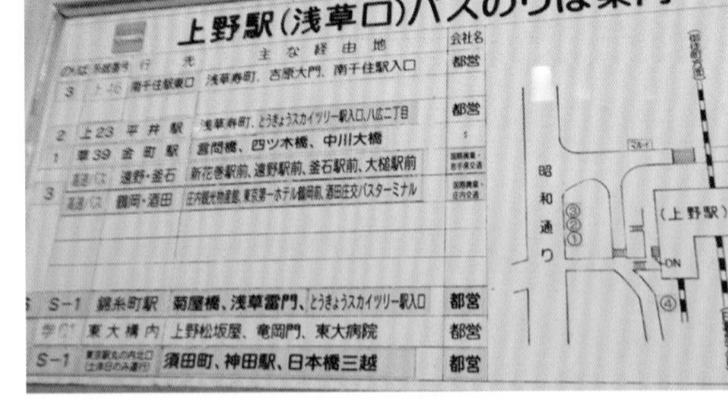

高速巴士（夜行巴士）

上野駅(松村大樓前、入谷口)：往山形酒田、往青森的弘南巴士「PANDA（パンダ）號」。往京都大阪的東北急行巴士「Flying Sneaker（フライングスニーカー）號」、往金澤的「Kimaashi（きまっし）號」、往御殿場Outlet的御殿場プレミアム・アウトレット號與往米澤・山形的レインボー號。

京成上野駅：京成上野巴士站可往長野、奈良、京都。

上野駅周邊景點

上野駅周邊百貨較少，卻有充滿當地風情的商店街，以及許多休閒、藝文好去處，能夠感受與繁華市區不同的情調。

阿美橫丁

アメ横

由上野車站南側的高架鐵軌橋下一路延伸到御徒町的阿美橫丁，據說名字源自America的縮寫，早期以販賣美軍二手商品出名。現在的阿美橫丁沿路上有各種乾貨藥材、蔬果餅乾進口食品、還有以年輕人為主的流行服飾、鞋店以及早年留下來的軍用品店等，商品以平價為號召，充滿熱鬧滾滾的庶民情調。

東京國立博物館

擁有本館、東洋館、表慶館、平成館、黑田記念館與法隆寺寶物館等6個分館的東京國立博物館是上野公園內占地最大，同時也是日本歷史最悠久的博物館。以日本文化精髓為基調建成的洋式大屋，水泥外牆配上日式黑瓦屋頂，出自設計師渡邊仁之手。館內收藏品以藝術和考古文物為主要對象，更多的是日本美術，可以透過展示了解日本的藝術甚至是文化脈絡。

台東区上野公園13-9　9:30~17:00(入館至16:30)　休 週一(遇假日順延)，年末年始　常設展大人￥1000，大學生￥500；5/18、9月第3個週一、11/3免費　www.tnm.jp

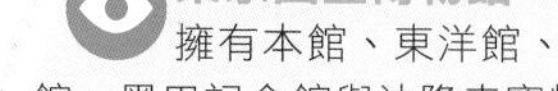

吃玩買

上野駅

阿美橫丁
上野恩賜公園
東京國立博物館
上野動物園

上野恩賜公園

上野恩賜公園是東京都內最大的公園，境內有廣大的公園綠地、不忍池，還有上野動物園、美術館和博物館各種藝文設施，甚至還有幾處頗具歷史的神社小堂。長達近兩個月的賞櫻季是公園人潮最多的時候，晚上還有賞夜櫻的活動，各式小吃攤販和遊客將公園擠得水洩不通。櫻花以外，夏日荷花、秋季紅葉和冬日少見的冬牡丹等，都讓公園更添風情。

台東区上野公園・池之端三丁目　03-3828-5644　免費入園

上野動物園

1882年開園的上野動物園是日本最悠久的動物園，也是日本參觀人數最多的一座。園裡有大象、北極熊、大猩猩等約500種動物，包括馬達加斯加指猿、馬島獴、小鼷鹿等都是日本唯一有飼養的動物園，不過最受注目的果然還是1972年起飼育的貓熊，可愛的貓熊更是上野的象徵呢。

台東区上野公園9-83　9:30~17:00(入園至16:00)　休 週一(遇假日順延)，12/29~1/1　大人￥600，國中生￥200，65歲以上￥300，小學生以下免費；3/20、5/4、10/1免費　www.tokyo-zoo.net/zoo/ueno

池袋駅

池袋是集購物、美食、交通、住宿於一身的超強生活機能城市：擁有54個地下街出口的池袋駅是JR、三條地下鐵、東武東上線、西武池袋線等多條交通動線的交會點，車站內更結合西口的東武百貨、東口的西武百貨以及車站地下購物街Echika，東口通往主要購物商城太陽城的沿路更是熱鬧。

出口指南

池袋是串連東京與埼玉縣、東京西北部近郊的重要車站，每天利用乘客約262萬人次，只要掌握下列重點，在擁擠人潮中要找到自己的方向，就不會太困難了。

東口西武、西口東武

一定要知道的大原則，東口是西武，西口是東武，東京Metro與JR則在中央位置，較容易尋找到所要去的方向。

出口	主要景點
西口	東京藝術劇場、池袋西口公園、東武百貨、東武鐵道
東口	Sunshine水族館、太陽城、太陽城王子飯店、西武百貨、西武鐵道、乙女之路（乙女ロード）、PARCO百貨、別館P'PARCO、唐吉訶德池袋東口站前店
Metropolitan Plaza口	池袋Lumine百貨

東口最熱鬧

由東口出站可經由Sunshine City通、Sunshine City 60通前往最熱鬧的Sunshine City太陽城。飯店、平價服飾店UNIQLO、藥妝店、Bic Camera家電量販店等都聚集在這綠蔭大道上，是人口密度最高的一區。近來頗受歡迎的動漫特區「乙女之路（乙女ロード）」就位於Sunshine City太陽城正後方，東池袋公園旁。

雖然指標上會標示中央1改札、中央2改札、北改札與南改札，但都會再分成西口與東口，記得確認。

置物櫃指引

JR、東京Metro與東武、西武鐵道公司各自有規劃置物櫃，依照自己較近的地區搜尋較為便利。

JR與東京Metro都有提供置物櫃搜尋機，共計4座。JR設於南改札口精算機旁、中央1改札口外，Metro則設於有樂町線東改札口外、丸之內線中央通路東改札口附近。

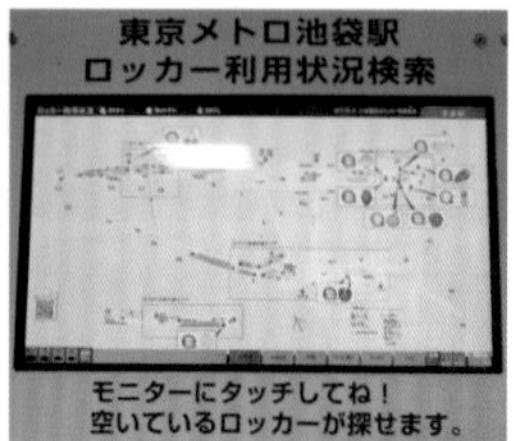

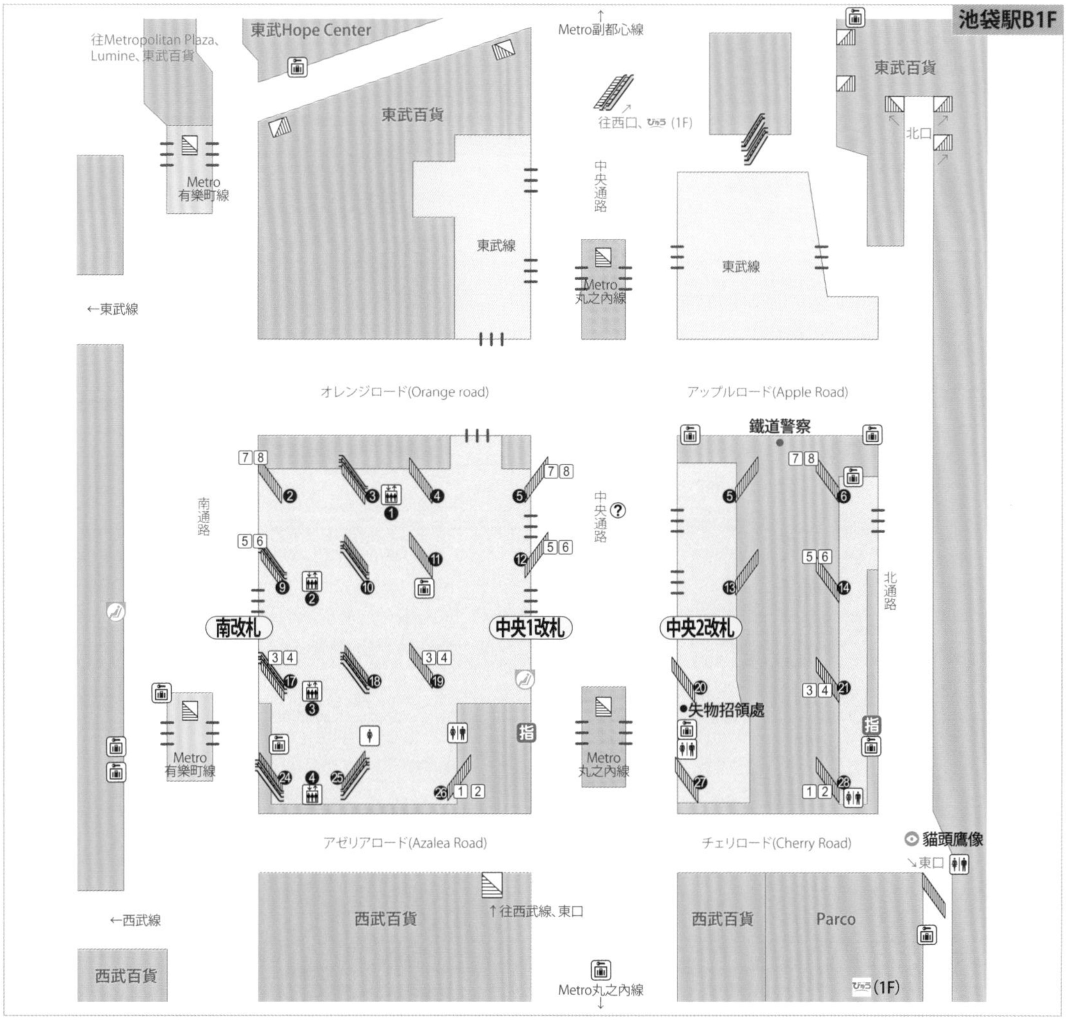

池袋駅B1F

往Metropolitan Plaza、Lumine、東武百貨
東武Hope Center
東武百貨
Metro副都心線
往西口、びゅう (1F)
東武百貨
北口
Metro有樂町線
中央通路
東武線
Metro丸之內線
東武線
←東武線
オレンジロード(Orange road)
アップルロード(Apple Road)
鐵道警察
南通路
中央通路
北通路
南改札
中央1改札
中央2改札
失物招領處
Metro有樂町線
Metro丸之內線
アゼリアロード(Azalea Road)
チェリロード(Cherry Road)
貓頭鷹像
東口
←西武線
西武百貨
↑往西武線、東口
西武百貨
Parco
西武百貨
Metro丸之內線
びゅう(1F)

改札口內：中央改札與南改札之間的置物櫃較為集中

改札口外：北改札外與中央通道、南改札往西武鐵道處，置物櫃較為集中。東京Metro丸之內線中央通道、北改札往東武鐵道方向都能找到置物櫃。

東武百貨、西武百貨也有可暫時寄物的地方，但是無法放大行李箱。Lumine百貨1樓也規劃大量置物櫃。

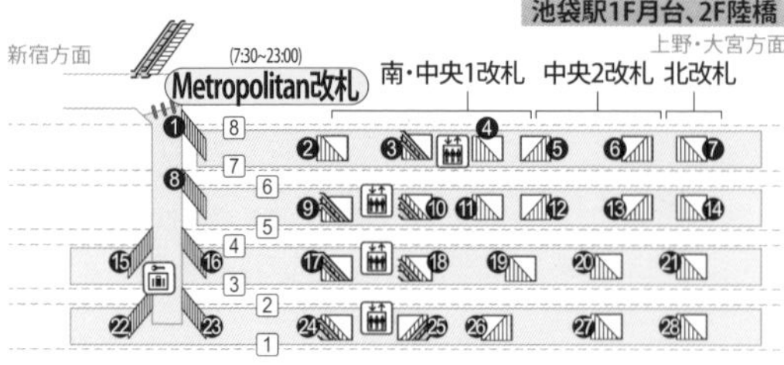

乘車指南

JR與地下鐵相互轉乘時，東京Metro副都心線從西口較近，有樂町線從南改札連通、丸之內線則是從中央改札往東口較近。

湘南新宿線可直通宇都宮線、高崎線，並可搭乘直通東海道線特急「踴子號」前往熱海、伊豆、下田；東武東上線可搭乘直通特急「SPACIA日光‧鬼怒川」前往日光、鬼怒川溫泉。

各家鐵道公司會有自己的改札（剪票口）名稱，可能會搞混，只要留意指標顏色便能夠分辨。

月台與對應線路

1號：埼京線、往新宿

2號：湘南新宿線(橫濱、鎌倉方向)

3號：湘南新宿線(大宮、宇都宮方向)

4號：埼京線、往大宮（埼玉縣方向）

5~6號：山手線（內回、往新宿）

7~8號：山手線（外回、往上野）

新手看這裡

月台上的好用資訊

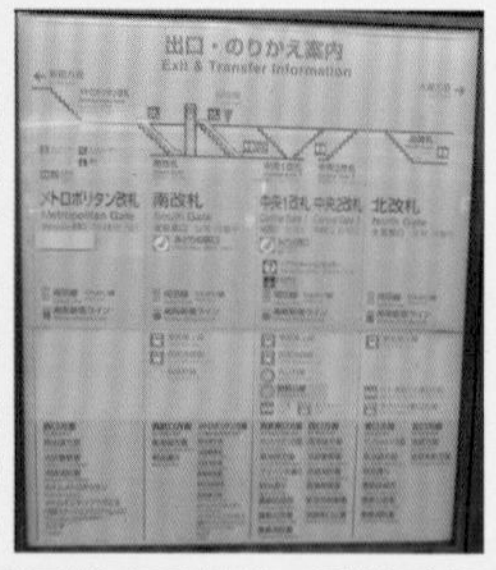

搭車時雖然車內的電子螢幕會顯示該站資訊，告訴乘客手扶梯在哪、哪裡可以搭電梯，但有時就是來不及確認。別擔心，月台的資訊看板上不僅有轉乘資訊，清楚告訴你該到哪裡轉哪一條線，還會有清楚圖示，可以輕輕鬆鬆找到電梯或手扶梯，到站時記得先確認，就不用扛著行李走樓梯了。

購票機的顏色

在池袋這些大型車站內，常常可以看到一整排不同顏色的自動售票機，雖然都是售票機，但顏色不同、功能也就不同，以下簡單說明。

桃紅色：チャージ専用，也就是IC票卡的儲值專用機台，如果想買票可是沒辦法的喔。

綠色：きっぷ チャージ，最常看到的機台顏色，不論是購票、儲值都可利用。

黑色：定期券 きっぷ Suica，除了售票與儲值之外，還販售通勤族常利用的定期券。

藍色：新幹線 特急 定期券 回數券，回數券與定期券觀光客較少利用，但這台機器可以購入特急列車的特急券，或是購買新幹線的車票。

周邊車站交通指南

池袋駅的所有鐵道公司都相當集中，轉乘不需要走太遠，但東武與西武鐵道皆為連絡近郊的埼玉縣，須確認自己要去的地區是秩父還是川越方向，才不會搭錯車浪費時間。

電車轉乘

❶西武鐵道池袋駅：池袋線

車站位於西武百貨1樓，以池袋為起點，可前往近郊埼玉縣的路線，觀光客會利用終點站的西武秩父駅。

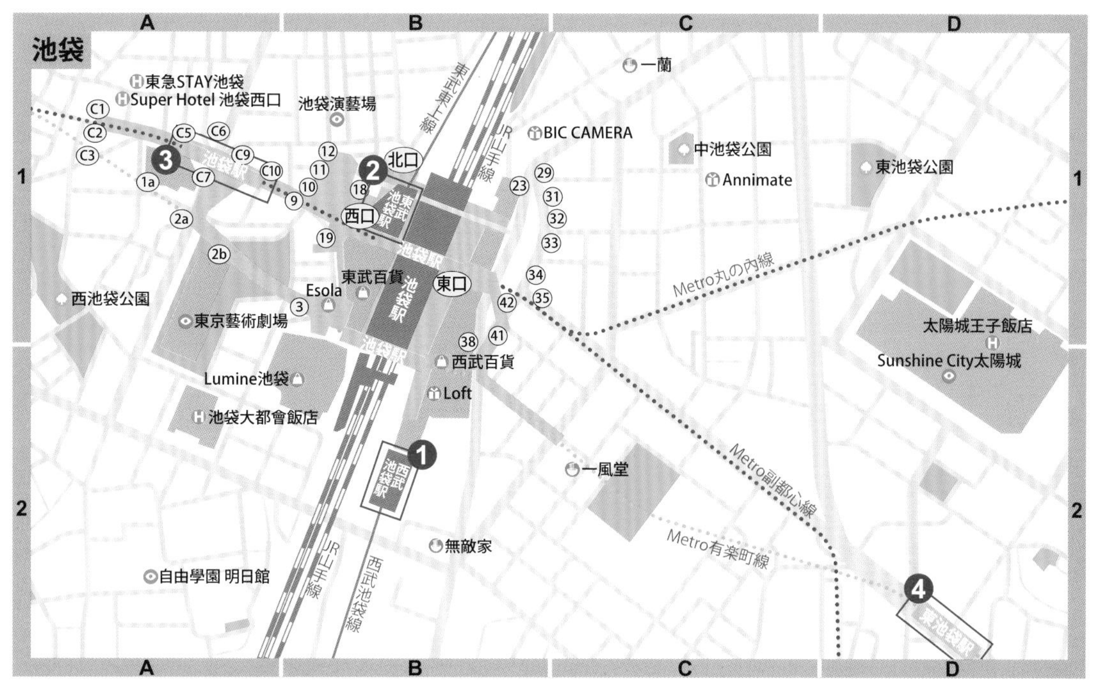

❷東武鐵道池袋駅 ：東上本線

車站規劃於東武百貨1樓，以池袋為起點，前往近郊埼玉縣的路線，觀光客會利用途中的川越駅，探訪被稱為小江戶的復古街道，終點站也可轉乘秩父鐵道。

❸東京Metro池袋駅 ：丸之內線、有樂町線、副都心線

01丸之內線可前往後樂園、御茶之水、東京車站、新宿、中野、高圓寺等。

02有樂町線則可前往飯田橋、有樂町、銀座、月島等。

03副都心線可前往新宿、原宿、澀谷等。

Note ：丸之內線與副都心線在站內可相互連通。

❹東京Metro東池袋駅 ：有樂町線

若要前往池袋最熱鬧的太陽城地區，從東池袋駅其實最近。可前往飯田橋、有樂町、銀座、月島等地。

公車

一般路線巴士

01東口巴士站可前往新宿、澀谷、巢鴨、上野公園等。

02與東京藝術劇場、池袋西口公園合併設置的巴士總站，可前往中野、川越等方向。

高速巴士

池袋有二個主要長途巴士站，包括池袋太陽城巴士總站與西口巴士總站。JR池袋駅往太陽城途中，還會有西武高速巴士站。

01東口乘車處搭乘

西武巴士營運，可前往新潟、富山、長野，另有西武觀光巴士可前往富士急樂園、河口湖或富士山。而三重交通的巴士可前往三重、鳥羽、南紀勝浦方向。也有JR西日本的巴士可前往琵琶湖周邊、京都；還有冬季限定前往苗場滑雪的巴士。

要前往箱根、輕井澤、大阪、日本環球影城、青森八戶、岩手盛岡、那須塩原、會津、福島、仙台等地也都可從池袋出發。

02西口巴士總站搭乘

夕陽號前往山形鶴岡・酒田，遠野・釜石號與KesenLiner（けせんライナー）號都前往岩手各地，另有可前往秋田能代方向的秋北巴士，也有直達御殿場Outlet的巴士。(運行班次可能因疫情關係有所更動)

03池袋太陽城巴士總站搭乘

前往青森的八戶、十和田、七戶的高速巴士。

利木津巴士（リムジンバス）

01往羽田機場巴士可在以下地點上下車：池袋大都會飯店、池袋太陽城王子飯店、池袋駅東口1號乘車處、池袋駅西口、池袋太陽城巴士總站。

02往成田機場巴士可在以下地點上下車：池袋大都會飯店、池袋太陽城王子飯店、池袋太陽城巴士總站。深夜班次還多了池袋駅西口的搭車處。(運行班次可能因疫情關係有所更動)

池袋駅周邊景點

池袋從站內共構的複合式購物中心開始就吸引不少人駐足，周邊百貨更是努力推陳出新、搶攻旅客目光，也引起話題。

三原堂

在瞬息萬變的池袋街頭，唯有和菓子老舖三原堂數十年來如一日，販賣最紮實地道的日式美味。貓頭鷹造型的最中、口感細膩的銅鑼燒、薯蕷饅頭等點心都是店內招牌，就連推裡大師江戶川亂步也對它著迷不已。

03-3971-2070 豊島区西池袋1-20-4 10:00~18:00 貓頭鷹造型最中￥540/2入 ikebukuro-miharado.co.jp/

Echika

2009年開幕的Echika，為地下鐵副都心線在池袋站的複合式購物中心。狹長的商場中以巴黎街道為主題，歐風裝潢與造型地磚為地鐵站帶來嶄新氣氛。商場中有服飾店、Spa沙龍、餐廳，並有熱鬧的外帶食品區，是通勤族與觀光客最喜愛的購物區域之一。

豊島区西池袋3-28-14(副都心線池袋站) 約10:00~21:00(依店舖而異) www.echika-echikafit.com/ikebukuro

Esola

Esola是一間位在池袋駅西口的複合式百貨公司，其名稱的由來指得便是從Metro地下鐵駅(Eki)到天空(Sola)精選約40家優質店舖的遊逛空間。其從B1至9樓的各樓層皆有不同主題，依樓層可以快速找到想買的商品之外，6~9樓共4層的餐廳樓層提供和洋主題的豐富選擇，讓人品嚐到各式美味。

豊島区西池袋1-12-1 賣場10:30~21:30，餐廳11:00~23:00 www.esola-ikebukuro.com

Sunshine City太陽城

沿著池袋東口的サンシャインシティ60通就可抵達Sunshine City太陽城。多層賣場、餐廳、展望台和飯店結合而成的大型商業設施，Sunshine City是日本第一個複合式商城；Sunshine City太陽城囊括了辦公大樓、百貨公司、文化劇場、水族館、展示場、展望台、美食街、飯店、主題樂園，全都集中在同一區，讓遊客不怕刮風下雨，可以盡情購物玩樂一整天。

豐島區東池袋3-1-1 www.sunshinecity.co.jp

遊景點

池袋駅

Sunshine City太陽城
展望公園Sunshine 60展望台
Sunshine水族館

展望公園Sunshine 60展望台

Sunshine 60展望台是池袋的地標，不僅因為大樓下方擁有各種購物、玩樂設施，也因為能夠360度鳥瞰東京，從展望台眺望出去的景色絕美非凡，天氣好時向新宿方向(南邊)望去還有可能看見富士山呢！展望之丘可以讓人遠眺城市風光，有著各式植栽與可供休息的長椅。還有不定期舉辦展覽的活動空間與咖啡廳，無論大人小孩都能盡情放鬆享受。

Sunshine City太陽城Sunshine 60大樓60F 11:00~21:00(入場至20:00) 高中生以上¥700起，中小學生¥500起，小學生以下免費。 sunshinecity.jp/file/official/observatory/

Sunshine水族館

位在屋頂上的水族館集合來自世界各地約750種陸、海、空生物的混合展示，最主要的大型水槽中容納近240噸青藍海水，大型的魟魚和熱帶魚群共生在白沙與珊瑚組成的世界中。除了海洋動物外，還有擴耳狐、狐猴、犰狳、孔雀等動物一同居住於此，儼然是個小小的屋頂動物園。

Sunshine City太陽城World Import Mart大樓屋頂 約9:30~21:00，秋冬季至18:00(依季節而異)，入場至閉館前1小時 大人¥2600，國中小學生¥1300，4歲以上800(會因參觀時期有稍許變動) www.sunshinecity.co.jp/aquarium

新宿駅

新宿駅是JR山手線上轉乘通往四方的重要樞紐，各鐵道公司的同名車站使用人數加總，每天超過350萬人次，不僅是日本第一，更是世界第一，其中最多人利用的是JR新宿駅，每天約有77萬人次，位居JR東日本的第一大站。加上還有小田急、京王或都營地下鐵等四通八達的其他路線通過，交通便利的新宿成為百貨大店的兵家必爭之地，更是集逛街購物、餐廳與娛樂於一身的超級景點。

出口指南

新宿交通之錯綜複雜，就連迷路時詢問路人，日本人也不一定清楚該怎麼走，相較於複雜的地下通道，想要前往車站外的設施或景點時，建議最好上至地面，能夠比較容易前往要去的地方。JR新宿駅站體的出口主要可分三大區：南口、東口與西口，其中又可細分更多改札（剪票口）與出口方向，先確定自己要去的景點或設施位於哪一區，就可輕鬆尋找。

Check 1 南口

可細分東南口、南口、新南改札、甲州街道改札、未來塔改札（ミライナタワー）。前往年輕人喜愛的百貨MY LORD、LUMINE百貨從南口出站最快。若要前往新宿御苑從JR新宿駅南口出站後，還需沿著甲州街道徒步約10~12分，建議利用東京Metro丸之內線的「新宿御苑前駅」最近。

要前往擁有新宿高島屋百貨、紀伊國屋書店、宜得利等店的TIME SQUARE，或商業設施「NEWoMan」及樓上的新宿高速巴士總站，直接從新南改札出站最快。

東口

可細分東口、中央東口。JR新宿駅東口直接連結LUMINE EST百貨，前往Bic Camera、丸井0101百貨、伊勢丹百貨均由東口出站。若要前往歌舞伎町，則從東口出站後徒步約5~7分，利用西武新宿線的「西武新宿駅」或都營大江戶線的「新宿西口駅」更近。

西口

可分為西口、中央西口。JR新宿駅西口直接連結小田急百貨、京王百貨、電器街，更有日本最大的家電量販店Yodobashi Camera。沿著中央通走一段距離，可直接進入新宿高層建築群，盡頭則是新宿中央公園，若要前往東京都廳賞免費夜景，都營大江戶線的「都庁前駅」較近。

出口重要景點

出口	景點或街道	飯店	設施
西口	東京都廳、青梅街道、新宿中央公園、小田急線、京王線	新宿京王廣場大飯店、新宿華盛頓飯店、東京柏悦酒店、東京凱悦飯店、東京希爾頓飯店	小田急百貨、京王百貨、Yodobashi Camera新宿西口本店、新宿回憶橫丁
東口	歌舞伎町、新宿通、西武新宿線	新宿王子飯店、格拉斯麗新宿飯店	LUMINE EST、丸井0101百貨、伊勢丹百貨、唐吉訶德、ALTA
東南口	甲州街道、新宿御苑		LUMINE 2
南口	明治通、甲州街道、新宿御苑		LUMINE 2
新南改札（舊稱：新南口）	新宿高速巴士總站（バスタ新宿）、甲州街道、Suica企鵝廣場	新宿燦路都廣場大飯店、小田急世紀南悦飯店	高島屋百貨TIME SQUARE、NEWoMan（JR新宿未來塔）
甲州街道改札（舊稱：Southern Terrace口）		新宿燦路都廣場大飯店、小田急世紀南悦飯店	Southern Terrace
未來塔改札（ミライナタワー改札）			NEWoMan（JR新宿未來塔）

新宿駅B1F

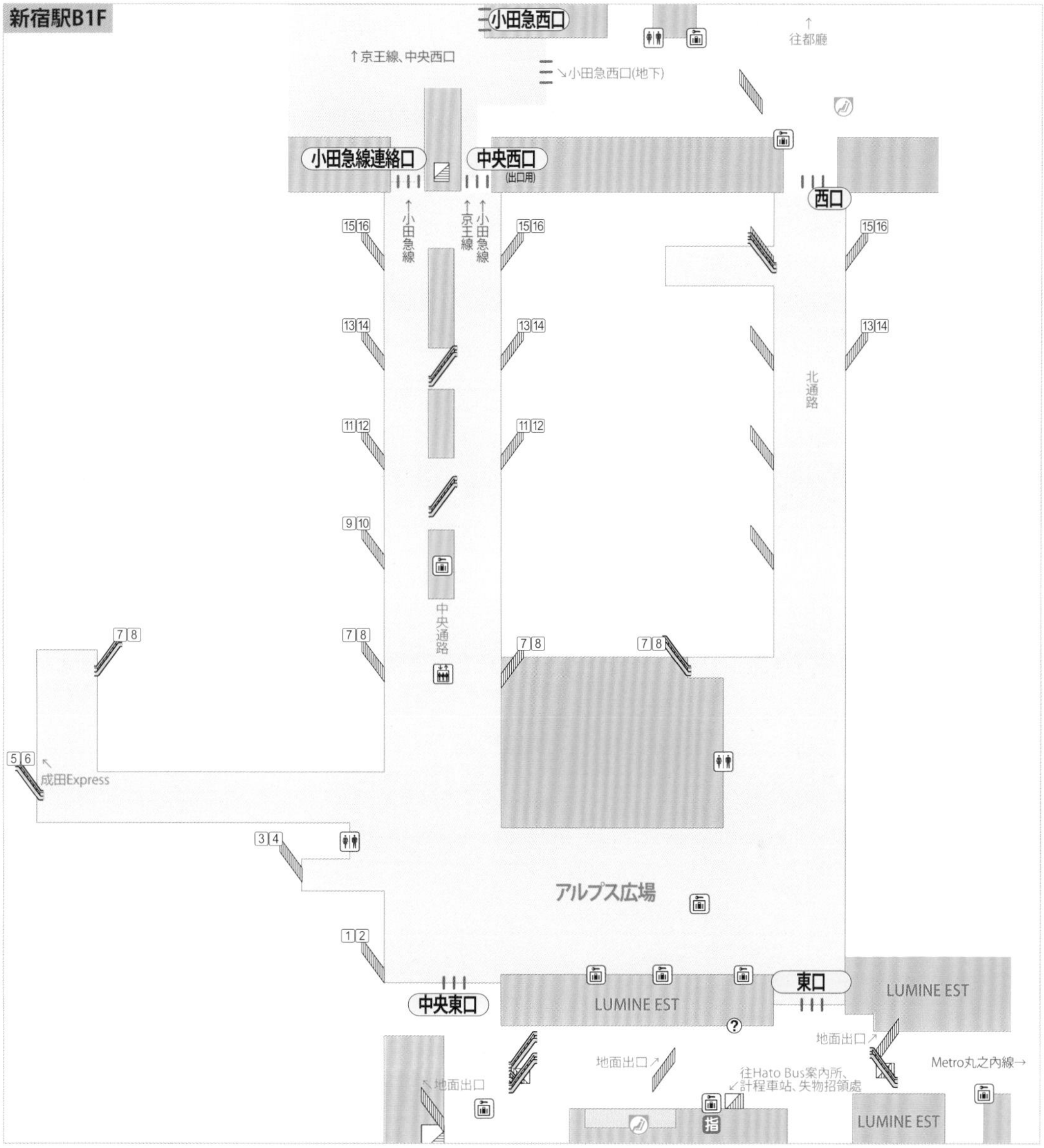

小田急西口
↑京王線、中央西口
↘小田急西口(地下)
↑往都廳
小田急線連絡口
中央西口
(出口用)
西口
↑小田急線
↑京王線
↑小田急線
北通路
中央通路
15 16
13 14
11 12
9 10
7 8
5 6
3 4
1 2
↖成田Express
アルプス広場
中央東口
東口
LUMINE EST
LUMINE EST
LUMINE EST
地面出口↗
地面出口↗
↖地面出口
往Hato Bus案内所、
↙計程車站、失物招領處
Metro丸之內線→
指

路線查詢

主要車站內除了售票機以外，還設有「路線查詢機（Route Finder）」，提供中、英、日、韓四國語言，可以查詢轉車路線，選擇想去的地點、設定起點，機器就會顯示電車時刻、乘車時間、車資、轉車次數等資訊，另外也有觀光地指南服務。機器通常設在售票機旁，有時也會在通往月台的路線上，如果不確定路線，不妨停下確認一番。

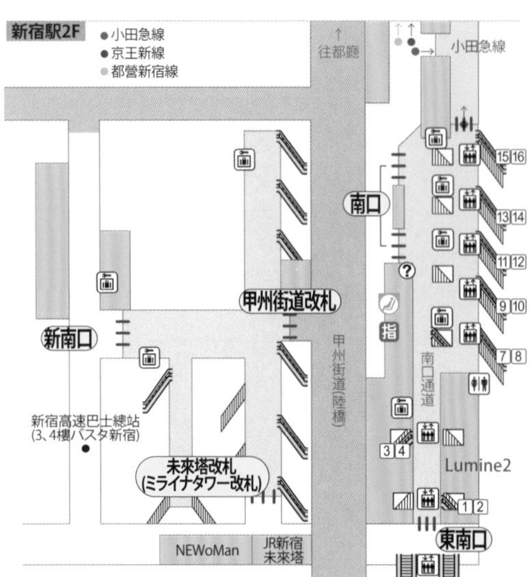

置物櫃指引

由於被稱為迷宮的新宿駅利用人潮眾多，雖然有40處置物櫃設置區，但想要找到空的置物櫃其實並不容易，若是要寄放大行李箱，建議多加使用針對外國遊客提供服務的各家觀光中心。

可以利用站內設置的「新宿駅 Suicaロッカー検索」機器查詢空的置物櫃，中央東口、南口各有一台。

改札口內：大型與特大型置物櫃集中於東口、南口，西口剪票口附近則為標準尺寸較多。

改札口外：新宿高速巴士總站（バスタ新宿）候車室內有將近150個置物櫃，大型每2小時¥300計算。地下廣場的新宿駅西口駐車場入口、Yodobashi Camera都設置大量置物櫃；京王線LUMINE口、中央東口計程車招呼站前都可以試試。

東京旅遊服務中心

新宿高速巴士總站（バスタ新宿）3樓設有「東京旅遊服務中心」，提供觀光諮詢服務、免費觀光導覽手冊，也有寄物服務。寄放物品每件限重30公斤、長寬高三邊加總160公分以下，每件¥800/天，三邊加總161~200公分每件¥1,000/天，最長保管5天，不需預約。營業時間為6:30~23:00。

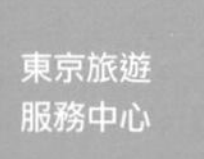

京王百貨、小田急百貨、伊勢丹百貨皆提供暫時寄物的服務，原則上是可寄放在百貨所購買的物品，無法寄放大行李箱。

由於新宿轉乘者相當多，因此有專門提供寄物服務的地方，可多加利用。

京王NEKONOTE服務台

¥1,000(三邊合計250cm，30kg內) 11:00~19:00（18:30前可提領）

新宿区西新宿1-18 京王新線新宿站地下一樓京王新線口剪票口旁

乘車指南

身為世界第一大轉運車站，新宿駅的複雜程度當然不能小看，但事實上JR站內並沒有想像中轉乘困難，反而是和周邊車站的轉乘需要花點時間來認識。

Check 1 最常利用到的山手線位於14、15號月台，鄰近小田急線的改札與連絡口。

Check 2 成田特快N'EX所在的5、6號月台最靠近南口的三個剪票口：新南改札、甲州街道改札、未來塔改札。要前往日光、鬼怒川溫泉也可在5、6號月台搭乘東武線直通特急，一天班次不多，須事先確認發車時刻。

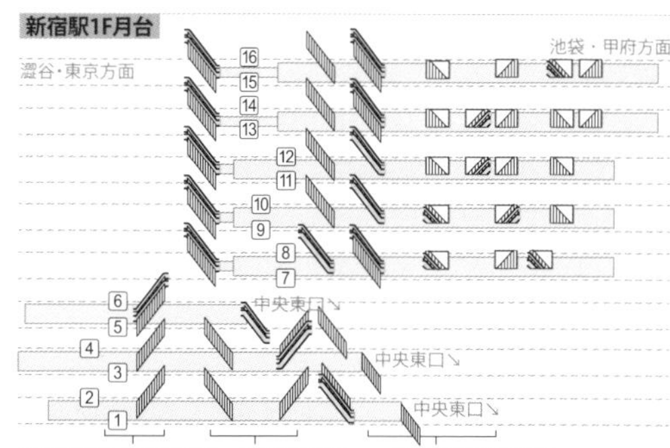

Check 3 中央本線・中央線・總武線有部分車站是重疊的，但搭乘月台依車種的不同有所區分，特急、快速與各站停靠列車所停靠的車站也會不同，須確認你要去的方向與車站，再選擇月台。

月台與對應線路

1~2、4號：埼京線・湘南新宿線

3號：埼京線

5、6號：成田特快N'EX

7、8號：中央本線・中央線（快速列車，東京車站方向）

9、10號：中央本線（特急列車）

11、12號：中央線（快速列車，東京西側高尾方向）

13號：中央線・總武線（各站停靠普通車，御茶之水・千葉方向）

14號：山手線（內回、往澀谷・品川方向）

15號：山手線（外回、往池袋・上野方向）

16號：中央線・總武線（各站停靠普通車，中野・吉祥寺・三鷹方向）

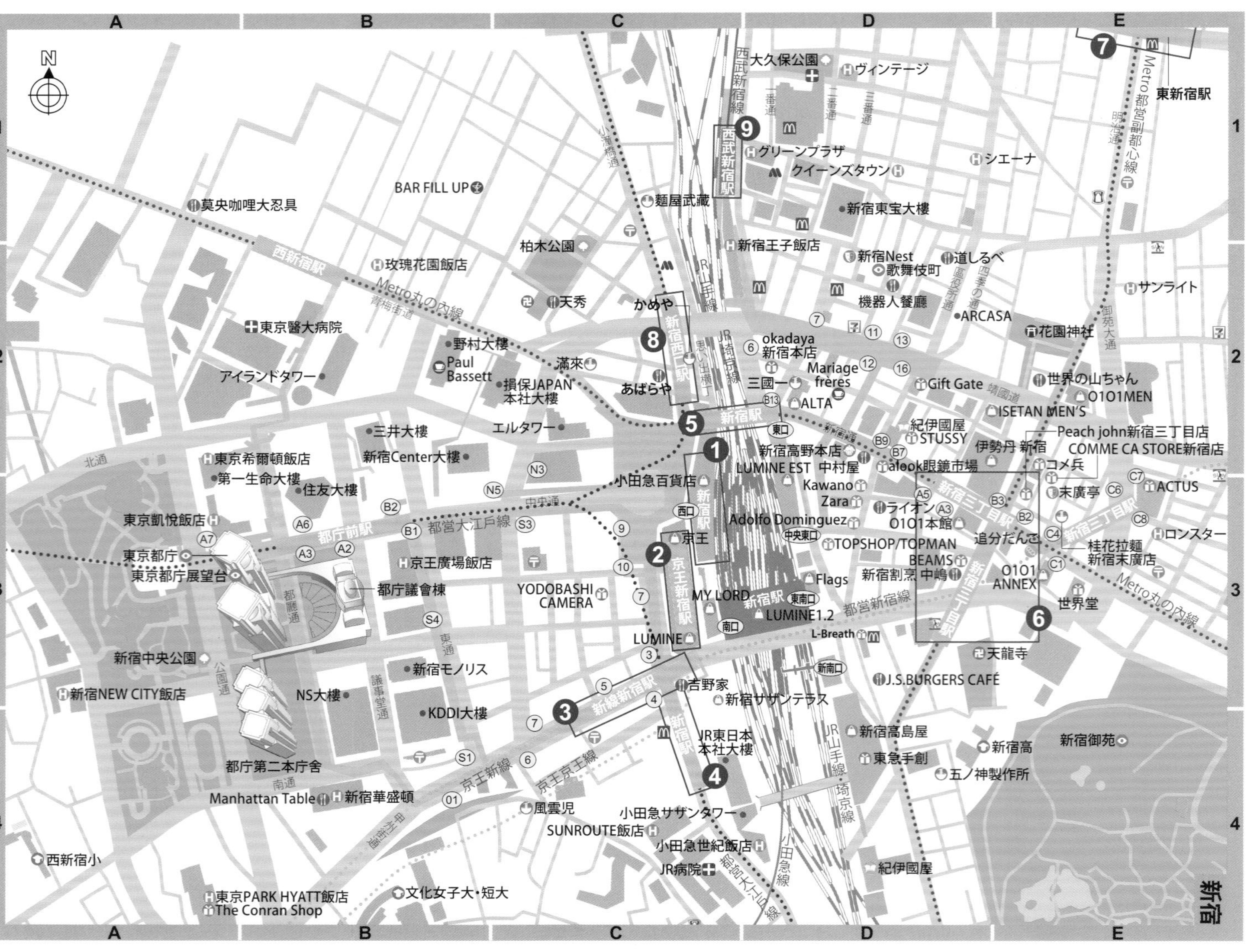
新宿
東新宿駅
Metro副都心線
サンライト
シエーナ
ヴィンテージ
大久保公園
グリーンプラザ
クイーンズタウン
新宿東宝大樓
新宿王子飯店
西武新宿駅
麵屋武藏
柏木公園
天秀
BAR FILL UP
玫瑰花園飯店
Metro丸の内線
西新宿駅
東京醫大病院
アイランドタワー
莫央咖哩大忍具
道しるべ
ARCASA
新宿Nest
歌舞伎町
機器人餐廳
花園神社
世界の山ちゃん
0101MEN
ISETAN MEN'S
Gift Gate
紀伊國屋
STUSSY
Peach john新宿三丁目店
COMME CA STORE新宿店
ACTUS
ロンスター
コメ兵
末廣亭
伊勢丹 新宿
追分だんご
桂花拉麵
新宿末廣店
世界堂
0101 ANNEX
新宿三丁目駅
天龍寺
J.S.BURGERS CAFÉ
新宿御苑
新宿高
五ノ神製作所
新宿高島屋
東急手創
紀伊國屋
aleok眼鏡市場
ライオン
0101本館
TOPSHOP/TOPMAN
BEAMS
中嶋
新宿割烹
Kawano
Zara
Flags
中村屋
新宿高野本店
LUMINE EST
Mariage freres
ALTA
okadaya
新宿本店
三國一
新宿駅
Adolfo Dominguez
LUMINE1.2
MY LORD
LUMINE
新宿サザンテラス
JR東日本本社大樓
新南口
吉野家
小田急サザンタワー
小田急世紀飯店
JR病院
京王
京王新宿駅
小田急百貨店
新宿西口駅
かめや
あぼらや
滿來
損保JAPAN本社大樓
エルタワー
野村大樓
Paul Bassett
YODOBASHI CAMERA
京王廣場飯店
新宿モノリス
KDDI大樓
都庁議會棟
三井大樓
新宿Center大樓
住友大樓
第一生命大樓
東京希爾頓飯店
都廳前駅
NS大樓
都庁第二本庁舍
Manhattan Table
新宿華盛頓
東京PARK HYATT飯店
The Conran Shop
東京凱悅飯店
東京都庁
東京都庁展望台
新宿中央公園
新宿NEW CITY飯店
西新宿小
風雲児
SUNROUTE飯店
文化女子大・短大
京王新線
都營大江戸線
都營新宿線
JR山手線
小田急線
西武新宿線

周邊車站交通指南

JR新宿駅的西口鄰近京王線改札口、小田急線改札口、地下鐵丸之內線，南口則鄰近都營大江戶線・都營新宿線・京王新線改札口，要前往新宿高速巴士總站從新南改札最快。

電車轉乘

❶小田急電鐵新宿駅 ：小田原線

車站與小田急百貨新宿店連通，轉乘JR有出口專用JR改札口。是從新宿要前往箱根的主要交通，特急列車可直達神奈川縣的小田原或箱根的玄關「箱根湯本」駅，快速急行線也可直達觀光勝地的江之島藤澤。觀光客經常利用的「小田急浪漫特快號」於2、3號月台搭乘。

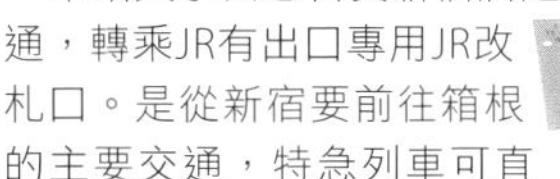

❷京王電鐵新宿駅 ：京王線

車站外正對著新宿駅巴士站，站體與京王百貨連通，京王線可前往東京近郊的八王子，沿途大多為住宅區，月台位於地下二樓，2號月台上層的B1可直通京王新線所在的4、5號月台。

❸京王電鐵新線新宿駅 ：京王新線

雖然名稱不同，但京王新線的「新線新宿駅」與京王線相連通，能夠與都營地下鐵新宿線直通，前往有舊書街的神保町、千葉線的本八幡方向。

❹都營地下鐵新宿駅 ：新宿線、大江戶線

新宿線可前往神保町、千葉線的本八幡方向。

Note：近乎環狀線的大江戶線在新宿有三個車站，以「都廳前駅」為中繼站，往「新宿西口駅」與往「新宿駅」為不同方向。

❺東京Metro新宿駅 ：丸之內線

與JR新宿駅的西口連通，可前往中野、高円寺或新宿御苑前、銀座、東京車站、後樂園、池袋等方向。

❻東京Metro新宿三丁目駅 ：丸之內線、副都心線

丸之內的車站距離丸井0101百貨、伊勢丹百貨區較近，副都心線則連絡了JR新南改札的高島屋百貨與東口百貨區。副都心線可前往明治神宮前（原宿）、澀谷或池袋方向。

❼東京Metro東新宿駅 ：副都心線

距離主要的新宿鬧區稍遠，但周邊有些商務飯店可能會利用到。副都心線可往新宿三丁目駅、澀谷方向或池袋、和光市方向。

❽都營地下鐵新宿西口駅 ：大江戶線

鄰近JR新宿駅西口，由此站可前往都廳前駅看東京都廳的免費夜景，或往飯田橋、上野、築地市場、汐留、六本木、代代木（緊鄰原宿）等方向。

❾西武鐵道新宿駅 ：新宿線

車站位於歌舞伎町內，周邊為東口的百貨區，也有備受矚目的哥吉拉飯店「新宿格拉斯麗飯店」。西武新宿線以新宿為起點，可前往高田馬場、最遠至埼玉縣的復古景點小江戶「本川越駅」。

公車

新宿WE巴士：串連新宿駅周邊的巴士，分為「歌舞伎町・西新宿循環路線」、「新宿御苑路線」與「朝夜路線」，三條路線都可在新宿駅西口小田急百貨前或京王百貨前搭乘，依路線不同，前往的地區也不相同。無論大人小孩每次搭乘都是￥100，也有一日乘車券小學生以上￥300。

CH01都廳循環巴士：由都營巴士與京王巴士共同營運行駛，在新宿駅西口巴士站京王百貨前可搭乘，大人￥190，可使用都營巴士一日乘車券。

一般路線巴士

主要於新宿駅西口巴士站搭乘，都營巴士可前往品川、早稻田、練馬等方向。西武巴士往中野、池袋；京王巴士可往澀谷、中野；小田急巴士可往吉祥寺、調布等方向。

HATO BUS：新宿駅東口LUMINE EST1樓為HATO巴士營業所，乘車處則在STUDIO ALTA正對面公車站牌。

高速巴士

01在新宿駅西口巴士站乘車。前往岡山縣的津山・岡山・倉敷；前往御殿場、箱根、蘆之湖；前往天理、奈良、五条、京都、神戶、大阪枚方。京王巴士有前往富士急樂園、富士五湖、富士山五合目、山梨甲府、湯村溫泉等方向。

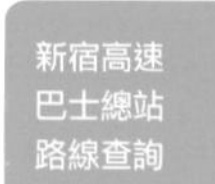

02新宿高速巴士總站（バスタ新宿）2016年春天開幕，整合了新宿通往日本全國的重要長途巴士路線。

利木津巴士（リムジンバス）

❗現因疫情關係，往機場的班次可能不停靠各飯店，須提前確認。

01往成田機場，沿途停靠：小田急世紀南悅飯店→新宿太陽道廣場大飯店→東京希爾頓飯店→新宿華盛頓酒店→東京柏悅酒店→新宿京王廣場大飯店→東京凱悅酒店→新宿駅西口巴士站→新宿高速巴士總站

Ⓢ大人￥3,200，小學生￥1,600。

02往羽田機場，沿途停靠：小田急世紀南悅飯店→新宿太陽道廣場大飯店→東京希爾頓飯店→新宿華盛頓酒店→東京柏悅酒店→東京凱悅酒店→新宿京王廣場大飯店→新宿駅西口巴士站→新宿高速巴士總站

Ⓢ大人￥1,300，小學生￥650。

新宿駅周邊景點

新宿是百貨必爭之地，新百貨不斷推出、引領話題，當然也有獨屬於新宿的風情，只要在車站周邊逛逛就可以感受到新宿的熱鬧與愜意。

新宿サザンテラス
新宿 Southern Terrace

新宿南口是相當熱鬧卻悠閒的地區，以露台命名，鋪上了自然木質的休閒步道，讓人輕鬆漫步，有咖啡店(星巴克)、生活家飾店(Franc franc)和本格和食餐廳Quwanne等，也可以到廣島、宮崎縣的物產店，買點伴手禮回家。

依店舖而異　渋谷区代々木2-2-1　、休依店舖而異　www.southernterrace.jp

吃玩買
新宿駅
新宿サザンテラス
歌舞伎町
新宿高島屋
思い出横丁

新宿高島屋

高島屋百貨是雄踞新宿南口的百貨霸主，賣場號稱全日本最大，自開幕以來就成為到新宿購物的必逛之地。除了賣場，12~14樓整整三整層的美食街也是新宿最有人氣的用餐地點之一。而它的B1與5樓賣場皆有通道能通往宜得利與紀伊國屋(南館6樓)，採買雜貨書籍也十分方便。

渋谷区千駄ヶ谷5-24-2　10:30~19:30　休不定休　www.takashimaya.co.jp/shinjuku/index.html

歌舞伎町

新宿東口北側就是以聲色場所知名的歌舞伎町，歌舞伎町附近聚集了許多餐廳跟居酒屋，可以看到許多上班族和年輕人在此聚會。雖然被稱為是東日本最大風化區，但由於近年來力行淨化專案，這裡可是聚集了許多居酒屋、餐廳，是晚上用餐的好去處。但還是建議到這裡要結伴同行，也別太晚了還不回飯店唷！

新宿区歌舞伎町一、二丁目

回憶横丁
思い出横丁

每當夜幕低垂，美食小巷思い出横丁裡點起亮光的紅燈籠伴著燒烤煙氣，附著正要展開的夜竄入鼻腔，味蕾記憶中的好味道也驅使著旅人的腳步，走到熟悉的角落內點上一份懷念的老味道。這條小巷弄中兩側全是小小飲食店，有燒烤、黑輪、烏龍麵、拉麵等，有讓人能夠馬上吃飽的，也有讓人能夠緩慢小酌一杯的店舖。深夜時分走進回憶横丁，兩旁的招客熱情如火，初次造訪的人不妨就選間喜歡的店，坐下來品嚐東京的庶民美味吧！

新宿区西新宿，位於JR新宿駅西口　依各店舖不一，大多營業至深夜　www.shinjuku-omoide.com/

澀谷駅

澀谷向來是東京最年輕的潮流文化發祥地，熱鬧的十字路口有著大型螢幕強力放送最新的流行音樂，種類豐富的各式商店和百貨，是逛街買物的好去處，要想填飽肚子，便宜迴轉壽司、拉麵店、燒肉店等超值美味也不少。其實，澀谷也是小眾文化的重鎮，地下音樂、藝術電影還有Live Band，都可以在此找到。

出口指南

事實上，相較於東京、新宿等站，JR澀谷駅並沒有太多路線，但與3家其他鐵道路線接通，因此交通地位相當重要，且為了都市開發，經常都在施工，混亂程度甚至被日本人稱為地下魔窟，可能會有變動，需依現場情況為準，確認好自己的方向與指標，就不會迷路。

ハチ公改札

直接以最具代表的地標八公像命名，是許多日本人利用的重要出口，出剪票口後八公前廣場、澀谷109、井の頭通與受到外國人喜愛的澀谷十字路口即在眼前。若要前進澀谷主要的逛街集中區：西班牙坂、中央街等，由此出口最快。

南改札

南改札又可分為東口和西口，兩個出口都有巴士站與計程車招呼站，西口的摩艾像也是重要的澀谷地標。

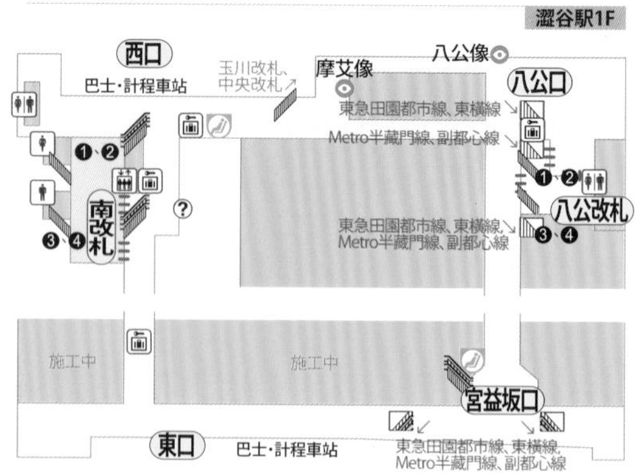

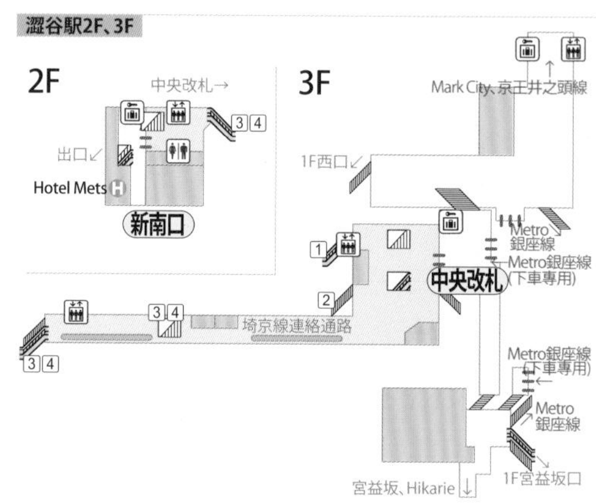

新手看這裡

最新話題SHIBUYA SKY

位於澀谷新地標SHIBUYA SCRAMBLE SQUARE頂樓的展望台SHIBUYA SKY目前是日本最大露天展望區，其空間全面採透明玻璃隔間，讓入場遊客以360度飽覽澀谷的繁華街容。白天晚上各有看頭，如果時間充裕的話，不妨在日落前進場，將日夜兩種景致盡收眼底。

出口	主要景點
ハチ公改札(八公改札)	八公前廣場、西武百貨、澀谷109、QFORNT、井の頭通、西班牙坂、澀谷中央街、文化村、澀谷丸井0101百貨
玉川改札	京王井之頭線、澀谷MarkCity、往成田/羽田機場巴士搭車處
中央改札	埼京線·湘南新宿線、東急百貨東橫店
新南改札	埼京線·湘南新宿線、澀谷Mets飯店、表參道或原宿方向
宮益坂口	東急百貨東橫店、BicCamera
南改札東口	澀谷Hikarie、市區路線巴士站、計程車招呼站、東急STAY澀谷新南口飯店
南改札西口	市區路線巴士站、計程車招呼站、摩艾像、東急澀谷藍塔大飯店

置物櫃指引

由於澀谷為多家鐵道公司匯集車站，每家公司都規劃許多置物櫃，相較之下JR站內較少，經常無空格存放，不妨尋找其他鐵道公司的澀谷車站。

改札口內

八チ公改札、中央改札、西口可找到置物櫃，大型置物主要在八チ公改札。

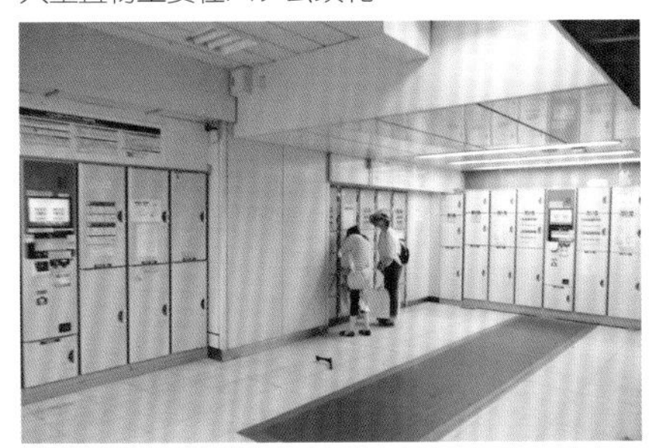

改札口外

澀谷地下通道「澀谷CHIKAMICHI」設置許多置物櫃，大型商業設施澀谷Hikarie地下入口周邊、澀谷109地下入口、京王線澀谷駅中央口周邊、澀谷Mark City4樓也可試試，甚至在「東橫暖簾街」都還有保冷置物櫃。

澀谷CHIKAMICHI地下一樓的澀谷CHIKAMICHI綜合服務中心內可寄放大行李箱，每個￥600，服務時間為10:00~18:00。

店家也可寄放行李

日本新創產業ecbo cloak推出的服務是結合當地商店提供寄物，將沒有用到的空間出借，讓外國遊客可寄放大行李箱，東京內可寄放商店最多就集中在澀谷車站周邊，可以考慮試試。

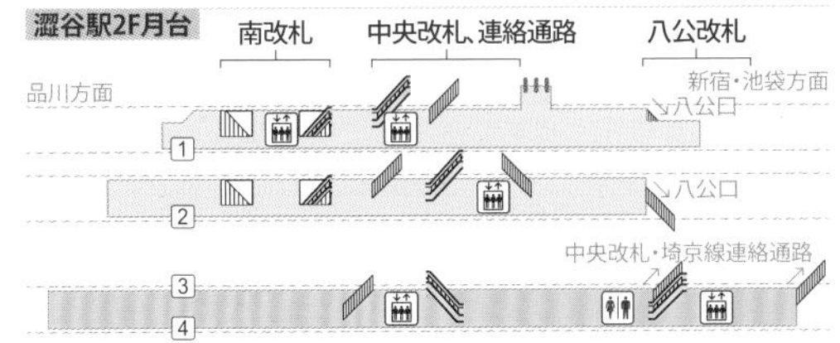

乘車指南

澀谷駅有4家鐵道公司，包括JR東日本、京王電鐵、東急電鐵與東京Metro，依樓層區分，每個車站之間都有通道，JR站內線路不多，轉乘其他鐵道路線才是遊客們最常利用澀谷車站的方式。

JR澀谷駅站內相當簡單，只有山手線、前往成田機場的成田特快N'EX，或可前往新宿、橫濱方向的埼京線・湘南新宿線。

要利用埼京線・湘南新宿線，最近的出入口是新南改札。

前往成田機場的成田特快N'EX與埼京線・湘南新宿使用月台相同。

月台與對應線路

1號：山手線(外回、往新宿、池袋)
2號：山手線(內回、往品川、東京)
3號：埼京線・湘南新宿線(往新宿・大宮/埼玉縣方向)、成田特快N'EX
4號：埼京線・湘南新宿線(往大崎・橫濱方向)、成田特快N'EX

周邊車站交通指南

根據統計，澀谷站區一天平均旅客數量約323萬人次，搭車時需留意JR與其他鐵道的指示招牌為不同顏色，不同公司轉乘時大多需要先出該鐵道的剪票口，再進入欲轉乘的鐵道公司的剪票口，若為相同鐵道公司則無需出站。

電車轉乘

❶京王電鐵澀谷駅：京王井之頭線

為起點車站，可前往東京東側的重要鬧區吉祥寺、井之頭公園一帶，若要前往宮崎駿的吉卜力美術館也可利用此線。中央口為前往其他鐵道路線的重要轉乘口，與澀谷Mark City2樓直接連通。

❷東急電鐵澀谷駅：東急東橫線、田園都市線

01東橫線為通往橫濱的重要路線之一，沿途有許多受到年輕人喜愛的地點，如代官山、中目黑、自由之丘、田園調布等。

02田園都市線沿途可前往三軒茶屋、二子玉川等近年東京時尚人士喜愛的區域，其他多為住宅區。

❸東京Metro澀谷駅：銀座線、半藏門線、副都心線

01半藏門線可前往表參道、東京車站的大手町、文青注目的清澄白河、還有東京晴空塔的押上。

02銀座線可前往表參道、虎之門、新橋、銀座、日本橋、上野、淺草等，幾乎串連了東京重要的觀光大站。

03副都心線可前往原宿的明治神宮前、新宿、池袋等方向。

❹東京Metro表參道駅：銀座線、千代田線、半藏門線

路線和澀谷駅差不多，不同的是千代田線可前往西日暮里、北千住方向。其實，澀谷和原宿、青山、表參道的距離頗近，沿途還有許多商店可逛，從東京Metro澀谷駅的12號出口出站，沿著宮益坂徒步約700公尺就可以到東京Metro表參道駅。

❺東京Metro明治神宮前駅：千代田線、副都心線

東京Metro澀谷駅的9號出口出站，朝明治通方向，徒步約1100公尺就是熱鬧的原宿表參道交叉口。

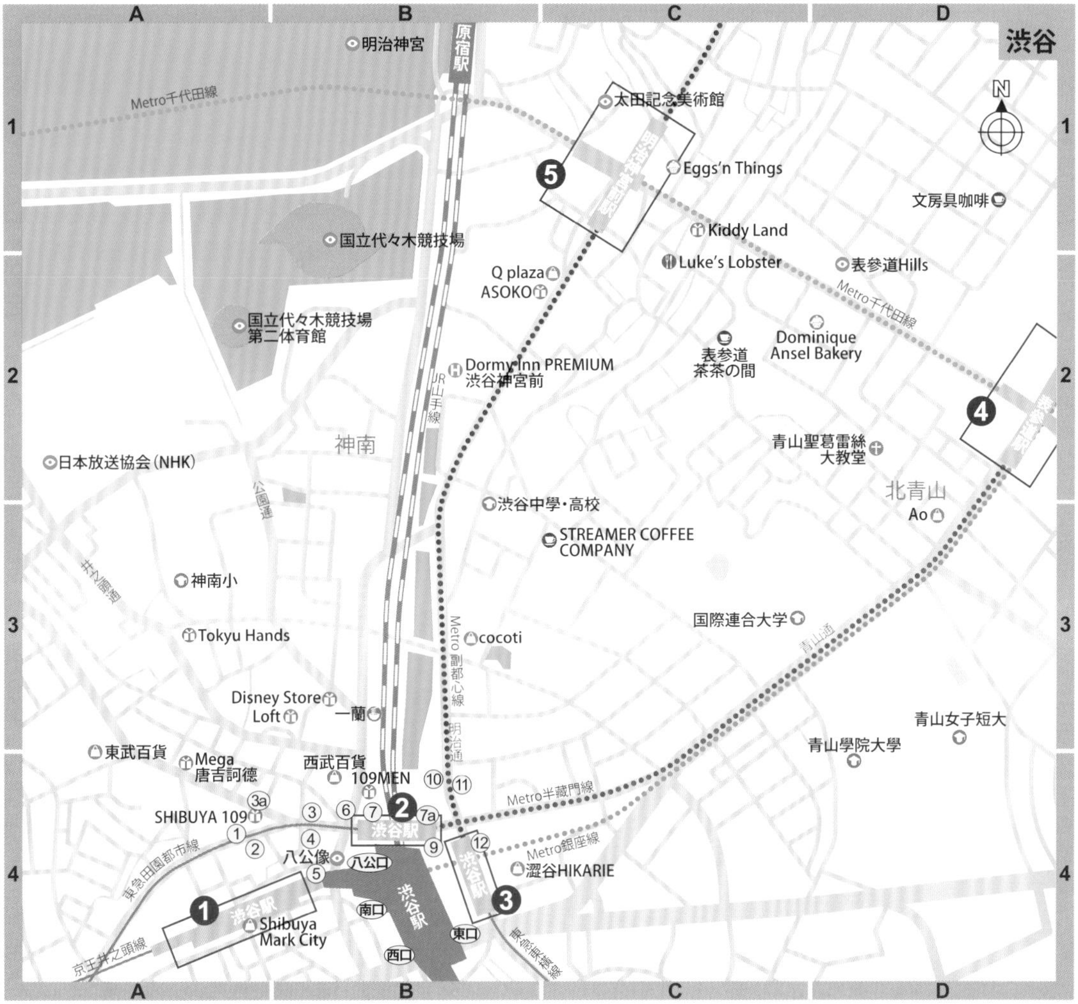

渋谷

A B C D
1 2 3 4

明治神宮
原宿駅
Metro千代田線
太田記念美術館
明治神宮前駅
5
Eggs'n Things
文房具咖啡
国立代々木競技場
Kiddy Land
Luke's Lobster
表参道Hills
Q plaza
ASOKO
Metro千代田線
国立代々木競技場
第二体育館
表参道
茶茶の間
Dominique
Ansel Bakery
Dormy Inn PREMIUM
渋谷神宮前
JR山手線
4
神南
青山聖葛雷絲
大教堂
日本放送協会(NHK)
公園通
北青山
Ao
渋谷中學・高校
STREAMER COFFEE
COMPANY
井ノ頭通
神南小
国際連合大学
Tokyu Hands
Metro副都心線
cocoti
青山通
Disney Store
Loft
一蘭
明治通
青山女子短大
東武百貨
Mega
唐吉訶德
西武百貨
109MEN
青山學院大學
SHIBUYA 109
Metro半蔵門線
3a 3 6 7 2 7a 10 11
1 2 4 9 12
渋谷駅
Metro銀座線
東急田園都市線
八公像
八公口
5
渋谷駅
渋谷駅
3
澀谷HIKARIE
1
渋谷駅
Shibuya
Mark City
南口
東口
西口
京王井之頭線
東急東横線

公車

八公巴士（ハチ公バス）：行駛於澀谷內的社區巴士，紅、橘、藍色系為主的車體上就有可愛的八公狗畫像，無論大人小孩車資皆為￥100。

在八公口可以搭乘的路線有惠比壽・代官山循環線(夕やけこやけルート，可前往時尚區代官山、惠比壽等)、神宮前・千駄谷路線(神宮の杜ルート，可前往原宿、表參道、代代木等)，澀谷駅西口另有上原・富之谷路線(丘を越えてルート)，但行駛沿途皆為住宅區。

東急TRANSSES代官山循環線

澀谷站巴士乘車處搭乘，從澀谷站出發往代官山方向的循環巴士，行駛時間8:00~20:30，大人￥160，未滿12歲￥80，6~15分就有一班。

路線巴士

有多家巴士公司的路線聚集，西口以東急巴士、京王巴士為主，可在巴士總站或東急PLAZA搭乘，另有小田急巴士、京濱急行巴士，可前往三軒茶屋、學藝大學、中目黑等方向。東口的巴士總站則以都營巴士為主，可前往六本木、新橋方向。

高速巴士

澀谷Mark City5樓為高速巴士站，可前往地方包括：輕井澤・草津、靜岡縣藤枝・相良、沼津、靜岡、濱松、山梨縣河口湖、東北的宮城縣仙台・石卷、山形縣鶴岡・酒田、北陸的金澤・加賀溫泉、山陰地區的島根縣松江・出雲、關西的大阪、神戶、京都、四國的愛媛今治、德島・阿南、中部的豐川・豐橋・三河田原方向。

利木津巴士（リムジンバス）

01前往羽田機場的巴士可在東急澀谷藍塔大酒店、東急澀谷卓越大酒店、澀谷站搭乘。

02前往成田機場的巴士可在東急澀谷藍塔大酒店、東急澀谷卓越大酒店、澀谷站搭乘。

澀谷駅周邊景點

澀谷駅一帶是年輕人的地盤，青春的潮流文化都從這裡發展，到這裡逛逛就可以感受到青春洋溢的活力。

忠犬八公像
ハチ公

忠犬八公是澀谷更是東京最著名的狗銅像，據說原本小八是由一位東大教授所飼養的秋田犬，牠每天傍晚都會去車站迎接主人回家，甚至教授過世後仍然風雨無阻天天到車站前等主人，直到病亡。為了記念小八的忠誠，人們特地在站前立下這座雕像，現在也成為日本人在澀谷平常約會見面的地標。

JR渋谷駅ハチ公口前

吃玩買
渋谷駅
忠犬八公像
澀谷109
澀谷Hikarie
Yoshimoto hall

澀谷Hikarie
渋谷ヒカリエ

2012年4月開幕的澀谷Hikarie是辦公大樓與購物中心結合的複合式設施，總樓層有34樓，其劇院「東急THEATRE Orb」為世界最大音樂劇劇場，「8/藝廊」則延續東急文化會館的使命，展出多面向作品。而在所有建設中，最受注目的當屬ShinQs了。地下三層，地面五層，總共八層樓的ShinQs購物商場，結合了美食、美容、時尚，並以擁有自主能力的20~40歲女性為主要客群。蛻變後的澀谷擺脫以往辣妹文化的舊有形象，經由澀谷Hikarie的開幕，時尚流行再度聚焦。

渋谷区渋谷2-21-1　購物及各種服務11:00~21:00，餐廳6F~7、11F 11:00~23:00　www.hikarie.jp

澀谷109

澀谷109是辣妹的大本營，從B2到8樓的10層樓空間裡，全是專屬女生的各式大小商品，從衣服、鞋子、包包、內衣、化妝品首飾，到假髮、假睫毛都光鮮亮麗地不得了，店裡逛街的女孩子和店員，氣勢也和其他地方完全不一樣。

渋谷区道玄坂2-29-1　購物10:00~21:00，餐廳11:00~22:00
休1/1　www.shibuya109.jp

Yoshimoto hall
ヨシモトホール

旗下有倫敦靴子、Downtown等知名搞笑藝人的經紀公司吉本興業，在年輕人聚集的澀谷建立這座小劇場。門票視節目各有不同，購票後即可入場看新晉藝人的爆笑演出。就算聽不懂日文，透過玻璃窗看個熱鬧，或許可以看到認識的搞笑藝人喔。

渋谷区宇田川町31-2　依演出時間而異　mugendai.yoshimoto.co.jp/　公演中禁止攝影

品川駅

從位置上來看，品川幾乎已經是山手線上最南端的車站。這裡的鐵道開發甚早，在江戶時代就已是重要驛站的品川地區，可以說是東京與橫濱間的交通玄關，從東京要往西前進橫濱、靜岡甚至是名古屋、大阪，也以此為轉乘站，再加上直達羽田機場的京急線，越發突顯品川在車站功能上的重要，每天大約有百萬人次利用。在JR東日本的積極開發下，車站與購物商場結合，周邊更有許多複合商業大樓林立，讓遊客轉車也不怕沒地方去。

出口指南

品川駅周邊有許多大樓，可分為兩個主要出口：高輪口(西口)與港南口(東口)，港南口較多辦公大樓，高輪口則以飯店為主。簡單來說，觀光客大多以高輪口為主要據點。

高輪口(西口)

京急線(可往羽田機場)轉乘口、計程車招呼站、品川王子飯店群、品川巴士總站、愛普生水族館品川。其中品川王子飯店群是許多外國遊客集中住宿的飯店。

港南口(東口)

欲利用新幹線，由此出入口距離最近，周邊還有同樣可前往羽田機場的東京單軌電車車站「天王洲島站」、並有商業設施atre品川、品川四季露臺等。

置物櫃指引

中央改札口外就有「品川駅 Suicaロッカー検索」，可以找出各樓層空著的置物櫃喔！

改札口內：北改札口周邊設置較多置物櫃，靠近東海道本線、橫須賀線，1~2號山手線階梯旁更有可寄放較大行李箱的置物櫃，新幹線搭乘處也有設置。從中央改札口進站後的商業設施「ecute品川」也能找到多座置物櫃，更有￥800的特大行李箱置物櫃。

Note：改札口內若真的沒有零錢投幣使用置物櫃，可以到站內便利店KIOSK或NEWDAYS兌換。

改札口外：港南口(東口)往商業設施atre品川入口方向的手扶梯下樓，即可找到許多置物櫃，而高輪口(西口)鄰近計程車招呼站的地方也有可寄放大行李箱、甚至是特大型置物櫃。

京急線品川駅的「高輪口改札」附近也有置物櫃，大型￥700，可寄放行李箱。

乘車指南

品川駅內有JR東日本、JR東海、京急電鐵三家鐵道系統經過，共7條路線、24個月台，路線雖分屬不同公司，車站卻彼此相通，JR東海與JR東日本更共用站體。與東京、新宿相較，品川駅其實單純不少，首次造訪的旅人只要記得多注意指標，基本上就不會搞錯搭車月台了。

靠近王子飯店區的為高輪口離山手線最近。

搭新幹線從港南口進出最快，靠近商業設施atre品川。

港南口與中央改札口旁皆有售票機，進站後還有「ecute品川」可買物用餐。

常用月台與對應線路

以下是觀光客較常利用的線路與月台，搭車前建議先確認。

・JR山手線在1號(內回，往東京、上野)、3號(外回，往澀谷、新宿)月台。

・前往橫濱的話，可利用JR京濱東北線、JR上野東京線、JR東海道線、JR橫須賀線。

・往羽田空港，在京急線1號月台搭車。

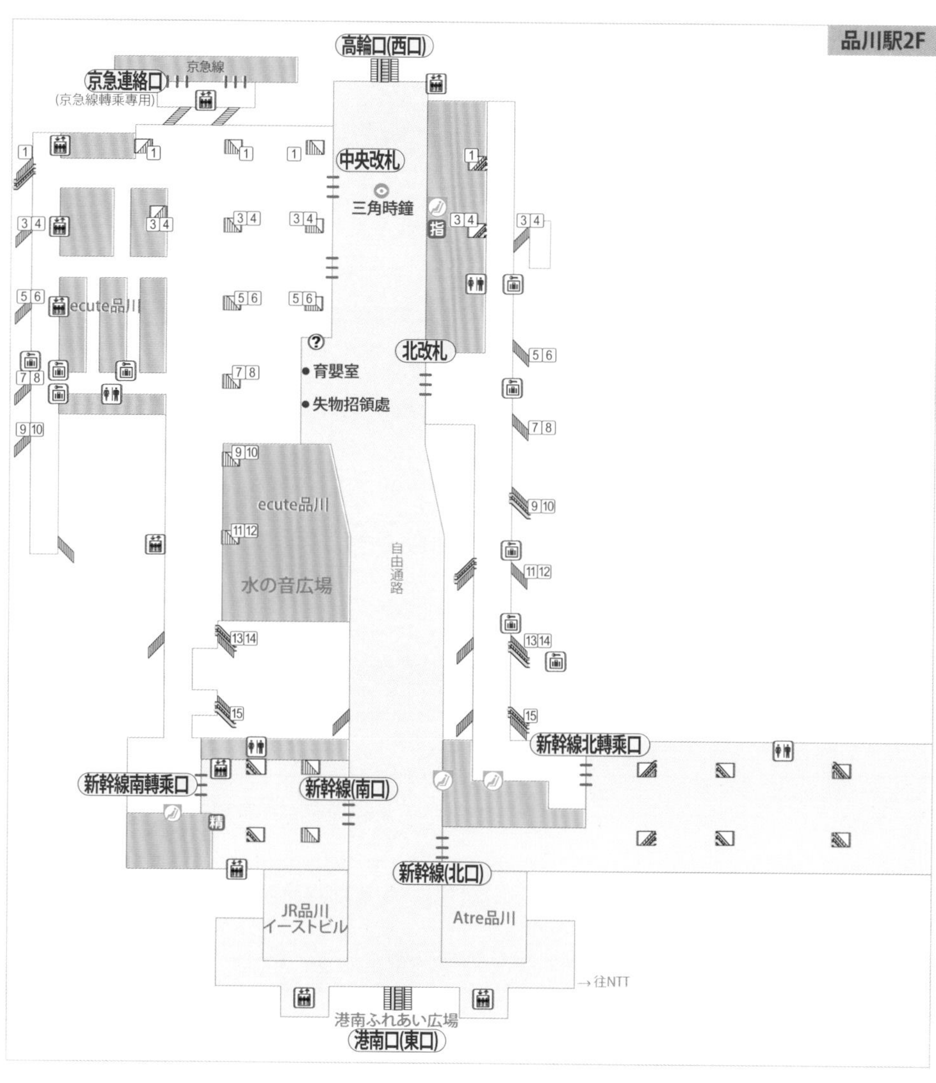

月台與對應線路

1號：山手線(內回、往東京、上野)
3號：山手線(外回、往澀谷、新宿)
4號：京濱東北線、往大宮、東京方向
5號：京濱東北線、往大船(橫濱方向)
6~7號：上野東京線(宇都宮・高崎線，往大宮、宇都宮、高崎)
9號：上野東京線(常磐線特急，往水戶、磐城方向)
10號：上野東京線(常磐線方向，往柏、土浦方向)
11號：東海道本線・上野東京線(常磐線方向，往柏、土浦方向)
12號：東海道本線(橫濱、小田原方向)
13號：總武本線(快速列車，東京、千葉、成田機場方向)
14號：總武本線(部分快速列車)
15號：橫須賀線(往鎌倉、久里濱方向)
21~22號：東海道・山陽新幹線(往東京方向)
23~24號：東海道・山陽新幹線(往名古屋、大阪方向)

周邊車站交通指南

深怕交通系統複雜的人在品川可安心一點，雖然隸屬JR東日本的大站，但周邊會利用到的其他車站其實較少，也沒那麼複雜。

電車轉乘

❶品川駅 ：京急本線(京濱急行電鐵)

與JR品川駅緊鄰的同名車站，可前往羽田機場方向或川崎、橫濱，甚至遠至神奈川縣的著名海岸線「久里濱」等地。從JR線路欲轉車前往羽田空港的話，可利用高輪口側的「京急連絡口」，前往京急線1號月台搭車前往羽田空港。若是不使用連絡口，也可以出站後再從京急品川駅進入。

❷泉岳寺駅 ：京急本線、都營地下鐵淺草線

京急本線的起點站，前往品川、羽田機場、橫濱方向。都營地下鐵可前往五反田或東京晴空塔的押上、甚至是直通京成線往成田機場。

❸北品川駅 ：京急本線

可往品川或羽田機場方向，大多為在地居民使用的小型車站，車站附近有商店街。

❹天王洲島駅 ：東京單軌列車、臨海線

高架的東京單軌列車可前往羽田機場或濱松町，距品川駅更遠的臨海線天王洲島駅則可前往新宿或台場方向。

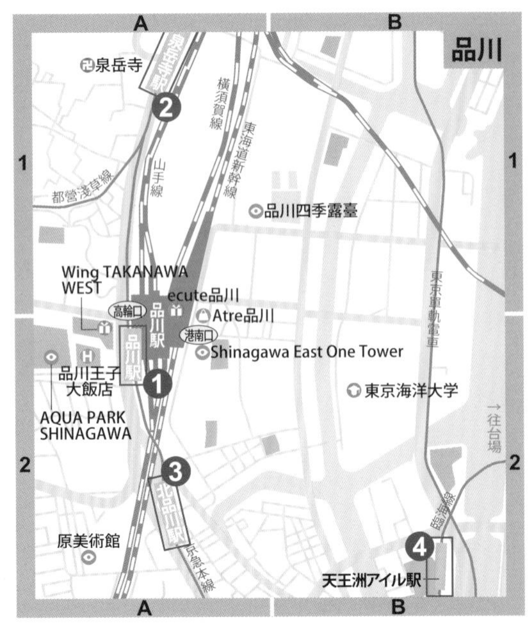

公車

路線巴士

有都營巴士、東急巴士等。高輪口的市區路線，可前往五反田、目黑、六本木、新宿。港南口可前往大田市場、天王洲島、濱松町、台場方向。

高速巴士

港南口的乘車處可前往千葉、三井Outlets木更津、御殿場Outlets、富士急樂園、河口湖、富士山。

高輪口可前往輕井澤、箱根，冬季時還可前往苗場滑雪。

品川駅周邊景點

品川駅周邊雖然以飯店及商業大樓居多，還是有熱鬧的百貨、蔚為話題的新興景點，可別錯過了。

吃玩買

品川駅

atre品川
Aqua Park 品川
品川四季露臺

atre品川

atre品川是與品川車站共構的百貨，除了服飾、居家擺飾以外，還有伊勢丹企劃的超市，買得到日本各地的菓子點心、食料水果，餐廳部分有包括早餐女王Sarabeth's在內的美味餐廳，而且還有大名鼎鼎的Blue Bottle Coffee進駐，讓人就算只是轉車經過，也要來喝杯咖啡才不枉此行。

港區港南2-18-1　7:00~23:00，依店家而異　www.atre.co.jp/shinagawa/

Aqua Park 品川

與一般水族館不同，Aqua Park 品川結合科技與燈光效果，呈現出新穎炫目的效果。館內的展示充滿互動，輕輕點擊展示窗玻璃，隱藏水中的生物就會露出身影，還可以點擊放大、查看詳細介紹，了解相關生物知識，很適合小朋友互動。館內的海豚表演更是精彩，不僅是海豚的聰明演出，結合聲光的表演，更像是一場華麗的表演秀，讓人大 呼精彩。

港區高輪4-10-30，品川王子飯店內　10:00~20:00，依季節而異，建議至官網確認　大人￥2,500，國中小學生￥1,300，4歲以上￥800　www.aqua-park.jp/aqua/

©Aqua Park 品川

品川四季露臺

Shinagawa Season Terrace

位在品川各辦公大樓之中，品川四季露臺是2017年新興的景點，上半年度的《東京白日夢女》、《月薪嬌妻》等熱門日劇都曾在此取景。這棟商辦混合大樓以美食街為主，可以品嚐到築地的新鮮海產，還有福島的喜多方拉麵，戶外的空中花園可以欣賞品川街景，入夜後更有餐車擺攤，能夠一邊悠閒吃著餐點，一邊欣賞點燈後璀璨的東京鐵塔。

港區港南1-2-70　11:00~23:00，依店家而異　sst-sr.jp/

MEIWA

主題旅遊

東京都內有許多景點、店家，就算花上個5天也不一定能將想去的地方都走透透，在安排行程之前，不如先來認識有哪些定番的必訪景點，又有哪一些討論熱烈的美食、引人注目的街區，才不會錯過東京的不同風貌。

文／墨刻編輯部
攝影／墨刻攝影組

東京鐵塔

とうきょうタワー　Tokyo Tower

位於芝公園附近的東京鐵塔，建於1958年，高333公尺，最初設立的目的是擔負東京多家電視台、電台的電波發射重任，不過現在由於塔上150公尺的Main Deck與250公尺的Top Deck，具有360度觀景視野，而成為俯瞰東京市容的絕佳地點。50餘年來，東京鐵塔不但成為東京的象徵，也是眾多日劇或電影裡的經典場景。在東京鐵塔裡有商店、水族館等複合遊樂設施，各種可愛的東京鐵塔限定紀念品也可以在塔內的商店找到喔！

港区芝公園4-2-8　大展望台Main Deck 9:00~23:00(入場至22:30)，特別展望台Top Deck 9:00~22:45(最終Tour 22:00~22:15)　Main Deck大人¥1,200，國中小學生¥700，4歲以上¥500，Top Deck Tour大人¥3,000，國中小學生¥2,000，4~12歲¥1,400　www.tokyotower.co.jp　開放時間可能因疫情或天候關係有所更動，建議先上官網查詢，疫情期間營業時間皆提早30分鐘結束

東京鐵塔的小秘密

季節色彩

為增加可看性，夏天和冬天的夜晚會打上不同色調的燈光。夏季是白色、冬天則為橘色，聖誕節還會佈置成聖誕樹的模樣，每年更是會在晚上利用照明打出年度字樣。

幸福的傳說

浪漫的東京鐵塔有許多傳說，每天晚上凌晨零時一到，東京鐵塔的燈光就會熄滅，據說一起看到熄滅瞬間的情侶就會永遠幸福。在設施內還可以發現許多愛心的小設計，據說找到愈多就能得到愈多幸福，一起來找看看吧！

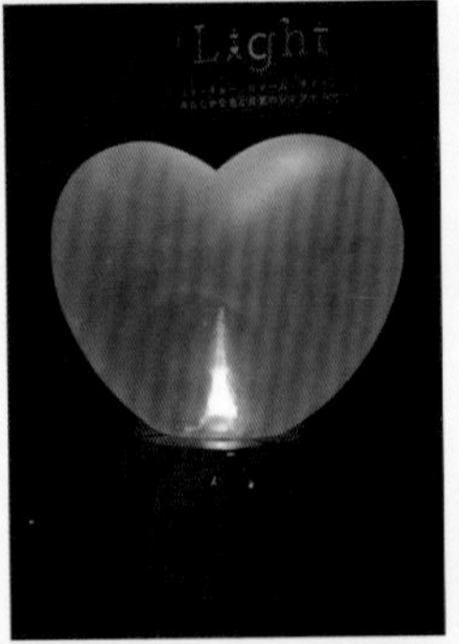

賞景位置

如果距離鐵塔太近，反而會失去美感，常以東京鐵塔為背景拍攝的地點，大多位於附近的芝公園，如果也想拍出日劇的浪漫感，不妨稍微走遠一點試試。

Cafe La Tour

登上鐵塔的大展望台，不想要只是隨便看看便離開，那不如就坐在南西側的咖啡廳裡，悠閒的望著窗外風景，一邊啜飲咖啡，感受東京都會裡的寧靜片刻。

大展望台Main Deck 1F　9:30~22:45(L.O.22:00)

TOWER大神宮

タワー大神宮

位於大展望台的TOWER大神宮，可是名副其實全東京最高的神社，不少來到東京鐵塔的人都會順道參拜一番，無論是戀愛成功、考試合格或者交通平安都可以祈求。因為神社很高，祈求考試高中的人特別多，附近的名產店還可以買到神社御守。

大展望台Main Deck 2F

鐵塔內的商店也有販賣東京鐵塔吉祥物Noppon兄弟的相關商品。

TOKIO 333

一進到TOKIO 333，就能看到東京芭娜娜等東京定番商品的櫃位，而這間店舖的確是販賣東京伴手禮的店舖。除了東京定番點心，另外東京和鐵塔相關造型的各種卡通人物如KITTY、Q比、綠球藻人等，總數也在500種以上，有在收集的朋友可以來好好尋寶。

東京鐵塔2F　9:30~22:00

東京おみやげたうん

在東京鐵塔誕生時，許多販賣土產的小店伴隨著觀光客的增加開始營業，而現在的東京おみやげたうん，就是將當年的老舖集中起來的商店街。

這裡的商品五花八門，從和服、武士刀、扇子到東京鐵塔相關的紀念品都找得到，也是東京少數保留了老式況味的觀光商店街。

東京鐵塔2F　9:30~22:00，依季節而異　東京鐵塔模型¥400起

晴空塔是都內最高聳的建築，也在建成後躋身東京新一代的地標，這裡不僅有高樓風光，

東京晴空塔

東京スカイツリー　Tokyo Sky Tree

2012年5月22日，籌備超過8年的晴空塔終於萬事俱足，盛大開幕。這座標高634公尺的自立式電波塔取代了東京鐵塔，成為世界的新高度，從此也成為了代表東京的新地標。晴空塔起初規畫興建時曾開放民眾投票命名，最後以「SKY TREE」這個開放性的概念勝出，成了現在「TOKYO SKYTREE TOWN」的構想；除了晴空塔本身之外，這裡更聚集了三百多間店鋪與美食，包含水族館、天文台、高空夜景餐廳等多重娛樂，是近期最受注目的嶄新歡樂地。

墨田区押上1-1-2

展望台10:00~21:00(入場至20:00)；TOKYO Solamachi 10:00~21:00(餐廳11:00~23:00，依店鋪而異)

www.tokyo-skytree.jp

晴空塔攝影點

吾妻橋

從淺草前往晴空塔，若是時間充裕的人一定要走吾妻橋，從這裡望過去的晴空塔與朝日啤酒大樓相映成趣，畫面十分有張力。

從吾妻橋一次捕捉金黃色的朝日大樓與晴空塔。

十間橋

來到橫跨北十間川的十間橋，可以拍攝出河面完整的晴空塔倒影，是許多專業攝影師要拍攝晴空塔的定番景點。大約下午至傍晚這段時間最漂亮。

©廖怡鈞

©廖怡鈞

押上天祖神社

從神社望過去的晴空塔雖然多少有些遮蔽物，但晴空塔與神社鳥居一同入鏡的畫面也訴說出這片土地新舊交融的故事。

源森橋

木船與電車加上高塔的組合，透露出東京晴空塔所在地的新與舊。在源森橋除了可以拍到晴空塔的倒影，還能拍攝到電車經過的畫面。

晴空塔展望台

結合未來感與傳統建築意識的晴空塔，在原本相對寂靜的下町地區卓然而立，最大的魅力說起來很簡單：這是東京新高點，能由全新角度欣賞東京和近郊風景。第一展望台「天望Deck」分為三層：340樓、345樓與350樓，有景色優美的展望咖啡以及浪漫夜景餐廳。而第二展望台「天望迴廊」則有能繞塔一周的360度空中迴廊，連接445樓與450樓，能在天空下感受零距離的魄力景致。

0570-55-0634 東京晴空塔城內 10:00~21:00(入場至20:00) 第一展望台「天望Deck」大人¥2,100(假日¥2,300)，國高中生¥1,550(假日¥1,650)，小學生¥950(假日¥1,000)，5歲以下免費。第二展望台「天望迴廊」，大人¥1,000(假日¥1,100)，國高中生¥800(假日¥900)，小學生¥500(假日¥550)，5歲以下免費 www.tokyo-skytree.jp/ 預售票須透過網路預約(須有日本信用卡)或透過7-11的機台購買，最多可省下¥400。現在也能夠直接購買當日券，不趕時間的旅客在平常日時可以直接購買

展望台亮點看這裡！

東京時空導覽@350樓

從這三面螢幕合起來的導覽可以看到從晴空塔望出去的所有景色。

玻璃地板@340樓

在展望台裡有二處玻璃地板，距離地面340公尺的高度讓人心跳加速！

天望迴廊@445~450樓

迴廊緩緩的坡度讓人有種走在宇宙中的錯覺。

拍好的照片就是長這樣！

紀念寫真@445樓

在迴廊起點抬頭看向玻璃窗外，可以看到迴廊終點(450樓)有人在為你拍照。

The Skytree Shop

難得來到晴空塔，怎麼能不帶點限定小物回家做紀念呢！不只是晴空塔的原創小物，還有聯合各大品牌的聯名商品，另外可愛的吉祥物Sorakara家族玩偶也是人氣商品之一。

晴空塔展望台345F 10:00~20:30 晴空塔1、5F也有店舖，1F不定期營業

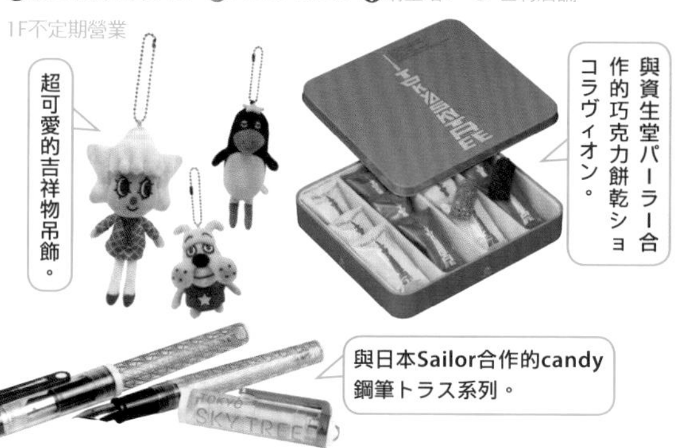

超可愛的吉祥物吊飾。

與資生堂パーラー合作的巧克力餅乾ショコラヴィオン。

與日本Sailor合作的candy鋼筆トラス系列。

ソラカラちゃんパフェ(Sorakara妹妹聖代)¥850。

Skytree Cafe

在晴空塔上有兩間Skytree Cafe，位在340樓的Skytree Cafe有坐席，且也有許多與吉祥物Sorakara妹妹結合的可愛食物，適合久坐。而350樓的Skytree Cafe則是站席，雖然沒有位子能坐但餐點美味也很受歡迎！

晴空塔展望台340F、350 F 10:00~20:45(L.O.20:15)

掛著大紅燈籠的雷門是東京的名景，每個旅人都會在這裡留下足跡，感受東京不可錯過的

淺草寺

せんそうじ

淺草寺是淺草的信仰中心，相傳在一千多年前，有位漁夫在隅田川中撈起了一尊黃金觀世音菩薩像，當地居民認為是菩薩顯靈，於是就建了座小小的廟堂虔心地供奉。後來淺草觀音寺漸漸成為了武將和文人的信仰中心，成為了江戸時期最熱鬧的繁華區，直到現在依然香火鼎盛。

03-3842-0181
台東区浅草2-3-1
自由參觀
www.senso-ji.jp

淺草寺名所巡禮

寶藏門

掛著一個大大紅燈籠上寫著小舟町的就是寶藏門，從雷門走到仲見世通的尾端就是，由於左右各安置了仁王像，所以又被稱為仁王門。942年就可看到的仁王門共歷經三次建造，如今所見為昭和39年所建，和五重塔一同被指定為日本國寶。

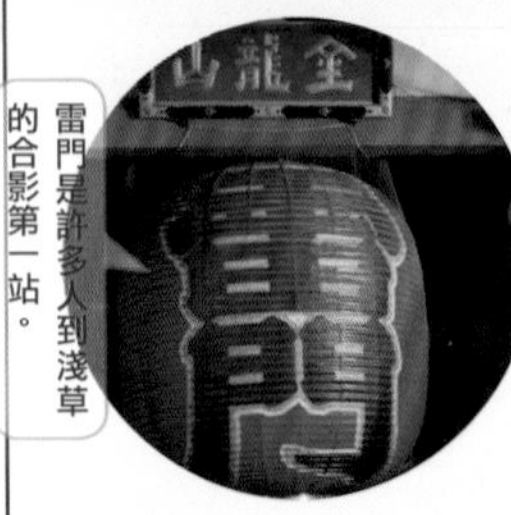

雷門是許多人到淺草的合影第一站。

雷門

淺草寺最引人注目的莫過於總門「雷門」，寫著雷門二字的大紅色提燈重達130公斤，雷門的右邊有一尊風神像，左邊則是雷神像，所以雷門的正式名稱就叫做「風雷神門」。

五重塔

五重塔是淺草寺最醒目的地標，擁有超過千年的歷史，雖然期間曾經多次遭受大火毀損並遷移，卻仍是淺草寺的重要信仰建築，目前所看到的是1973年重建，最頂層還有來自佛教之國斯里蘭卡的舍利子，任何人都可進入參拜。

仲見世通

賣人形燒、煎餅、菓子點心的老舖店家熱熱鬧鬧地大聲吆喝，許多江戶時代的玩具、武士刀、和傘、木屐等充滿著江戶庶民風情的雜貨總是讓外國觀光客好奇不已，人潮川流不息的仲見世總是洋溢著淺草特有的活力。

淺草寺雷門到寶藏門一帶　www.asakusa-nakamise.jp

仲見世通必吃點心

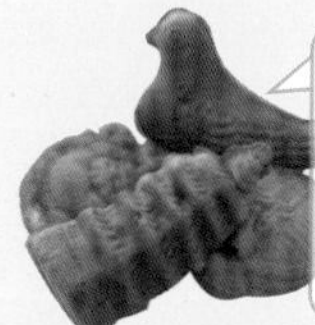

あん入り人形焼（紅豆餡人形燒）￥600/8個。

黍糰子5根￥350。

木村家本店

木村家本店是淺草最老的人形燒專賣店，明治元年就已創業，參考五重塔、雷門、燈籠和寺院廣場最多的鴿子做成的人形燒，是淺草必嚐名物。

9:00~19:00　休 不定休

浅草きびだんご あづま

黍糰子(きびだんご)是由黍粉與米粉混合揉成，あづま的黍糰子走小巧路線，沾上大量的黃豆粉，讓人嚐到糰子的香甜與日式黃豆粉的香濃。

9:00~19:00

傳法院通

伝法院通り

與仲見世通垂直，傳法院通為了招攬觀光客，做了相當有趣的造街運動，仔細瞧可以看到每家店的招牌風格通通統一，即使是沒有營業的日子，鐵門也畫了趣味十足的江戶圖案，一路上還不時可以發現營造復古風情的裝飾物。

台東区浅草一丁目　denbouin-dori.com

有如走進江戶時代的街道中。

8樓的免費展望台設有長椅，可以望見晴空塔及仲見世通。

展望台旁的咖啡廳提供簡單餐點，可以稍事休息。

淺草文化觀光中心

淺草雷門對面的和風摩登大樓，是由名設計師隈研吾操刀；作為淺草觀光發祥地的新名所，不僅1樓設有多國語言的觀光資訊中心，也能換錢與購票；2樓還有免費觀光情報書籍，也可以無線上網。最受注目的還是8樓的展望台與咖啡廳，想欣賞淺草市街與晴空塔的美妙風景，別忘了來一趟淺草文化觀光中心。

03-3842-5566　台東区雷門2-18-9　9:00~20:00，8F咖啡廳10:00~20:00　觀光諮詢、展望台免費，咖啡廳：紅茶￥530起

巨大鳥居、朱紅社殿，想要找到最代表日本的風景，明治神宮絕對不會讓人失望。

明治神宮

めいじじんぐう

明治神宮是為了供奉明治天皇和昭憲皇太后所建，從原宿駅出來只需1分鐘，轉過神宮橋之後，就會來到明治神宮的入口鳥居。明治神宮占地約73萬平方公尺，內有本殿、寶物殿、神樂殿等莊嚴的建築，御苑裡古木參天、清幽自然，是東京都內難得的僻靜之處。一般遊客其實無法進入正殿，只能在外殿參拜，有時幸運還能看到傳統的日式婚禮在這裡舉行，但切記可別打擾了婚禮的進行哦！

03- 3379-5511

渋谷区代々木神園町1-1

約5:00~17:00(依季節而異)，寶物殿・明治神宮博物館 10:00~16:30(入館至16:00)

休 寶物殿・明治神宮博物館週四(遇假日照常開館)

免費；寶物殿・明治神宮博物館大人¥1,000，高中生以下¥900，小學生以下免費

www.meijijingu.or.jp

明治神宮的名所

夫婦楠

明治神宮本殿旁有兩株高大的楠木，這兩株夫婦楠上繫有「注連繩」，這代表有神明居於樹木之上，據說能保佑夫妻圓滿、全家平安，還可以結良緣，若是想求姻緣的話可別錯過。

看到與夫婦楠一樣繫有注連繩的樹木的話，可別伸手碰觸、打擾了神靈。

洋酒桶

參道上可以看到成排的酒桶，除了一般神社所見的日本酒桶，明治神宮內還有整排的洋酒酒桶，十分特別。據說這是因為明治天皇十分喜愛洋酒，對洋酒也頗有研究，才在日本酒以外更獻上了洋酒。

日本酒桶與橡木酒桶並存的獨家風景。

鳥居

位在南北參道交會處，有一座原木所製、日本最大的「鳥居」，這座鳥居高12公尺、寬17公尺，柱子的直徑有1.2公尺，重量更達到13噸。據傳，這座鳥居可是由台灣的檜木建成，不僅十分珍貴，更是明治神宮的象徵。

清正井

如果對日本文化稍有了解，看到「清正」二字應該會聯想到熊本藩主「加藤清正」，清正井傳說就是由他所掘。除此之外，據傳明治神宮建在富士山「氣流」的龍脈之上，而清正井就是吸收靈氣後湧出的泉水，讓清正井成為鼎鼎大名的能量景點。

的好去處。

Knowledge Supply

神社、神宮？差別是什麼？

日本神社不僅是當地信仰中心，也是觀光重點，但神宮、大社、宮等「社號」到底有什麼不同呢。

1神宮：主神通常為皇室祖先、天皇，或是對大和平定有顯著功績的特定神祇，最出名的就是祭祀天照大神的三重伊勢神宮。要注意若是只講「神宮」，那就是指伊勢神宮喔。

2大社：起源當然就是島根的出雲大社，後來也用來稱呼獲得全國崇敬的神社，比如奈良春日大社、長野諏訪大社等，通常是同名神社的本家。

3宮：一般也與皇族有關係，通常是祭祀親王，但有些供奉歷史人物的神社也會稱作宮，比如供奉菅原道真的天滿宮或祭祀德川家康的東照宮。

明治神宮外苑

以1918年落成的聖德紀念繪畫館為中心，在明治神宮外苑廣大的腹地內集結了棒球場、網球場、高等學校等各種設施，顯得洋風味十足的建築與規劃，與內苑明治神宮的日式典雅風格大相逕庭，別有一番韻味。這裡最知名的就是秋日的銀杏行道樹(イチョウ並木)，四排銀杏樹的枝枒上一片金黃燦爛，美得令人屏息，盛開期間更有熱鬧的銀杏祭，讓前去賞銀杏者可享用熱騰騰的日本小吃。

03-3401-0312　港区北青山1~2丁目(イチョウ並木)、新宿区霞ヶ丘町　自由參觀　www.meijijingugaien.jp

豐洲市場

とよすしじょう

2018年10月6日，築地市場正式遷移至豐洲，「日本的廚房」、「東京人的胃囊」之名也隨之交棒。儘管在正式遷建前，豐洲因土壤污染問題數度停工引發爭議，但迎接開幕首日，過往在築地市場大排長龍的平價美味仍舊人潮絡繹不絕。簡單明瞭的參觀動線規劃與可遠眺東京灣的屋頂廣場，坐擁築地1.7倍大的面積，豐洲市場將繼承築地精神，肩負擔當東京水產物流心臟、以及滿足眾人口腹之慾的重責大任。

- 私鐵百合海鷗號「市場前」駅下車徒步3分
- 江東区豐洲6-6-1
- 開市日5:00~15:00開放參觀，美食街與商店街依店家而異
- 週日，例假日，不定休
- www.shijou.metro.tokyo.jp/toyosu

Knowledge Supply

場外市場還在原址！

想必許多人都知道築地市場搬家了，但其實搬遷的是「場內市場」，雖然許多名店也隨之轉移，不過築地還有「場外市場」，場外市場也有不少名店，像是以鮪魚丼飯出名的「瀨川」，有著美味玉子燒的「大定」以外，當然也有不少壽司店留在這裡，而且相較新穎的豐洲市場，對不少人來說這裡更有傳統市場情調呢。

www.tsukiji.or.jp

豐洲&築地場外市場美食點名

大和壽司

喜愛築地市場時期人氣店家「大和壽司」的朋友們不必擔心，隨著市場遷移，該店一同來到豐洲，且同樣擁有兩家店面，更坐擁鄰近車站的絕佳位置。即便遷移至豐洲，店家服務與料理品質絲毫不變，廚師特選套餐由師傅每日從魚市場選購當季滋味，看著握壽司上桌時那晶瑩剔透的肉質，讓人忍不住食指大動。

☎03-6633-0220 ⌂豐洲市場 青果大樓1F ◷6:00~13:00 休週日例假日，休市日 $おにぎりおまかせ(廚師特選單人套餐)￥5,500、壽司一貫￥時價

搬新家後依舊人氣不減！

天房

天房所提供的炸天婦羅餐點，都是每天清晨從水產仲介賣場大樓特選而來。在現炸熱呼呼的天婦羅淋上店內特調的濃稠甘甜醬汁，著實令人口水直流。若是希望同時品嚐炸物與生魚片的朋友，天房也提供鮪魚定食，能夠享受毫不油膩的炸物與份量十足的鮪魚切片兩種口感。

☎03-6633-0222 ⌂豐洲市場 青果大樓1F ◷7:00-13:30 休週日例假日，休市日 $天丼￥1,500、まぐろ定食(鮪魚定食)￥1,500、單點料理￥300起

一次品嘗兩種滋味！

大定 築地本店

壽司店和日式料理店少不了傳統的玉子燒，也使得築地市場出了幾間有名的玉子燒老店。大定是創業80年的人氣名店，口味偏甜的玉子燒除了傳統風味，也將市場的海鮮和各種新鮮配料入菜，有蔥花煎蛋、海苔煎蛋、蟹肉煎蛋等各種口味，甚至推出涼梅、松茸等季節限定商品。

☎03-3541-6964 ⌂中央区築地4-13-11 築地場外市場 ◷6:00~12:30 休週日例假日、休市日 $ほか玉(現做小塊玉子燒)￥120 🌐www.daisada.jp

と〻や

藏身在場外果菜市場的角落，と〻や店面雖小，名氣卻響亮地很。這裡的招牌料理就是炭燒雞肉丼，雞肉塊以炭火直烤，放在晶瑩剔透的白飯上，彈牙多汁的肉質深獲好評，微焦表皮讓味覺更有層次。老闆還在桌上準備醬汁，想要吃濃一點可自行添加。

☎03-3541-8294 ⌂中央区築地6-21-1 築地場外市場 ◷9:30~14:00 休週日例假日、休市日 $燒鳥丼￥1,250

就算離都心有一小段距離，吉卜力美術館依舊吸引遊人造訪，不論大人小孩，只要踏入這

三鷹之森 吉卜力美術館

三鷹の森 ジブリ美術館

吉卜力美術館是由動畫大師宮崎駿所策劃。有別於其他僅提供展示的美術館，這裡不僅是吉卜力工作室作品的展示場所，更希望由參觀遊客們親自去觸碰、玩玩這些只有動畫中才出現的畫面，因此美術館並沒有提供導覽地圖或遵循路線，也沒有針對哪個作品來展示，完全讓遊客們自己決定想要看的物品，然後自在隨意地尋找新發現，動畫中熟悉又可愛的身影，在不經意之間就會出現各個角落，參觀完的遊客，雖然擁有不同的參觀記憶，但在心情與知識都能夠滿載而歸。

要提醒的是，吉卜力美術館希望大夥可以盡情玩樂，而不是只有照相機鏡頭中的回憶，所以館內並不准照相和攝影。不論你年紀多大，來到這裡就讓自己的想像無限地放大，盡情地享受吉卜力工作室所帶來的驚奇吧！

從JR三鷹駅南口沿玉川上水徒步約15分

0570-055-777

三鷹市下連雀1-1-83(井之頭恩賜公園內西園)

吉卜力美術館採取預約制，10:00~18:00(至16:00每小時入場一次，須注意指定入場時間，並在一小時內入場。)

休 週二，換展期間，年末年始

大人、大學生￥1000，國高中生￥700，小學生￥400，4歲以上￥100

www.ghibli-museum.jp

入館前1個月的10號開始預約。可聯絡台灣的代理旅行社代為訂購。或是上網站查看詳細情形。也可以到日本相當普及的便利商店「Lawson」，使用店內的Loopi系統購票之後列印，並至櫃台付款，取得預約券

夢幻的美術館

土星座／美術館B1F

在這個可容納80人的小戲院裡，能夠觀賞到吉卜力工作室原創的短篇動畫喔！放映室以透明玻璃圍起，讓遊客也可以了解到動畫放映時的情景。動畫約每三個月即會更換一次，每天放映四次，一次約為10~15分鐘。

龍貓巴士／美術館2F

在大人小孩都喜愛的電影「龍貓」中所出現的龍貓巴士，一定有許多人都想搭乘，原本美術館像要做成真的公車，但要保留動畫中龍貓巴士軟綿綿的感覺卻有些困難，因此在這裡，限定小學生以下的兒童們可以真實觸碰並乘坐。

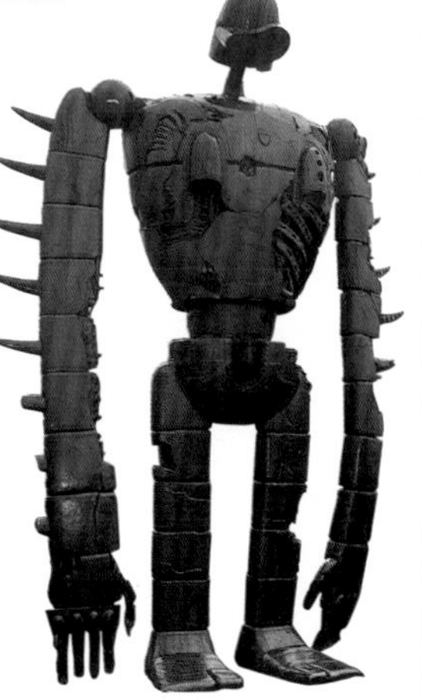

空中花園／美術館屋頂

是否記得「天空之城」中那個平和又安詳世界裡的古代機器人，爬上屋頂花園，這個機器人就從動畫世界現身，矗立在屋頂，除了讓動畫更加親近遊客們，也成為守護著這座美術館的巨神。

開始動的房間／美術館B1

這裡是讓想要了解動畫的人能夠滿足的地方，呈現動畫最早原理，以「動」為主題的展示區，感受那份「動起來」的興奮感，一定要入內看看。

電影生成的地方／美術館1F

在這裡可以看到從電影的故事構想、作畫、上色、編輯到完成的過程。其中有很多知名動畫的草稿，相當值得一看。館方表示，一個動畫作品約需要長達2~3年的時間來製作。從繁複的過程中，動畫創作的複雜與辛苦可見一斑。

MAMMA AIUTO禮品區／美術館2F

店名取自於《紅豬》中海盜的名字，在義大利文中是指「媽媽救我！」。這兒除有吉卜力出版動畫主角的各種相關商品外，例如《紅豬》的側背包、《魔女宅急便》的黑貓KIKI鑰匙圈、更有許許多多美術館限定販賣的商品。

若要說東京的話題百貨，GINZA SIX絕對當仁不讓，這裡不僅有初次登陸東京的老店中村

GINZA SIX

ギンザ シックス

為了2020年的奧運，日本政府為東京規劃一系列都更，「GINZA SIX」便是其中之一。2017年4月20日開始營運，GINZA SIX簡稱「GSIX」或「G6」，號稱是全東京都心最豪華的百貨公司，在繁華銀座裡擁有241家駐店品牌，其中121間為日本旗艦店，還邀請擁有「全球最美書店」稱號的蔦屋書店進駐，當時一開幕就成為東京最熱門的話題百貨。

中央区銀座6-10-1

10:30~20:30，美食商場11:00~23:00

ginza6.tokyo/

Knowledge Supply

設計大家操刀的公共空間

除了名店進駐，百貨的公共空間更具話題。由設計紐約現代美術館的名建築師谷口吉生操刀，法國設計師Gwenael Nicolas主導室內裝潢、森美術館館長監製，再加上Teamlab設計的LED瀑布牆，這些大牌設計師罕見地齊聚一堂，讓GINZA SIX充滿設計質感，也讓空間設計成為亮點。

GINZA SIX 嚴選店家介紹

銀座 蔦屋書店

素有最美書店之稱的蔦屋書店重金入駐GINZA SIX，在店面設計上，再度以簡潔工業為設計主軸，將建築牆面以落地玻璃方式納進自然光，晴日裡灑落的自然光是最溫柔的調色，照耀著被架起六尺高的書架，空間呈現出俐落而靜美的日式工業風格。

03-3575-7755 GINZA SIX 6F 10:30~21:00 store.tsite.jp/ginza

蔦屋書店這次更結合星巴克，不僅推出紀念商品，更提供咖啡與休憩小點，讓顧客可以在書海中喝上一杯專屬咖啡。

Wine shop ENOTECA

Wine shop ENOTECA是酒類專賣店，店門前有面黑板就以李白的酒詩破題，直接點出喝酒的愉悅，想必會讓許多愛酒人心有戚戚。店內不僅販售西洋的香檳與紅酒，另一頭也擺放著來自日本各地酒廠的清酒、燒酒，各地特色酒飲齊聚，讓人忍不住駐足瀏覽。

03-6263-9802 GINZA SIX B2F 10:30~20:30(L.O.餐點19:30、飲料20:00) www.enoteca.co.jp

中村藤吉本店銀座店

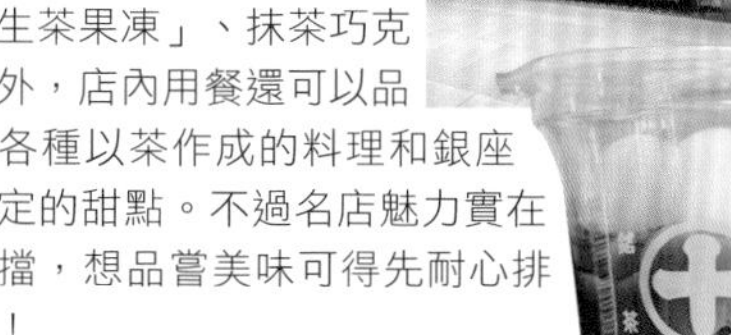

京都宇治日本茶百年老鋪「中村藤吉本店」進軍東京！銀座店作為關東地區首家店面，除了可以買到超人氣「生茶果凍」、抹茶巧克力之外，店內用餐還可以品嘗到各種以茶作成的料理和銀座店限定的甜點。不過名店魅力實在無法擋，想品嘗美味可得先耐心排隊啊！

03-6264-5168 GINZA SIX 4F 10:30~20:30(L.O. 19:45) tokichi.jp/

內用可以品嘗銀座店限定甜點！

10 FACTORY

10 FACTORY以蜜柑為主題，採用愛媛縣的新鮮蜜柑，依不同品種製成各式加工產品。可別以為這些商品都是橘子味，選用不同柑橘做出的冰淇淋、啤酒、果醬，每一種都有特殊的顏色、氣味、酸度，值得細嚐。另外還可以品嚐現榨果汁，喝到蜜柑的最佳滋味。

03-6263-9891 GINZA SIX B2F 10:30~20:30 10-mikan.com/

店內還提供試吃，不妨透過味蕾細細分辨，找到最適合自己的那一款吧。

L' ABEILLE

L' ABEILLE是法語裡的「蜜蜂」之意，以此為名，L' ABEILLE致力追求蜂蜜品質，在世界各地尋找以美好青空與陽光花田養育出的美味蜂蜜，搜集了共80多種不同氣味的蜂蜜。店主更特地在花期時拜訪花田與養蜂場，從產地到品質皆嚴格控管，就為提供最美味與安全的蜂蜜。

03-3572-3883 GINZA SIX B2F 10:30~20:30 www.labeille.jp

迪士尼是許多人玩東京的必遊行程，除了與米奇米妮等經典卡通人物相會，還可以欣賞夢

東京迪士尼度假區

東京ディズニーリゾート Tokyo Disney Resort

儘管行政劃分上並不屬東京都，但東京迪士尼卻是造訪東京的旅客最愛的景點之一。1983年東京迪士尼樂園成立，2001年全世界唯一以海洋為主題的迪士尼樂園「東京迪士尼海洋」隆重開幕，這個由兩座主題樂園、夢幻住宿飯店、精采餐廳和購物商城結合而成，總面積達200公頃的度假區，由環狀單軌電車「迪士尼度假區線」串連，成為帶給無數人夢想與歡樂的迪士尼魔法王國。

東京迪士尼度假區基本資訊

從東京駅搭乘JR京葉線，約15分鐘即可到達東京迪士尼度假區所在的舞濱車站，單程票¥230。迪士尼度假區線的單程票國中生以上¥260、小學生¥130，另有1~4日車票與回數券

0479-310-0733(英、日文)

千葉県浦安市舞浜1-1

最長8:00~22:00(依季節而異，建議至官網確認)

www.tokyodisneyresort.jp

快速通行！FAST PASS

特定遊樂設施設有「快速通行」發券機，只要插入樂園護照券即可免費領取「快速通行券」，可先遊玩其它景點，再於通行券上指定的時段內返回，就可以不用大排長龍，玩得更多更輕鬆。

票券種類	備註	全票	12~17歲學生	4~11歲
一日護照	須從東京迪士尼樂園或東京迪士尼海洋擇一入場	¥7900~10900	¥6600~9000	¥4700~5600
午後護照	週六、日及例假日15:00後入園	¥6500~8700	¥5300~7200	¥3800~4400
平日傍晚護照	週一~五17:00後入園	¥4500~6200		

東京迪士尼樂園最新資訊

東京ディズニーランド　Tokyo Disney Land

東京迪士尼樂園是日本首座迪士尼主題樂園，也是東京迪士尼度假區最早成立的部分。園內分為7大主題，有刺激好玩的冒險設施、回味迪士尼經典故事和角色的主題設施、迪士尼明星們的表演秀和精彩華麗的花車遊行更不容錯過。

夢之光 Dreamlights

繞行園內　每日19:30開始，全程約45分

迪士尼的夜間遊行是前來迪士尼必看的表演之一，在熟悉的迪士尼歌曲聲中，冰雪奇緣、美女與野獸、怪獸電力公司等，卡通明星們一次到齊，讓大家再次享受迪士尼的美麗與夢幻。

巴斯光年星際歷險

明日樂園

在恐怖的札克大王率領下，宇宙最邪惡的壞蛋們竟然一同入侵了！快加入巴斯光年的正義陣營，登上太空遊艇進行維持宇宙和平的任務吧。一邊操縱飛艇，一邊使用雷射槍攻擊敵人、機械兵與札克大王的秘密武器，最後還可以知道自己在宇宙騎兵隊裡的總成績喔！

東京迪士尼海洋最新資訊

東京ディズニーシー　Tokyo Disney Sea

面臨東京灣的東京迪士尼海洋，是以「大海傳奇」為主題的冒險樂園，裡面有七個主題海港。從地中海到美國、從古代文明到未來時空，從魔法神秘國度到歡樂海底世界與秘密基地，帶領大家前往充滿想像力、同時也浪漫十足的海洋國度。

神燈劇場 The Magic Lamp Theater

阿拉伯海岸

「世界上最偉大的魔術師」夏龐首次的個人秀即將舉辦，怕神燈精靈搶走風采，於是將神燈精靈鎖在箱中，但助理阿斯姆卻偷偷救出精靈。當古靈精怪又搞笑的神燈精靈出現，也讓魔術秀進入下一個高潮。

海底巡遊艇：尼莫&好友的海洋世界 NEMO & Friends SeaRider

發現港

2017年登場的設施，讓遊客化身海底生物，加入尼莫、多莉的冒險隊伍。隨著劇情推展，座椅還會前後左右晃動，更有水滴、風等真實體感，讓遊客在室內就能像深入海底一般，享受海底優游的樂趣。

印第安納瓊斯®冒險旅程：水晶骷髏頭魔宮 Indiana Jones® Adventure: Temple of the Crystal Skull

失落河三角洲

電影《印第安納瓊斯》是永遠的冒險經典，現在遊客們可以和瓊斯博士一同踏上冒險之旅。深入古老魔宮後，不小心誤觸了魔宮守護神水晶骷髏頭的詛咒，各種陷阱和危機接踵而至，和印第安納瓊斯一起冷靜地化險為夷吧！

美式早餐名店進攻東京市場，颳起了一股早午餐旋風，旅客當然也不能錯過。

\早餐旋風！/
從早晨開始享受旅程

台場
bills

來自澳洲的「bills」被譽為「世界第一的早餐」，1993年於雪梨開業後大受歡迎，2008年進軍東京，現在在日本共有8間分店，雖然一號店選擇在鎌倉的七里ケ浜開設，但東京店舖中還是以擁有206個座位的台場店規模最大。面對著台場海濱的挑高室內空間明亮且寬敞，在露天區迎著海風用餐。店內早餐是道地的澳式風味，店內最受歡迎的鬆餅採用分蛋法製作，食譜便是出自主廚比爾．格蘭傑(Bill Granger)之手；蛋黃與瑞可塔起司、麵粉拌勻後，再拌入打發的蛋白霜，鬆餅嚐來濕潤輕盈，毫無負擔。

必點招牌鬆餅份量十足，三大片的超厚鬆餅色澤誘人。

bills台場店：港区台場1-6-1 DECKS Tokyo Beach 3F　9:00~22:00、週末及例假日8:00~22:00(L.O.餐點21:00、飲料21:30)　リコッタパンケーキ/フレッシュバナナ、ハニーコームバター(香蕉蜂蜜奶油鬆餅)¥1,900　billsjapan.com/jp　其他分店：表參道、銀座、七里濱、橫濱紅磚倉庫等均有分店，詳見官網

新宿
Sarabeth's

超人氣早餐店Sarabeth's是超過40年的老字號，1980年創始人Sarabeth Levine使用家族相傳兩百年的食譜，開始製作並販售手工果醬，一步一腳印構築她的早餐王國，直到今日在紐約擁有5間分店，更贏得紐約客追捧。新宿店是Sarabeth's海外首家分店，藍白色招牌對照清爽的鄉村風格，木櫃裡擺放生活小物，Sarabeth's字樣的商品與招牌手工果醬，醞釀早晨明亮悠閒的氣氛。早餐的王者班尼狄克蛋上桌，用刀輕輕一劃，蛋黃便像熔岩般從蛋白、火腿、馬芬一路漫流盤面，看到這一刻再有自制力的人也難以抵擋。店裡從早到晚只賣早餐，無論何時來店，都能享有晨光好心情。

淋上楓糖漿、奶油，搭配莓果，鬆餅的酸甜平衡讓風味更立體。

Sarabeth's新宿店：新宿区新宿3-38-2 Lumine2 2F　9:00~22:00(L.O.餐點21:00、飲料21:30)　レモンリコッタ パンケーキ(檸檬瑞可塔起司鬆餅)¥1,710、クラシックエッグベネディクト(班尼狄克蛋)¥1,710　sarabethsrestaurants.jp　其他分店：品川、丸之內均有分店，詳見官網

六本木‧虎之門
Maison Landemaine

由麵包職人石川芳美與其法籍丈夫共同打造的Maison Landemaine，在巴黎共有13間店舖，進軍東京的店面走簡潔大方的風格，一踏入店舖，首先吸引目光的，是鋪上種類多樣的各式麵包和手工餅乾， 附設的餐廳也可以品嚐早午餐、咖啡等，可坐下來休息品嚐。

採傳統製法、使用頂級Lescure奶油做成的麵包，有著濃濃奶油香。

Maison Landemaine Tokyo：港区麻布台3-1-5　8:00~19:00　クロワッサンフランセ(可頌)¥590　maisonlandemainejapon.business.site

南青山
Clinton St. Baking Company

大廚尼爾與美食作家迪迪這對夫妻檔，在紐約創設餐廳Clinton St. Baking Company，以高品質的雞蛋、麵粉、牛奶等精選食材，創造出讓潔西卡艾芭等紐約名流也瘋狂的早餐，被紐約雜誌票選為「最棒的鬆餅」，如今Clinton St. Baking Company終於登陸日本青山，帶來純正的紐約風味。餐廳面對大面落地窗，陽光與鬆餅香氣無疑是迎接早晨最好的開始。店員制服上面印著「以愛心和奶油製作」。所有吃得到的醬汁都是來自廚師親手製作，絕不假手市售現成品。標榜讓早晨時光延續，Clinton St. Baking Company全日供應Brunch，真材實料又充滿熱情的美味，讓你隨時都能擁有好心情。

熱騰騰的班尼狄克蛋，美味到讓人產生罪惡感。

Clinton St. Baking Company南青山店：港区南青山5-17-1　9:00~18:00(L.O.17:00)　休不定休　Classic Eggs Benedict(班尼迪克蛋)¥1,700、Pancakes with Warm Maple Butter(鬆餅配熱楓糖奶油，可配藍莓、香蕉胡桃、巧克力三擇一)¥1,600　clintonstreetbaking.co.jp

早餐之後，全日本又陷入新的鬆餅風潮中，好吃的鬆餅就是最熱門的話題。

\鬆餅熱/代表店鋪

自由之丘

FLIPPER'S

舒芙蕾鬆餅專賣店FLIPPER'S以「最美味的一盤」為概念，創造出大排長龍的「奇蹟的鬆餅（奇跡のパンケーキ）」。選用宮城縣白石藏王竹雞農場的雞蛋、北海道美瑛限量生產的牛乳、國產小麥粉，簡單組合呈現食材的新鮮美味。鬆餅現點現做，加入兩倍雞蛋和蛋白霜，以發酵奶油低溫煎成，麵粉和蛋的比例、煎炙溫度和時間皆十分講究，佐以原創的楓糖奶油霜。鬆餅宛如舒芙蕾般入口即化，濃郁蛋香充盈口中，融合楓糖奶油霜的清爽細柔，餘韻在味蕾上久久不散，令人難忘的食感，此生必嚐。

FLIPPER'S自由之丘店：目黒区自由が丘1-8-7 3F　11:00~20:00(L.O. 19:00)，週末例假日10:30~20:00(L.O. 19:00)　休不定休　奇跡のパンケーキ プレーン(原味鬆餅)￥1,200　www.flavorworks.co.jp/brand/flippers.html　其他分店：下北澤、吉祥寺、澀谷、梅田等均有分店，詳見官網

舞濱

Cafe Kaila

不同於其他鬆餅店，Cafe Kaila呈現的是另一種五彩繽紛的熱帶風格。2007年在夏威夷開幕後，旋即被當地居民票選為最受歡迎早餐，進軍日本同樣博得廣大人氣，不分平日假日，沒有排隊1小時以上可是無法吃到！

Cafe Kaila：千葉県浦安市舞浜1-4 IKSPIARI 2F　9:00~19:00(L.O. 18:00)，週末例假日9:00~20:00(L.O. 19:00)　休無　カイラオリジナルパンケーキ(Kaila原創鬆餅)￥2,850　www.cafe-kaila.tokyo/

澀谷

Eggs'n Things

1974年創立於夏威夷的人氣鬆餅舖Eggs'n Things，深受日本遊客所愛，進軍日本首站就選擇流行度最高的原宿地區。其宗旨就是「整天都吃得到的早餐店」，連晚上都能輕鬆品嘗。

Eggs'n Things原宿店：渋谷区神宮前4-30-2　8:00~22:30(L.O.21:30)　休不定休　Strawberry ,Whipped Cream and Macadamia Nuts(草莓佐夏威夷豆奶油鬆餅)￥1,370　www.eggsnthingsjapan.com　其他分店：台場、銀座、橫濱、江之島等均有分店，詳見官網

吉祥寺

The Original PANCAKE HOUSE

來自美國的鬆餅早餐專賣店，乘著席捲東京的鬆餅風潮強勢登陸吉祥寺，開幕至今人潮不斷。本店於1953年起源於奧勒岡州波特蘭市，兩位大廚以鬆軟鬆餅贏得美國人的喜愛，在日本亦擁有9間分店。

The Original PANCAKE HOUSE 吉祥寺：武蔵野市吉祥寺南町1-7-1丸井百貨1F　10:30~20:00，週末例假日9:00~20:00(L.O.19:15)　アップルパンケーキ(蘋果鬆餅)￥1,584、ダッチベイビー(Dutch Baby) ￥1,430　www.pancake-house.jp　其他分店：Lumine EST亦有分店，詳見官網

\啜飲咖啡香/ 職人的一杯入魂

清澄白河

BLUE BOTTLE COFFEE

被稱為是「第三次咖啡革命」的推動者，席捲美國咖啡界的BLUE BOTTLE COFFEE在清澄白河隆重登場，開幕以來旋即讓日本陷入手沖咖啡的狂潮，櫃檯前手沖濾杯一字排開，濃黑色的咖啡精華滴溜溜地流瀉入杯，在等待的當下便讓人心癢難搔。為了一杯咖啡，東京人排隊等待也無怨無悔。

BLUE BOTTLE COFFEE 源於美國舊金山，創始人James Freeman被稱為「咖啡界的賈伯斯」，他堅守飽含果香與單品風味的輕烘焙咖啡，從烘焙到沖泡過程突顯職人性格。對職人魂的高度重視，也深深打動日本顧客的心。多年來追捧星巴克，BLUE BOTTLE COFFEE 讓東京人回過頭來，發現原來咖啡與日式美學不謀而合，一杯入魂的手沖咖啡，由醇香傳遞至顧客內心。

Blue Bottle Coffee清澄白河旗艦店：江東区平野1-4-8 8:00~19:00 カフェラテ(拿鐵)￥748 store.bluebottlecoffee.jp/
其他分店：青山、品川、中目黑等均有分店，詳見官網

咖啡豆嚴格遵守48小時內沖泡，為了提供最完美的口感，每一杯咖啡都透過專業手腕，花費3至5分鐘以濾杯、虹吸等方式製作。

港區

BYRON BAY COFFEE

澳洲咖啡品牌 BYRON BAY COFFEE 推出標榜不含過敏原的「無麩質咖啡」，無麩質飲食在澳洲與歐美風行已久，BYRON BAY COFFEE 從生產源頭把關，為具備過敏體質的都會人提供更健康的咖啡選擇。店裡品項相當簡單，百分之百阿拉比卡咖啡高溫萃取，以含乳量多寡做分類，總共有7種選擇，澳洲輕鬆寫意的風格渲染到咖啡香中，低酸度的咖啡口感滑順，單純的濃醇香不需要鑽牛角尖，享受就是了。

BYRON BAY COFFEE 大門店：03-6435-8515 港区浜松町1-23-9 セゾンビル浜松町1F 7:30~18:00 Flat White M ￥530 www.byronbaycoffeejapan.com 其他分店：日本橋亦有分店，詳見官網

原宿・澀谷

Fuglen

被紐約時報為文讚譽、搭飛機去喝都值得的咖啡館——Fuglen，本店位在挪威，全球第一家分店就坐落在東京，目前東京已有三家分店，這家位在代代木公園邊的店，擁有悠閒的空間，也因位在住宅區，即使坐在戶外也相當舒適。店內備受讚譽的咖啡，以淺烘焙展現出高水準的豐沛花果香細緻層次，圓潤融合的甜酸。

Fuglen Tokyo：03-6418-5325 渋谷区富谷1-16-11 coffee bar；酒吧7:00~隔天1:00，週一週二~22:00 今日咖啡￥410，拿鐵￥580 fuglen.com 其他分店：淺草亦有分店，詳見官網

早上可以來吃早餐配咖啡外，晚上戶外區會放上桌椅，可以喝小酒。

「甜點之都」東京不斷求新求變，話題甜點進駐以外，也有日式菓子的創新身影。

多種風貌\排隊甜點/

銀座

HIGASHIYA

日本和菓子因固守傳統，逐漸為花樣百出的洋菓子所取代。熱愛日本文化的設計大師緒方慎一郎有感於和菓子式微，以「日常的和菓子」為概念，賦予和菓子更貼近日常的新形象。2009年以「當代日本茶沙龍」為概念，在銀座開設「HIGASHIYA GINZA」，店名HIGASHIYA(ヒガシヤ)即是日菓子屋的意思，亦表現出致力推廣新創的日本喫茶文化之涵義。

HIGASHIYA GINZA自菓子、器物至空間，皆蘊藏了詩意的美學。萃取和菓子的旬味精神，著眼形式，縮小和菓子尺寸創造精緻感，減糖以符合現代社會對健康的重視，改良造型以便入口，呼應二十四節氣的期間限定品項，用色極簡大氣的時尚包裝，佐茶酒的全新嚐味體驗。

HIGASHIYA GINZA：賣店：03-3538-3230，茶房：03-3538-3240　中央区銀座1-7-7 POLA 銀座大樓 2F　和菓子賣店、茶房11:00~19:00(茶房L.O. 18:00)；茶間食13:00~17:00(L.O.)　茶間食￥5,500　www.higashiya.com　其他分店：南青山、丸之內均有分店，詳見官網

稻荷壽司佐漬菜、玉子燒、糖漬金桔、長崎蛋糕、本蕨餅，各色小巧精緻的鹹甜菓子組成人氣的和式下午茶「茶間食(さまじき)」。

谷根千

氷蜜堂

一到夏季必定有的刨冰風潮，提供各式刨冰的小舖也紛紛成立，其中最受到注目的谷中ひみつ堂門前總是有長長人龍，想吃上一碗，光是排隊等候的時間就要1~5小時！店內Menu分為夏季與冬季兩種，夏天只提供刨冰，但冬天除了刨冰外也提供自家製焗烤料理，能讓身體暖呼呼。

氷蜜堂：03-3824-4132　台東区谷中3-11-18　10:00~18:00，8月無休　週一，11月~6月休週二　ひみつのいちごみるく(招牌草莓牛奶冰)￥1,400　himitsudo.com

氷蜜堂的糖漿由季節水果熬製而成，新鮮又清爽。

澀谷

THE MACHA TOKYO

「THE MATCHA TOKYO」這家有機抹茶專賣店，選用無農藥、無添加化學肥料，在無污染的優質環境栽培的100%純天然茶葉，以平易近人的定價，現點現做，將新鮮健康又高品質的抹茶製品，交到每位客人手上，贏得眾多抹茶愛好者支持。除了抹茶、抹茶拿鐵外，還有近年人氣高漲的抹茶豆乳拿鐵、杏仁抹茶拿鐵，選擇非常豐富；他們家的抹茶點心也很推薦！

目前在表參道、澀谷MIYASHITA PARK和NEWoMan新宿都設有實體店面，如果喜歡他們的商品也能另購！對喜愛日本抹茶的觀光客來說，搞不好有機會成為心目中「東京伴手禮」的全新代表！

THE MACHA TOKYO：03-6805-0687　渋谷區神宮前6-20-10 宮下公園內　11:00~21:00　www.the-matcha.tokyo

東京出身\拉麵名門/

銀座

篝

Kagari

店面藏在巷弄深處，門簾也很不起眼，但你絕對不會錯過，因為無論平假日，門口永遠掛著一排顧客。白湯拉麵以雞骨長時間熬煮，湯頭呈現乳白色，但卻不像豚骨油膩。麵條上放著雞肉叉燒、蘆筍、玉米筍和蘿蔔嬰，視覺與味覺一般雋永清爽。沾麵走濃厚路線，加入大量魚乾、柴魚的乾麵口感濃重香鮮，加上店家提供的玄米有機醋，香氣分外引人入勝。

雞白湯拉麵香濃中見纖細，擺盤精緻，符合銀座貴氣的調性。

篝 銀座本店：03-6263-8900 中央区銀座6-4-12 11:00~21:30 休不定休 雞白湯SOBA(雞白湯拉麵)並¥1,200 其他分店：池袋、大手町、六本木Hills等均有分店

池袋

無敵家

提到無敵家，就不能不提到其用大火熬煮出來的濃郁豚骨湯頭與實在的配料。再配上餐桌上的無臭大蒜，使無敵家的拉麵口味真的變得無敵，是別處吃不到的滋味，難怪無論何時店門口總是大排長龍。

無敵家：03-3982-7656 豊島区南池袋1-17-1 10:30~凌晨3:30 休12/31~1/3 げんこつ麺(拳骨拉麵)¥900 www.mutekiya.com

東池袋排隊名店，鮮濃湯頭加上彈牙麵條，正餐或是宵夜來上一碗，大大滿足味蕾與胃袋想吃的慾望！

池袋

麵屋Hulu-lu

Hulu-lu的招牌醬油湯底以吉備黑雞、全雞、多種蔬菜熬煮而成，麵體使用夏威夷的水做成具有彈性的細麵。拉麵排放筍乾與叉燒，加入肉末、蔥花，最頂端再放一把蘿蔔苗，光配色就讓人眼睛一亮。新鮮蔬菜降低雞汁湯頭的油膩感，而叉燒調整為薄鹽口味，爽口的總體風味猶如夏日海風，清新宜人。

麵屋Hulu-lu：03-3983-6455 豐島區池袋2-60-7 11:30~15:30、18:00~21:00(賣完為止)，假日11:30~15:30 休週二 www.hulu-lu.com

新宿

麵屋武蔵

要說麵屋武藏是全東京知名度最高的一家拉麵店一點也不為過，多次蟬聯東京拉麵王票選寶座，瞧瞧外面排成一大串的長龍，就知所言不虛。用石巻產的秋刀魚乾、羅臼昆布等數十種材料精製的湯頭，是麵屋武藏的人氣秘密，湯與麵完美結合，更是絕配。

麵屋武蔵 新宿總本店：03-3363-4634 新宿区西新宿7-2-6 K-1ビル1F 11:00~22:30 ら～麺¥900 www.menya634.co.jp 麵量「大、中、小」價錢一樣 其他分店：池袋、澀谷、上野、六本木等均有分店，詳見官網

握壽司是東京的代表美食，店家選擇更是豐富，不論高級或超值都可滿足食慾。

道地的\壽司滋味/

銀座

久兵衛

提起江戶的美味壽司，位於銀座的「久兵衛」是美食饕客共同推薦的高級壽司店，知名藝術家兼美食家的北大路魯山人就是這裡的常客。「久兵衛」的套餐全以日本知名的陶瓷鄉命名，握壽司看起來似乎比一般壽司店的小，這是為了將醋飯和海鮮作完美搭配的緣故。

久兵衛：03-3571-6523 中央区銀座8-7-6 11:30~13:30，17:00~21:30 週日，週一 午餐¥8,250起

池袋

立喰い寿司 魚がし日本一

想要用便宜的價錢品嘗美味壽司，不妨嘗試這家立食壽司店吧。師傅的手藝可不會因為立食而馬虎，每貫壽司都是在顧客眼前新鮮現做，漂亮地盛放在新鮮竹葉上。價錢從一個握壽司日幣75元起，十分平易近人。

立喰い寿司 魚がし日本一 池袋西口店：03-5928-1197 豊島区西池袋1-35-1 11:00~23:00 握壽司¥75起 www.susinippan.co.jp 其他分店：秋葉原、神樂坂、新宿、澀谷等均有分店，詳見官網

省荷包的同時，還可以品嚐到新鮮美味的壽司。

築地

秀徳

早從江戶時代開始，秀德就在築地市場掛牌批發海鮮魚貨，秉持400年經驗累積，將觸角延伸到壽司料亭，讓顧客能以大盤成本價，品嘗到高品質的壽司。由於每日進貨狀況不同，店裡並沒有菜單，而是靠著師傅依照當日鮮魚，以理性和感性，一握入魂捏出美味的握壽司。

秀徳2号店：03-5565-3511 中央区築地6-26-6 11:00~15:00(L.O.14:30)、17:00~22:30(L.O.21:30) 中午套餐¥4,500起，晚間套餐¥7,000起 www.shu-toku.com/shutoku2

築地

築地喜代村 壽司三昧

つきじ喜代村 すしざんまい

築地市場一帶是壽司店的集中地，其中位於場外市場的壽司三昧本店，是日本第一家24小時的壽司店。壽司三昧為了打破過往壽司店給人的高價神秘印象，以明亮的大扇櫥窗和清楚標示的合理價格，吸引客人安心上門，也特別為了外國客人準備圖文並茂的英文菜單，店內招牌是不同部位的鮪魚握壽司，當日特別的漁貨則會寫在店內黑板上，也可以請師傅們推薦唷。

築地喜代村 壽司三昧 本店：03-3541-1117 中央区築地4-11-9 24小時 握壽司¥107起，本鮪の大とろ(本鮪大TORO)¥547 www.kiyomura.co.jp 其他分店：新宿、上野、淺草、新橋、池袋等均有分店，詳見官網

東京駅・丸之內周邊

とうきょうえき・まるのうち　Tokyo Station・Marunouchi

三菱一號館美術館

2010年春天開幕的三菱一號館美術館，建築本身是間充滿復古風情的美麗紅磚建築，雖然並非歷史建築，但卻是依據1894年時，由英國設計師所繪、豎立於原基地的三菱事務所設計圖，經過詳細考證後所重建而成。建築的2、3樓作為美術館的展覽空間使用，1樓則有建築本身的歷史資料室、利用原本銀行接待大廳空間、開放感十足的咖啡館1894以及博物館商店。在展覽和收藏的方向上，也與建築歷史相呼應，以19世紀末至現代、近代都市與美術為主要課題，目前為止的展覽如開幕展莫內與摩登巴黎、羅德列克等。

千代田区丸の内2-6-2　10:00~18:00(入館至17:30)，週五、第2個週三、展期最後一週平日至21:00(遇假日除外)　休 週一(遇假日照常開館)，年末，元旦，換展期間　$ 依展覽而異　mimt.jp

紅磚洋房的西式風情正是融和東方情緒，重新體會藝術人生的最佳距離。

Knowledge Supply

美術館與東京駅相似的建築風格

三菱一號館落成於1894年，由日本政府招聘來日的英國設計師Josiah Conder所設計，他同時也是辰野金吾的老師，所以三菱一號館與東京車站丸之內驛舍的風格十分相仿，皆脫胎自英國安妮女王時期的建築風格。紅磚與花崗岩構成的牆面充滿古典的均衡美感，當時是三菱合資會社（三菱東京UFJ銀行前身）的銀行部，1968年被拆除，2007年開始重建，在經過了四十多個年頭，雖然並非歷史建築，但卻是依據1894年時豎立於原基地的三菱事務所設計圖，一磚一瓦都經過詳細考證後重建而成，在丸之內形成一片新舊共存的特殊風情。

皇居

皇居平時不開放，一般只能在二重橋上取景，想入內參觀必須事先上網報名導覽行程，或當日持護照到場排隊，一天有10:00、13:30兩個時段；皇居外苑及東御苑倒是開放參觀，東御苑種植了數百株櫻花，是都內賞花名所，從東御苑大手門處拿個木牌，就可以順著路徑走上石牆及林蔭間；木牌須在北之丸出口處交回。

東京都千代田区 外苑：自由參觀；東御苑：9:00~17:00(4/15~8月至18:00、10月至16:30、11~2月至16:00)，入苑至閉苑前30分 休外苑：無休；東御苑：週一，週五，12/28~1/3 免費 sankan.kunaicho.go.jp

明治生命館

在車站南面的丸之內地區，很難不去注意到建築造型優雅、與MY PLAZA為鄰的厚重石造建築明治生命館。建於1934年的建築，由建築師岡田信一郎設計，被譽為當時古典主義建築的傑作，並在1997年被指定為重要文化財；建築本身則曾作為二戰後美軍司令部使用，目前則是安田生命的本社。明治生命館的1樓和2樓內部目前在週末開放參觀，可以在欣賞建築之餘，透過資料展示，更了解建築的設計和歷史故事。

千代田区丸の内2-1-1 9:30~19:00 休12/31~1/3，設備檢修日 www.meijiyasuda.co.jp/profile/meiji-seimeikan/

丸之內仲通

丸之內仲通是從丸大樓一直延伸到有樂町車站的林蔭大道，一般也稱為購物大道。寬敞的石疊路兩旁，知名精品店和國外高級名牌店一字排開，刺激著過路行人的購買慾。就算買不下手，沿著環境優美的仲通來個Window Shopping也是不錯的選擇，尤其在聖誕節附近的點燈活動，更讓這條路顯得益發美麗。

www.marunouchi.com

丸之內OAZO

2004年9月在東京車站旁的丸之內區，誕生了一座複合型大樓，包含購物、辦公，另有飯店等，提供丸之內的上班族們下班後的好去處。丸之內OAZO除了商店餐廳樣樣不缺，還有占地1750坪的丸善書店，明亮摩登的店內裝潢和全日本最大的面積，成為東京人的新知焦點。

千代田区丸の内1-6-4 購物10:00~21:00，B1F食品區、丸善書店9:00~21:00，餐廳11:00~23:00(依店舖而異) www.marunouchi.com/building/oazo/

原宿・表參道

はらじゅく・おもてさんどう Harajyuku・Omotesando

原宿年輕人必逛的百貨，不管是酷帥風、森林系風格、甜風美格，上百家店鋪入駐，必能滿足需求。

Laforet原宿

位在明治通和表參道交差點上的Laforet，圓柱型的外觀早已成了原宿的地標，看起來不算大卻進駐了超過140家店舖，品牌及商品多針對少淑女設計，可說是站在原宿流行的最前端。不只少女服飾，想要了解最潮的流行行頭，千萬別錯過這裡。

03-3475-0411　渋谷区神宮前1-11-6　11:00~20:00　休不定休　www.laforet.ne.jp

Flying Tiger Copenhagen

源自丹麥哥本哈根的雜貨鋪Tiger，2012年於日本大阪上陸，隨即掀起一股北歐雜貨熱潮，營業初期甚至因太熱賣而兩度暫時營業，火紅程度令人驚嘆。在東京雜貨迷的引頸期盼下，終於在2013年10月初於表參道開設了日本第二間分店。店內色彩鮮艷的生活小物讓人心花怒放，加上每件約￥100~500不等的平實價格，讓每個人都卯起勁來大力採購，開心地滿載戰利品而歸。

03-6804-5723　渋谷区神宮前4-3-2　11:00~20:00　記事本￥100起　blog.jp.flyingtiger.com/

東急PLAZA表參道原宿

以明治神宮的森林和表參道的櫸木為發想，東急PLAZA表參道原宿在6樓種植了一片擁抱天空的美麗森林「OMOHARA之森」。在3、5、7樓的露台和中央天井，讓自然光線和舒適綠意能夠流瀉而入。以「只有這裡才有(ここでしか)」「因為是這裡(ここだから)」為中心概念，引進首次登陸日本的新鮮品牌，也邀請受歡迎的品牌以不同的型態出店，為原宿表參道掀起一波話題。

03-3497-0418　渋谷区神宮前4-30-3　11:00~20:00，6~7F餐飲8:30~22:00，6F OMOHARA之森8:30~22:00　休不定休　omohara.tokyu-plaza.com

搭上手扶梯穿過了像萬花筒的入口，便從繁亂的現實世界中抽離，來到另一個空間。

とんかつまい泉 青山本店

とんかつまい泉是豬排飯名店，店裡的豬排號稱柔軟到用筷子就能分開，豬排整片從豬肉片下，經過拍打去筋，沾裹特製麵包粉後高溫油炸，鎖住美味和肉汁。口感細膩卻又保持豬肉紋理，搭配四種專用特調醬汁，甜中帶酸的濃郁風味更讓油膩感盡消，好吃極了。

050-3188-5802　渋谷区神宮前4-8-5　11:00~22:00(L.O.21:00)　ヒレかつサンド(菲力豬排三明治)￥560/3入，黑豚ヒレかつ膳(黑豚菲力豬排餐)￥3,500　mai-sen.com

六本木

ろっぽんぎ Roppongi

來到六本木，地標森塔是人人的首選目標，結合區域內廣大賣場，時尚流行齊聚一方。

六本木Hills

2003年4月25日，六本木Hills在東京都心六本木區域誕生，以54樓超高層摩天樓為中心，圓弧狀展開的複合式建築裡雲集購物、美食、電影院、日式花園、電視台、展望觀景台、商務中心、高級公寓，以及世界一流的頂級飯店。2008年，六本木Hills大幅度更新所有商店與餐廳，為六本木引入嶄新氣象。

港区六本木6-10-1 購物11:00~20:00，餐廳11:00~23:00(依店舖而異) www.roppongihills.com

森美術館

森美術館位在六本木Hills象徵的森之塔頂層，以現代藝術為展覽主題，除了世界級藝術家作品外，也積極的發掘與支援亞洲地區的年輕新晉設計者，展出內容十分前衛且充滿原創力，舉凡時裝、建築、設計、攝影、影像等各種形式的展覽都會在這個當代美術館中出現。

六本木Hills森タワー(MORI TOWER) 53F 10:00~22:00(入館至21:30)，週二至17:00(入館至16:30) 休無展期間 依展覽而異 www.mori.art.museum

東京中城

Tokyo Midtown

結合生活、藝術與購物的東京中城，有著讓人不得不訪的神奇魔力。

2007年3月30日，備受矚目的東京中城正式開幕，日本不動產龍頭三井建立了城中之城。絕妙的空間構成，散發出來的是「和」的自然韻律，現代摩登與和樂之美的精湛揉合，Midtown成為商業、住宅、藝術、設計的樞紐重鎮，展現出東京進化演變的最新指標。

港区赤坂9-7-1 購物11:00~21:00，餐廳11:00~23:00(依店舖而異) 休1/1，其他依店舖而異 www.tokyo-midtown.com

21_21 DESIGN SIGHT

坐落於Midtown西北角的這座地上一層樓，地下一層樓的清水模建築，由當代日本建築大師安藤忠雄及服裝設計師三宅一生共同創作。延續三宅一生享譽國際使用「一塊布」的日本和服美學意識，使用一塊鐵板如折紙般折下作為屋頂，百分之八十的空間埋在地底下，不破壞周邊自然景觀，與大自然共存共生。展覽內容以設計為主，希望和參觀者一同發掘生活角落中充滿驚喜的設計新視野。

港区赤坂9-7-6 Tokyo Midtown Garden內 10:00~19:00(入館至18:30) 休週二，年末年始，換展期間 大人¥1,400，大學生¥800，高中生¥500，國中生以下免費 www.2121designsight.jp

SUNTORY美術館

1961年在東京丸之內開館的SUNTORY美術館，於2007年搬入Midtown內，承繼開館45年以來「發覺生活中之美」的基本理念，展出許多重要收藏。負責設計的建築師隈研吾，利用俐落的縱格子將柔和的光源溢注在整個美術館的開放空間裡，創造出「都市之中的生活空間」，在流行之都Midtown中，注入溫婉的和風氣息。

港区赤坂9-7-4 Tokyo Midtown Galleria3F 10:00~18:00(入館至17:30)，週五、六至20:00(入館至19:30)；咖啡廳11:00~18:00；商店10:30~18:00（週二、換展期間11:00~18:00） 休週二，年末年始，換展期間 依展覽而異，國中生以下免費 www.suntory.co.jp/sma/

銀座・有樂町

ぎんざ・ゆうらくちょう　Ginza・Yurakucho

銀座千疋屋

千疋屋是東京高級水果專賣店的代名詞，但在千疋屋的銀座本店裡，除了各種名貴的水果禮盒、純果醬和純果汁外，還有一款隱藏版點心──水果三明治。綿軟的三明治白吐司中，細心夾進了現切的草莓、蘋果、水蜜桃、哈密瓜等時令水果，以及新鮮鮮奶油，酸甜清爽的絕妙搭配令人驚艷。

新鮮水果做的蛋糕、甜點每樣都好吃到讓人感動，雖然價格有些貴，但絕對是物有所值。

03-3572-0101　中央区銀座5-5-1　1F賣店10:00~19:00；2F Fruit Parlor11:00~18:00，週六11:00~19:00；L.O.至打烊前30分　年末年始　水果三明治¥1,320　www.ginza-sembikiya.jp

伊東屋

itoya

以紅色迴紋針為招牌的「伊東屋」是銀座相當知名的文具用品店，位於銀座的本店共分為二棟，本館從地上1樓到8樓的大樓內，齊聚約15萬種的文具用品，紙張、卡片、筆、專業繪畫用具、設計商品等應有盡有。

03-3561-8311　中央区銀座2-7-15　10:00~20:00，週日例假日10:00~19:00，12F Café STYLO 11:30~21:00(L.O.20:00)　www.ito-ya.co.jp

傳說中蛋包飯的發源店，和洋折衷的傳統洋食，每一口都好吃得讓人停不下來。

煉瓦亭

明治28年(1895年)開業的洋食屋「煉瓦亭」，是蛋包飯、牛肉燴飯等和風洋食的創始店，也是蛋包飯迷必來朝聖的店家。不同於現在常見的蛋包飯，煉瓦亭元祖蛋包飯的蛋與米飯混合而成，奶油搭配出的香味出乎意料地清爽、即使吃到最後一口也不會令人厭倦。

03-3561-3882　中央区銀座3-5-16　11:15~14:30、16:40~20:30　週日　元祖オムライス(元祖蛋包飯)¥2,400

銀座木村家

日式紅豆麵包的創始店木村家，在1869年運用日本傳統的酒種酵母搭配西方麵包做法，創作出第一個日式紅豆餡與麵包搭配的新味覺，當時可是名副其實的風靡全日本。直到今天，木村家本店仍在銀座名牌簇擁的大街上屹立不搖，個兒不大的元祖紅豆麵包有原味、豌豆、白豆、櫻花漬等約5~6種不同口味，可憑喜好隨選品嚐。

03-3561-0091　中央区銀座4-5-7　10:00~21:00　12/31、1/1　あんぱん(各種甜餡麵包)¥200起　www.ginzakimuraya.jp/

秋葉原

あきはばら　Akihabara

上野與秋葉原之間的高架橋下，進駐了一批手藝創作工作室，好玩、有趣的小店讓人流連忘返。

2k540 AKI-OKA ARTISAN

全名2k540 AKI-OKA ARTISAN的2K540，名字隱含種種概念。2K540源自於鐵道用語，以東京車站為始到該地的距離做為代號，2k540即是距離東京車站2公里又540公尺的意思。AKI-OKA為 JR 山手線上的秋葉原駅(Akihabara)與御徒町駅(Okachimachi)，説明了它就位於這兩站間的高架橋下，ARTISAN則是法文的「職人」之意。2k540所在地御徒町在過去是職人匯聚之地，許多傳統工藝作坊至今依舊運轉，JR東日本都市開發為了為閒置空間找出路，便以延續職人之町的文化為概念，創造出高架橋下的藝文空間2k540。

台東区上野5-9(秋葉原駅與御徒町駅間的高架橋下)　空間開放10:00~20:30，店舖11:00~19:00　休 週三(遇假日照常營業)，一部分店舖不一　www.jrtk.jp/2k540/

Yodobashi Akiba

ヨドバシAkiba

ヨドバシAkiba位在秋葉原車站出口，面積約27,000平方公尺，賣場共有9層樓，是日本規模最大的綜合性家電電器購物中心。商品種類眾多，網羅秋葉原迷最愛的商品，儼然像個小型的秋葉原。甚至設有藥妝用品專區、美食餐廳、高爾夫球場。

03-5209-1010　千代田区神田花岡町1-1　9:30~22:00，8F餐廳11:00~23:00　www.yodobashi-akiba.com

Akihabara Crossfield

秋葉原Crossfield在2005年春天開幕，複合商業大樓裡包含31樓的「秋葉原ダイビル」、2006年3月開幕的「秋葉原UDX」，共同打造秋葉原的數位印象。22樓層高的「秋葉原UDX」裡擁有咖啡館、餐廳、辦公室、展示中心等空間，還有揭示尖端技術的「數位工場」。

千代田区外神田1-18-13　依各設施而異

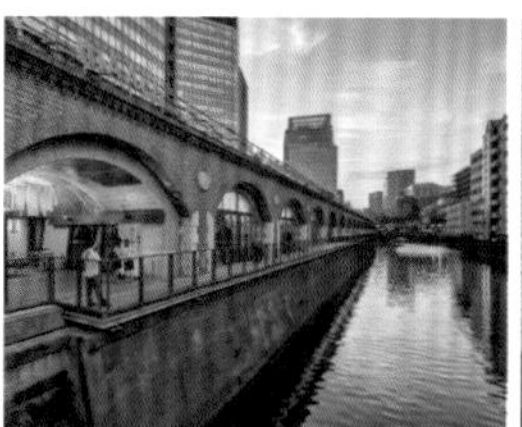

1912階梯可是1912年萬世橋車站開業時保存至今的百年古蹟。

mAAch ecute的室內空間由一個個拱廊組成。

mAAch ecute 神田万世橋

老舊的舊萬世橋駅原址上，全新的購物中心mAAch ecute於2013年秋盛大開幕。結合鐵道與歐洲拱廊商場的概念，mAAch ecute的空間十分有趣，每間店沒有明顯界線而是由一個個拱門隔開，選進的店舖皆在地方上小有名氣。雖然變為商場，但這裡還能見到萬世橋車站遺跡，爬上建於1912年的階梯，來到2樓還能看到中央線的列車從旁呼嘯而過。舊萬世橋駅以mAAch ecute的姿態重獲新生，如今仍在紅磚高架橋底延續百年繁華。

03-3257-8910　千代田区神田須田町1-25-4　購物11:00~20:00；餐飲11:00~23:00(週日及例假日至21:00)；1912階梯、1935階梯、2013月台11:00~22:00；Open Deck11:00~22:30(週日及例假日至20:30)　休 不定休　www.ecute.jp/maach

自由之丘

じゆうがおか Jiyugaoka

MONT-BLANC

MONT-BLANC開創於1933年，結合日本口味與西洋作法的栗子蛋糕「蒙布朗」便是發源於此，來店裡當然一定要試試這項招牌甜品。海綿蛋糕包入栗子，加入鮮奶油，並以黃色奶油勾勒出細緻線條。承襲90年前的做法製作出來的蛋糕，甜蜜之中還帶有淡淡的懷舊滋味。

03-3723-1181　目黒区自由が丘1-25-13　10:00~18:00　モンブラン(蒙布朗)￥880　mont-blanc.jp

自由之丘鼎鼎大名的蒙布朗蛋糕店，用愛媛縣產的栗子做出一個個美味。

Mont St. Clair

Mont St. Clair和自由が丘ロール屋一樣，是由糕點師傅辻口博啟所提案的蛋糕店，開店之後一直是自由之丘最受歡迎的甜點店之一。店內的甜點種類維持在150種以上，主力商品──蛋糕不但造型美麗、口味細緻優雅，還常使用當季新鮮水果做出創意新品。另有巧克力冷藏專賣區和手製餅乾等各式點心。

03-3718-5200　目黒区自由が丘2-22-4　11:00~18:00(L.O.16:00)　休週三，不定休　蒙布朗￥720　www.ms-clair.co.jp　店內約16個座位，內用時需先登記候位

自由之丘甜點之森

自由が丘スイーツフォレスト

2003年開幕的自由之丘甜點之森，是日本第一座以甜點為主題的美食樂園。園內分為兩部分，包括2樓的甜蜜森林區和1、3樓的精選店家區；粉紅色的甜蜜森林就像童話般，帶有甜甜的味道，森林中的店舖部分會有所變動，讓顧客每次來都能夠品嚐到新口味。入場不需要門票，只要挑選自己想吃的店家與甜點後，付完錢找個位子坐即可，大部分的店家都可外帶。在精選店家區中，最近也引進了第一間來自韓國的甜點店，讓顧客有更多各式各樣的選擇。

目黒区緑が丘2-25-7ラ・クール2F　10:00~20:00(依店舖而異)　休年末年始　免費入場　sweets-forest.cake.jp/

自由が丘ロール屋

只能外帶的瑞士卷貼心有販賣小片包裝，可以一次買多種口味，超幸福。

由知名蛋糕師辻口博啟所開，自由が丘ロール屋是蛋糕師傅的夢想之店，也是世界第一家專賣瑞士卷的蛋糕店。蛋糕體選用新鮮的雞蛋和奶油做成，除了定番原味外，另有依季節和主廚創意不時推出限定款。細緻柔軟的蛋糕體、清爽的鮮奶油加上各種素材的香甜原味，堪稱絕配。

03-3725-3055　目黒区自由が丘1-23-2　11:00~18:00　休週三，第3個週二，不定休　瑞士卷1片￥450起　www.jiyugaoka-rollya.jp　只提供外帶

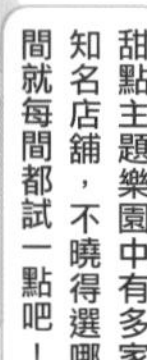

甜點主題樂園中有多家知名店舖，不曉得選哪間就每間都試一點吧！

代官山

だいかんやま　Daikanyama

代官山Address Dixsept

代官山アドレス ディセ

代官山Address Dixsept在八幡通馬路交叉口的那顆大型綠色幸運草雕塑，儼然已成代官山街景的招牌，底下的超級市場推薦一逛，因為代官山住有很多外國人，所以來自海內外的高級食材和相關雜貨十分齊全。

0570-085-586　渋谷区代官山町17-6　1F10:00~22:00，2~3F11:00~20:00(依店舖而異)　休1/1、1/2，例行檢修日　www.17dixsept.jp

Allegory Home Tools

代官山區域的巷弄內總能找到許多流行與高質感的小店與咖啡館，而這間以強調生活質感為主軸的「Allegory Home Tools」，抱持著何時何地都想使用的心情，從國內外搜集現代、復古或是知名大師製作的生活道具，來到這裡無關實用性或是美觀，總是能找到令人愛不釋手的生活小物。

03-3496-1516　渋谷區恵比寿西1-32-29-102　12:00~19:00　www.allegory.co.jp

世界最美的書店，就隱藏在代官山角落的悠閒空間。

蔦屋書店

位在T-SITE中的蔦屋書店，曾於2011年被評選為全球最美的20家書店之一。分別以三棟建物組成的蔦屋書店，其實就是在日本各大城鎮中可見的TSUTAYA的生活概念旗艦店，店內收藏約15萬冊以上的圖書，從生活必備到專業分野，全部分布在1~3館的1樓，1館的2樓有電影相關影片與出租DVD、2館的2樓則是旅遊相關。值得一提的是，在3館的1樓還特別闢有旅遊圖書專區，全世界的旅遊情報全都集中在這裡。

03-3770-2525　渋谷区猿楽町17-5　1F 9:00~22:00，2F 9:00~20:00　real.tsite.jp/daikanyama/

狹長的空間在開幕時只選進五間店舖，每間店舖卻精彩到讓人可以在這裡待上半天！

LOG ROAD DAIKANYAMA

2015年4月17日新開幕的複合式商業設施，利用東橫線地下化所留下了路面鐵道空間建造，狹長型的綠意空間總占地3200平方公尺，進駐了SNS TOKYO、麒麟啤酒與Spring Valley Brewery攜手合作的新型態店舖SVB Tokyo，來自鎌倉的GARDEN HOUSE CRAFTS等，成為代官山最新聚會場所。

依各設施而異　渋谷区代官山町13-1　依各設施而異

緊臨東京灣，台場擁有占地寬廣的遊樂購物中心，夜晚的彩虹大橋更是夢幻醉人的夜景。

台場

おだいば Odaiba

台場的地標景點，不在大橋前合照一張怎麼說得過去呢？

彩虹大橋

連結東京都港區與台場的彩虹大橋，是台場的代表，也是多部日劇的拍攝場景。彩虹大橋每到晚上就打上單色燈光，但也有過幾次是配合活動(如跨年)打上璀璨的彩色燈光，使其成為名副其實的彩虹大橋。

港区芝浦與台場之間

橫渡彩虹大橋 Rainbow Promenade

一般到台場，都會坐百合海鷗號經過彩虹大橋，但其實很多人都不知道，用「走」的橫渡彩虹大橋也可以很好玩！步道分為南側與北側，南側可以看到台場一帶的風景，北側則是東京市區，天氣好時還可以看到東京鐵塔！建議坐百合海鷗號至芝浦ふ頭駅，徒步約5分能看到往「プロムナード」(Promenade)的指標。走一趟單程約40分鐘，步行途中還能看到百合海鷗號從旁經過，十分有趣。抵達台場後約徒步15分能達台場海濱公園後，接續台場的行程。

入口處在芝蒲與台場側各有一個，芝蒲口：百合海鷗號浦ふ頭駅，徒步約5分；台場口：お台場海浜公園駅徒步約15分 03-5463-0224 9:00~21:00，11~3月10:00~18:00 休第3個週一(遇假日順延)，12/29~12/31 免費 全長1700m，徒步單程約40分

富士電視台

フジテレビ

富士電視台銀色球體的外型相當引人注目，幾乎成為台場必遊之地。來到這除了可以一圓電視夢，還可以親身體驗電視節目的藍幕效果，紀念品販賣店也一定要去逛逛，人氣節目的紀念小物應有盡有。

03-5500-8888 港区台場2-4-8 10:00~18:00(依設施而異)，球體展望室「はちたま」入場至17:30 休週一(遇假日順延) 免費參觀；球體展望室「はちたま」大人￥700、國中小學生￥450 www.fujitv.co.jp/gotofujitv

DiverCity Tokyo Plaza

DiverCity Tokyo Plaza自2012年開幕以來，帶動台場整體區域的活絡，無疑是台場最強的綜合商業設施。商場內有超過150間店，集結海外知名品牌、國內休閒品牌之外，匯集了14家美味餐飲的美食區也是一大焦點，將近700個座位的規模傲視全台場。如果逛累了也沒關係，到2樓正門前方的Festival廣場轉換一下心情吧！

03-6380-7800 江東区青海1-1-10 商店、各種服務10:00~20:00，美食廣場11:00~21:00，餐廳11:00~22:00 休不定休 mitsui-shopping-park.com/divercity-tokyo

清澄白河

きよすみしらかわ Kiyosumisirakawa

巨大公園中的美術空間，下午時段來場美術散步吧。

東京都現代美術館

由柳澤孝彥設計，美術館高聳的大門現代前衛，建築不只是現代藝術，也是通往現代藝術的大門。1995年開館的東京都現代美術館位於木場公園北邊，收藏了繪畫、彫刻、建築、設計等共約4500部作品，除了以國際視野切入的企劃展之外，其搜羅了眾多現代美術作品，尤其是日本戰後時斯的現代美術作品更是訴說出大時代的情緒。

03-5245-4111 江東區三好4-1-1(木場公園內) 10:00~18:00(入館至17:30) 休週一，不定休(詳見官網) 常設展：大人¥500，大學生¥400，高中生¥250，國中生以下免費。企劃展依展示內容而異，但企劃展的票可以觀看常設展 www.mot-art-museum.jp

都內難得的大面積庭園，是市民散步的好去處。

清澄庭園

明治時期三菱集團的創始者岩崎彌太郎以迎賓、社員休閒為目的，在這裡建立了庭園，1880年竣工，名命為深川親睦園。而後代的社長則將水池引進隅田川水，大以改造，形成我們現在看到廣大的回遊式林泉庭園的樣子。清澄庭園中心是座大池子，周圍巨木環繞，日式庭石造景與假山構成恬靜日式風情，令人不敢置信的是，在東京市區內竟然還能看到野鳥，清澄庭園的回遊池吸引許多水鳥來此休息覓食，也是東京都內許多人休閒、賞鳥的名所。另外這裡也是京都賞櫻花的名所，冬季不定期舉行夜間點燈活動，是體驗日式庭園風情的好去處。

03-3641-5892 江東區清澄3-3-9 9:00~17:00(入園至16:30) 休12/29~1/1 大人¥150，65歲以上¥70，小學生以下免費

fukadaso 深田莊

昭和舊公寓改建的「fukadaso 深田莊」，管理人佐藤奈美繼承了祖父留下的公寓，311震災致使建築損毀，意外促成了改建契機。以「繼承得來的空間」為題，保留其所歷經的歲月痕跡，打造社區的遊憩地。外觀刻意做舊，後來增建的咖啡館亦強調懷舊感，縫紉機、廢木料打造桌檯，以二手家具陳設，壁上卻掛了色彩鮮豔的當代畫作，在新舊之間取得完美平衡。

公寓個室則由小店進駐，展售理科實驗器材的リカシツ、手工藝雜貨的Bahar、專賣Made in Japan鞋子的LOTTA DESIGN，咖啡館在週末亦是熱鬧的活動場所，舉辦二手衣活動「洋服ポスト」、每月一次的跳蚤市集、雜貨展覽及童裝工作坊，儼然成為清澄白河的非官方文化中心。

江東區平野1-9-7 依店鋪而異：fukadaso café週一、四、六、日13:00~18:00，週五13:00~21:30(L.O.21:00) 休依店鋪而異：fukadaso café週二、三 fukadaso.com

深川地域的信仰中心，許多老舖名店都以此為中心發展，逛完佛寺就到參道大啖美食吧！

深川不動堂

已有310年以上歷史的深川不動堂其實是千葉縣成田山新勝寺的別院，1703年便開創於現址，深受地方民眾信仰，主要祭祈不動明王，境內最有名的便是護摩祈禱活動，從生意興隆到交通安全，不管什麼願望都能幫你祈禱。另外境內在每月的1日也有提供寫經活動，28日有描畫佛像的活動，付費就能參加。

03-3641-8288 江東區富岡1-17-13 8:00~16:00，緣日(1日、15日、28日)至18:00；內佛殿參拜：1F9:00~15:45，緣日至17:45；2 F、4 F9:00~15:00，緣日至17:00 fukagawafudou.gr.jp

下北澤
しもきたざわ Shimokitazawa

下北澤一番街

一番街是下北澤居民使用度最高的商店街，多為一般市民較常使用的藥局、生活用品店或是服飾店等，當然也有不少亞洲的雜貨、家具店，與一些相當具特色的咖啡店。

☎03-3468-2933 ⌂世田谷区北沢2-37-17 ◷依店鋪而異 www.shimokita1ban.com

本多劇場

本多劇場可說是下北澤的地標！這是1982年由日本知名劇團新東寶的藝人本多一夫所開設，經過努力推廣之下，現在成了東京最出名的演劇場，此劇場提供對演劇有興趣的日本年輕人一個可以實現夢想的地方。

☎03-3468-0030 ⌂世田谷区北沢2-10-15 ◷、$依演出劇碼而異 www.honda-geki.com

下北澤劇場龍頭，許多演藝種子正在這裡悄悄發芽。

mona records

在下北澤Indie音樂圈中十分活躍的mona records，原是家專門代理發行地下非主流樂團的音樂廠牌，幾年前完成轉型整修，將2樓店面改裝為兼賣唱片、書籍、創意商品的複合式餐廳，3樓則為現場 Live表演場地。由原本的小店至現在的大規模經營，打出品牌知名度的mona records更發展出一系列的自營商品，像是鉛筆、明信片、Tote包，上頭印製的音符與吉他圖騰，即是mona records的象徵代表。而餐點方面，mona records的音樂食堂 (おんがく食堂)位於2樓，提供的料理融合自家創意，像是韓式泡菜拌飯中，特別加入了日本原生的山中野菜「薇」，其外型接近柳松菇，但口感滑中帶脆，十分特殊，而且營養成分極高，教人印象深刻；隨各式餐點附贈的自家醬菜也都不同，可以感覺到餐廳的用心。

☎03-5787-3326 ⌂世田谷区北沢2-13-5伊奈ビル3F ◷15:00~24:00，週末及假日10:00~24:00 www.mona-records.com/ ❗2樓部分現因疫情關係不開放

Universal Bakes and Cafe

純素食主義風潮近年也在日本吹起，「Universal Bakes and Cafe」這家麵包店，標榜使用100%植物性原料，將食材最自然道地的原味展現在自家手作麵包和炸甜甜圈上。新鮮出爐的麵包各個外型亮眼又精緻，除此之外還有咖啡與鹹食，種類繁多，有時間的話不妨挑幾個坐下來慢慢品嘗吧！

店裡除了食物以外還有一些雜貨選品，可以利用等待食物上桌的時間走走逛逛，說不定會有一些意想不到的收穫。

☎03-6335-4972 ⌂世田谷区代田5-9-15 ◷8:30~18:00 休週一週二

常見問題

受傷、急病、遭竊、迷路…旅行中總是會遇上各式各樣的問題，尤其在語言不通的環境下更讓人心慌，本篇特別解答旅人會遇到的緊急狀況、不熟悉的當地習慣，雖然都是小提醒，卻可以讓旅行途中更安心。

文／墨刻編輯部
攝影／墨刻攝影組

緊急問題

日本緊急電話簿

以下是能以英文溝通的緊急連絡電話。

警察局：緊急110，遺失物品03-3814-4151（東京），一般詢問03-3503-8484（東京）

火警、救護車：119

日本救助專線：0120-461-997

信用卡不見了

第一件事就是先掛失，將損失降到最低，大部份信用卡公司也提供海外補發緊急信用卡的服務，以方便接下來的行程。

以下是幾家信用卡公司的海外掛失服務電話，也可直接至當地機構辦理：

VISA信用卡國際服務中心：00531-44-0022

Master信用卡國際服務中心：00531-11-3886

JCB全球熱線：1-213-688-00941

美國運通日本掛失專線：03-3586-4757

東西被偷了

請先打免費電話110報案，請日本的警方幫忙處理。也可連絡各地辦事處幫忙，詳細資訊見「護照掉了」。

護照掉了

請聯絡就近的辦事處，請他們協助處理國外護照補發和回國事宜。除了東京和大阪外，福岡、那霸、橫濱和札幌也都設有分處，詳情可上台北駐日本經濟文化代表處的網站查詢：www.taiwanembassy.org。

台北駐日本經濟文化代表處

東京都港都白金台5-20-2　03-3280-7821　F 03-3280-7924　週一~五9:00~12:00、13:00~18:00　JR目黑站下車後徒步10分，地下鐵南北線／三田線白金台站1號出口徒步5分

迷路了

先找找看附近有沒有大的地標、任何指標或地圖，還是找不到的話可以到交番（有點像迷你的派出所，會有警察在）問路，東西遺失或被搶等狀況，也可在此報案。如果人在觀光地，可以試問看看便利商店的店員。

生病或受傷了

如遇急難狀況可用公共電話免費撥打119。在日本看病貴得嚇人，如果不得已真的碰上了，記得一定要申請診斷證明（雖然證明也要花錢），回國後才能申請保險和健保的理賠。此外，在藥妝店也有販賣止痛、感冒等各種簡單的基本藥品。

東京的英文醫療詢問電話：03-5285-8181（9:00~20:00）

日本禮儀

日本算是社會禮儀規範相當嚴謹的國家，許多隱形的禮儀界線，常讓外國旅客摸不清頭腦。特別提醒幾個需要具備的禮儀小常識和有趣的用餐、神社禮儀，一起做個有禮貌的旅人。

電車讓坐視情況

也許你也注意到日本人在車上不太讓座，但這倒不能單純歸咎成冷漠而已。事實上心思纖細的日本人，因為擔心讓座給「老人家」時反而直指出對方是老人而顯得失禮，因此除非真的看起來有需要的旅客，否則一般不大讓座（除非你就坐在優先席上）。

上廁所衛生紙記得沖掉

日本的廁所專用衛生紙是可以水沖的，因此除了生理用品外，衛生紙直接丟進馬桶裡沖掉即可。

浴衣或和服的領口為右下左上

記得在別人看起來是個英文的y字型就不會錯，如果有同伴的話不妨互相check 一下。相反的話根據日本禮俗，與往生忌諱有關，可別搞錯了。

別在溫泉池裡洗毛巾

溫泉浴池是洗淨身體後大家共同浸泡的地方，因此日本人相當重視浴池的乾淨；在這邊洗小毛巾、搓身體、敷臉、讓頭髮泡在水裡等會弄髒大家的水的事情，都會被視為相當不禮貌的行為。

拍照時請注意周邊他人

拍照時的問題主要在櫻花和紅葉時分，因為日本國內外的遊客俱多，部分寺廟為了避免妨礙動線會禁止使用三角架及自拍棒，部分寺廟則是不論季節，一概不許使用。在拍照時，周圍的人都一樣，久久才來這麼一次，記得不要占著所有人想要的好角度不放，和別人輪流才是禮貌喔。

神社參拜的禮儀

參道

踏入鳥居之後，就代表從人世來到神明的居所，在踏上通往拜殿的道路時，記得要走在左右兩端，因為既然來到了神的居所，道路正中間當然是「神明走的路」，凡夫俗子怎麼能與神靈爭道呢。

手水舍

別急急忙忙地衝到拜殿，參拜之前記得先到手水舍洗手、漱口，洗去穢氣，顯示對神明的敬意。

洗手順序為：左→右→口→左，先以右手持水勺盛水洗左手，接著洗右手，然後再倒水至左手、以手就口漱口，接著再洗一次左手，最後直立水勺（杓口朝內）用剩下的水清洗杓柄，擦乾雙手。

參拜

走到神前時先鞠躬一次，接著投硬幣入賽錢箱，搖動鈴鐺再開始參拜。參拜時的基本口訣為「二拜、二拍手、一拜」，也就是先鞠躬兩次，合掌於胸前、拍兩次手，向神明述說願望，接著再敬禮一次，就完成參拜儀式了。

一般問題

不小心買太多東西，想先寄回台灣怎麼辦？

將包裹寄回台灣可選擇日本郵便局的國際快捷(EMS)或是以國際包裹的方式寄送，國際快捷與DHL等國際快遞類似，送達時間快但價格昂貴；國際包裹可選擇以航空或海運寄送，海運時間最長但也最便宜。無論哪種寄送方式，每件最重皆不能超過30公斤，也有可能在寄送回台灣被台灣的海關課稅。

若是附近沒有郵局，或是包裹較大可直接在郵局寄送或是打電話到0800-0800-111請工作人員到府收取。打電話時先輸入所在地點的7碼郵遞區號，即會轉接到當地的分局，但每個分局的收取時間不一，提早打電話較為保險。

日本郵便局網址：www.post.japanpost.jp/

郵遞區號查詢：www.post.japanpost.jp/zipcode

怎麼寄明信片？大概多少錢？

找到有郵局標示和郵筒的地方就可以寄信，寄明信片回台灣一張￥70，平信的話一封￥90，可以和郵局櫃檯買郵票（日文寫作切手，きってki-te）或直接購買貼好郵票的明信片，寫好後投入信箱或交給郵局人員即可。另外，日本郵筒都是紅色的，小心看一下要寄往的地點，可別投錯了。

怎麼用手機打電話？

打回台灣的話，請打+886加上電話號碼去掉第一個零即可。如果打日本電話則直接打，例如手機的話就是直接撥090-XXX-XXXX。

怎麼用公共電話打國際電話？

現在可以投幣的機台較少，必須先在便利商店或自動賣票機購買國際電話卡。撥號方式為：電話公司號碼（依各公司規定而異）+ 010（國際冠碼，可能有變動）+ 886（台灣國碼），再加上去掉第一個0的電話號碼即可。（如台北市02，就直接撥886-2）。

怎麼認地址？

如果你在東京或北海道，基本上地址是按街區（BLOCK）分。例如文京區後樂1-3-61，先找到文京區後樂1的大範圍之後，被路隔開的一塊塊街區編為1、2、3……，範例地址就是在3號街區內編號61號的地方。但京都的地址就不是按這樣的規定，基本上先照在路的哪個方位，分為上RU、下RU、東入RU、西入RU，接下來不見得有詳細的門牌，因此事先查好地圖就格外重要。

口渴了可以直接喝水龍頭的自來水嗎？

除了有特別標示的地方外，日本國內的自來水幾乎都可以直接飲用，其中北海道的水更是特別甘甜好喝。若是不敢嚐試的話，可以喝飯店提供的礦泉水或是在外購買瓶裝水。

充電要帶轉接頭嗎？

日本的電壓為V100，台灣的電壓雖然為V110，但基本上插頭規格相同，並不會對電器造成影響，可以直接使用。

車票有沒有兒童票？

除了部分特殊票之外，大部分都有。這裡的的兒童指6~12歲的小朋友，一般的收費標準大約是成人的半價；6歲以下的嬰幼兒免費。

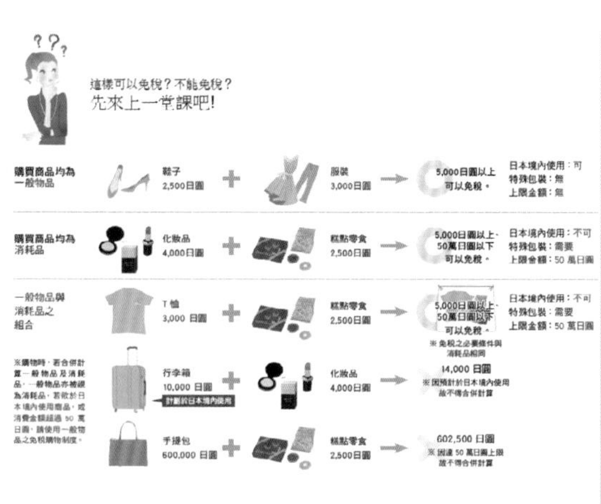

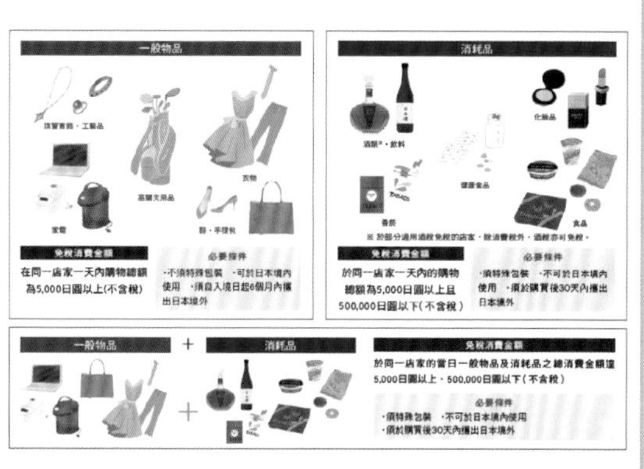

在日本要怎麼退稅？

日本購物後要怎麼退稅？日本從2019年10月起將原本8%的消費費調漲至10%後，陸續施行了一系列退稅制度修改，伴隨著對外國人的免稅新政策施行，原本只有電器、服飾能夠退稅，如今連食品、藥妝也列入免費範圍，2018年7月起更是將一般品及消耗品合併計算，退稅制度更為優惠。想搞懂新的退稅機制，只要把握以下幾個原則就沒有錯：

退稅流程

1選購商品

2同一日同間商店購買a)消耗品+b)一般品達￥5,000以上

退稅門檻降低：以前的退稅制度將商品分為兩大類，其一為百貨服飾、家電用品等「一般品」，另一種則為食品、飲料、化妝品、藥品、菸酒等「消耗品」，退稅標準為：同一天在同一間店、購買同一種類商品達￥5,000以上方可享受退稅。2018年7月以後再次降低門檻，不分一般品、消耗品，只要同一天在同一間店裡消費達日幣5,000以上、50萬以下，就可以享受退稅。

不可在日本境內拆封：享受新制退稅後的物品不可在日本使用(食用)。為防止退稅過後的物品在日本被打開，購物退稅後物品會裝入專用袋或箱子中，直到出境後才能打開。若是在日本就打開，出境時會被追加回稅金，需特別注意。（歸類為一般品的家電、服飾不在此限）

液體要放托運：原則上所有免稅商品都需要在出境時帶在身邊讓海關檢查，但如果買了酒、飲料等液態食品，或是化妝水、乳液等保養品不能帶入機艙，必須要放入托運行李中時，可在結帳退稅時請店員分開包裝，但切記裝入行李箱時一樣不可打開包裝袋或箱子，以免稅金被追討。

認明退稅標章：舊制的服飾、電器等在各大商場、百貨可於退稅櫃台辦理；而新制則是在付款時便出示護照辦理。可以退稅的店家會張貼退稅標章，若不確定可口頭詢問是否有退稅服務。

Japan. Tax-free Shop

有關新稅制詳細規定可洽官網：tax-freeshop.jnto.go.jp/

旅行日文

搭車時會遇到的句子們 交通日文速成班

總之，先説這句
不好意思。
すみません。
Su-mi-ma-sen.
註：不管問什麼都先說這句，比較禮貌。

單字

東京
とうきょう
Tokyo

澀谷
しぶや
shibu-ya

東京鐵塔
とうきょうタワー
Tokyo Tower

新宿
しんじゅく
sin-jyuku

秋葉原
あきはばら
aki-ha-bara

淺草寺
せんそうじ
sen-so-ji

池袋
いけぶくろ
ike-bukuro

原宿
はらじゅく
hara-jyuku

明治神宮
めいじじんぐう
mei-ji-jin-gu

上野
うえの
ueno

表参道
おもてさんどう
omote-san-do

築地市場
つきじしじょう
tsuki-ji-shi-jyo

銀座
ぎんざ
ginza

代官山
だいかんやま
dai-kan-yama

六本木
ろっぽんぎ
ro-ppon-gi

東京迪士尼
とうきょうディズニーリゾート
Tokyo Disney Resort

品川
しながわ
shina-gawa

東京晴空塔
とうきょうスカイツリー
Tokyo sky tree

看不懂就問吧！
我想要去～。
地名+に行きたいです。
地名+ni iki-tai desu.

去～的月台／乘車處是幾號？
車站名+行きはどのホーム／乗り場ですか？
車站名+yuki wa do no ho-mu／no-ri-ba desuka.

看不懂就問吧！進階版
地名+にいきたいですが、+情境
地名+ ni iki-tai desu ga、+情境

情境：

搭什麼線比較好？
何線でいいですか？
nani-sen de ii desu ka.

請問在哪裡轉車？
どこで乗り換えますか？
doko de nori-kae masu ka.

那一個出口比較近
何番出口の方が近いですか？
nan-ban de-guchi no ho ga chi-kai desu ka.

怎麼辦才好
情境+どうすればいいのですか？
情境+ do-su-reba ii no desu ka？

情境：

過不了改札口
改札口を通れませんでした。
kai-satsu-guchi wo toore-masen de-shi-ta.

車票不見了
切符をなくしてしまいました。
kippu wo naku-shite shi-mai-ma-shi-ta.

東西忘了拿
荷物を忘れてしまいました。
ni-mo-tsu wo wa-su-re-te si-mai-ma-shi-ta.

想退票
払い戻ししたいんです。
ha-rai mo-do-shi shi-tain desu.

想找車站裡的設施嗎？

最近的 ～ 在哪裡。

一番近い＋名詞＋はどこですか。

ichi-ban chi-kai ～ wa doko desu ka.

認得這個字！

轉乘
乘り換え
nori-kae

剪票口
改札口
kai-satsu-guchi

月台
ホーム
ho-mu

車票
きっぷ
kippu
備註：漢字寫作「切符」

售票處
きっぷうりば
kippu u-ri-ba

單程
片道
kata-michi

來回（往返）
往復
ou-fuku

坐滿了
満席
man-seki

下（車）
降り
o-ri

上（車）
乗り
no-ri

這裡不是出口。
出口ではありません
de-guchi dewa ari-ma-sen
備註：這個標示在東京鐵路各線轉乘時常會看到，表示該改札口是轉乘專用而非出口。

直接這麼說！

搭錯車了。
乗り間違えた。
no-ri machi-gae-ta.

坐過站了。
乗り過ごした。
nori su-go-shi-ta.

請寫下來。
書いてください。
kai-te-ku-da-sai.

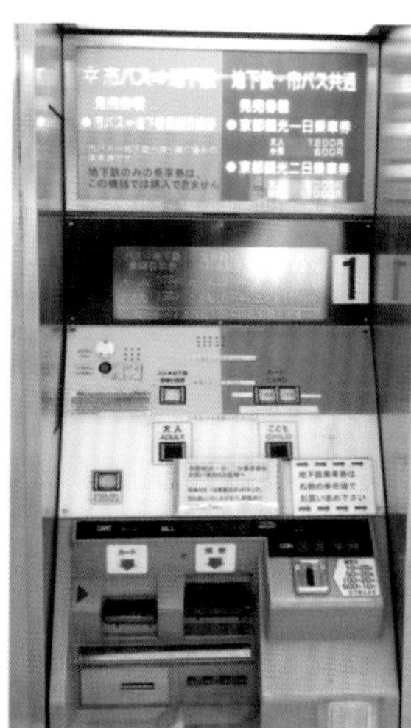

單字

觀光案內所
かんこうあんないしょ
kan-ko-an-nai-syo

廁所
トイレ
to-i-re

電梯
エレベーター (elevator)
e-re-be-ta

電扶梯
エスカレーター (escalator)
e-su-ka-re-ta

投幣置物櫃
コインロッカー (coin locker)
ko-in-ro-kka

出入口
でいりぐち
de-iri-guchi

駅員室
えきいんしつ
eki-in-shitsu

精算機
せいさんき
sei-san-ki

公共電話
こうしゅうでんわ
ko-syu-den-wa

菜單攻略

◎調理方法

炒め
炒
焼く
烤
煮る
煮
煮込む
燉
揚げる
炸
蒸す
蒸
蒸し焼き
蒸烤
生
新鮮、生的
グラタン
焗烤

◎蔬菜水果

にんじん
紅蘿蔔
ねぎ
蔥
キャベツ
高麗菜
しいたけ
香菇
玉ねぎ
洋蔥
アスパラ
蘆筍
じゃがいも
馬鈴薯
たけのこ
竹筍
なす
茄子
ピーマン
青椒
にんにく
大蒜
唐辛子
辣椒
キムチ
泡菜
わさび
芥末
トマト
番茄
オレンジ
柳橙
グレプフルーツ
葡萄柚
いちご
草莓

◎肉品海鮮

牛肉
牛肉
もつ
牛雜
牛タン
牛舌
豚肉／ポーク
豬肉
ベーコン
培根
ホルモン
內臟
鶏肉／チキン
雞肉
もも
雞腿
手羽先
雞翅
さかな
魚
まぐろ
鮪魚
トロ
鮪魚肚
カツオ
鰹魚
アジ
竹筴魚
サバ
鯖魚
さんま
秋刀魚
ヒラメ
比目魚
しゃけ／さけ
鮭魚
ほっけ
花鯽魚
刺身
生魚片
エビ
蝦子
伊勢えび
龍蝦
カニ
螃蟹
いか
花枝
たこ
章魚
かき
牡蠣
うに
海膽
はまぐり
蛤蜊
ほだて
扇貝
玉子
蛋

◎其他

五目
什錦
しょうゆ
醬油
お酢
醋
こしょう
胡椒
しお
鹽
バター
奶油
トレッシング
沙拉醬汁
ケチャップ
番茄醬
カツソース
豬排醬
タルタルソース
塔塔醬
ウスターソース
烏斯特醋醬
デミグラスソース
牛肉醬汁
トマトソース
番茄醬汁
クリームソース
奶油醬汁
盛り合わせ
綜合盤
おまかせ
主廚推薦
コース
套餐
セット
套餐
ドリンク ／飲み物
飲料
デザート
甜點
サラダ
沙拉
ご飯
白飯
食べ放題
吃到飽
おかわり
請再來一份
お子様メニュー
兒童餐

料理名稱中日對照

點菜時想大聲唸出來嗎？照著拼音唸就沒錯囉！

中文	日文	拼音
拉麵	**ラーメン**	ramen
沾麵	**つけ麵**	tsukemen
味噌拉麵	**みそラーメン**	misoramen
豚骨拉麵	**とんこつラーメン**	tonkotsuramen
鹽味拉麵	**塩ラーメン**	shioramen
醬油拉麵	**しょうゆラーメン**	shouyuramen
蔥花拉麵	**ねぎラーメン**	negiramen
叉燒拉麵	**チャーシューメン**	chashumen
烏龍涼麵	**ざるうどん**	zaruudon
豆皮烏龍麵	**きつねうどん**	kitsuneudon
炸蝦烏龍麵	**天ぷらうどん**	tenpuraudon
咖哩烏龍麵	**カレーうどん**	kareudon
原味烏龍麵	**ぶっかけうどん**	bukakeudon
山藥烏龍麵	**山かけうどん**	yamakakeudon
蕎麥涼麵	**せいろうそば／ざるそば**	seirosoba／zarusoba
狸蕎麥麵	**たぬきそば**	tanukisoba
鴨南蠻蕎麥麵	**かも南ばん**	kamonanban
一口蕎麥麵	**わんこそば**	wankosoba
瓦蕎麥麵	**瓦そば**	kawarasoba
大阪燒／廣島燒	**お好み焼き**	okonomiyaki
炒麵	**焼きそば**	yakisoba
冷麵	**冷麺**	reimen
炸醬麵	**じゃじゃ麺**	jajamen
章魚燒	**たこ焼き**	takoyaki
串炸	**串カツ**	kushikatsu
文字燒	**もんじゃ焼き焼**	monjayaki
親子丼	**親子丼**	oyakodon
炸蝦飯	**天丼**	tendon
牛丼	**牛丼**	gyudon
咖哩飯	**カレーライス**	kare raisu
蛋包飯	**オムライス**	omuraisu
湯咖哩	**スープカレー**	supu kare
牛肉燴飯	**ハヤシライス**	hayashi raisu
豬排飯	**カツ丼**	katsudon
炸豬排	**ドンカツ**	donkatsu
豬肉丼	**豚丼**	budadon
薑燒豬肉	**生姜焼き**	shougayaki
炸蝦御飯糰	**天むす**	tenmusu
天婦羅	**天ぷら**	tenpura
可樂餅	**コロッケ**	koroke
炸蝦	**エビフライ**	ebifurai
漢堡肉	**ハンバーグ**	hanbagu
漢堡	**ハンバーガー**	hanbaga
烤雞	**焼きとり**	yakitori
煎餃	**ぎょうざ**	gyouza
關東煮	**おでん**	oden
燉煮內臟	**モツ煮込み**	motsunikomi
壽司	**すし**	sushi
軍艦壽司	**軍艦すし**	gunkansushi
捲壽司	**巻きすし**	makisushi
海鮮丼	**海鮮丼**	kaisendon
鰻魚飯	**うな重／うな丼**	unajyu／unadon
鰻魚三吃	**ひつまぶし**	hitsumabushi
涮涮鍋	**しゃぶしゃぶ**	shabushabu
成吉思汗烤肉	**ジンギスカン**	jingisukan
燒肉	**焼き肉**	yakiniku
爐端燒	**炉ばた焼き**	robatayaki
壽喜鍋	**すき焼き**	sukiyaki
牡蠣味噌鍋	**かき土手鍋**	kakitotenabe
牛雜鍋	**もつ鍋**	motsunabe
牛排	**ステーキ**	suteki
義大利麵	**スパゲッティ／パスタ**	supageti／pasta
炸牡蠣	**カキフライ**	kakifurai
奶油濃湯	**クリームシチュー**	kurimu shichu
披薩	**ピザ／ピッツア**	pizza

出發！東京自助旅行 2023~2024

一看就懂旅遊圖解 Step by Step

NO.25

作者墨刻編輯部
攝影墨刻攝影組
責任編輯陳楷琪
美術設計許靜萍(特約)·羅婕云
封面設計羅婕云
地圖繪製墨刻編輯部·Nina(特約)

出版公司
墨刻出版股份有限公司
地址：台北市104民生東路二段141號9樓
電話：886-2-2500-7008／傳真：886-2-2500-7796
E-mail：mook_service@hmg.com.tw
發行公司
英屬蓋曼群島商家庭傳媒股份有限公司城邦分公司
城邦讀書花園：www.cite.com.tw
劃撥：19863813／戶名：書虫股份有限公司
香港發行城邦（香港）出版集團有限公司
地址：香港九龍九龍城土瓜灣道86號順聯工業大廈6樓A室
電話：852-2508-6231／傳真：852-2578-9337
城邦（馬新）出版集團 Cite (M) Sdn Bhd
地址：41, Jalan Radin Anum, Bandar Baru Sri Petalin g, 57000 Kuala Lumpur, Malaysia.
電話：(603)90563833／傳真：(603)90576622／
E-mail：services@cite.my
製版·印刷
凱林彩印股份有限公司
ISBN978-986-289-868-0·978-986-289-873-4(EPUB)
城邦書號KV1025 **初版**2023年5月 **四刷**2023年12月
定價380元
MOOK官網www.mook.com.tw
Facebook粉絲團
MOOK墨刻出版 www.facebook.com/travelmook

執行長何飛鵬
PCH集團生活旅遊事業總經理暨墨刻出版社長李淑霞

總編輯汪雨菁
資深主編呂宛霖
採訪編輯趙思語·陳楷琪
叢書編輯唐德容·王藝霏
資深美術設計主任羅婕云
資深美術設計李英娟
影音企劃執行邱茗晨

業務經理詹顏嘉
業務副理劉玫玟
業務專員程麒
行銷企畫經理呂妙君
行銷專員許立心
行政專員呂瑜珊

印務部經理王竟為

國家圖書館出版品預行編目(CIP)資料

出發!東京自助旅行. 2023-2024:一看就懂旅遊圖解Step by Step/墨刻編輯部作. -- 初版. -- 臺北市：墨刻出版股份有限公司出版：英屬蓋曼群島商家庭傳媒股份有限公司城邦分公司發行, 2023.05
208面；16.8×23公分. -- (一看就懂旅遊圖解；25)
ISBN 978-986-289-868-0(平裝)

1.自助旅行 2.日本東京都

731.72609　　112005723